Tierphilosophie zur Einführung

Markus Wild

Tierphilosophie zur Einführung

JUNIUS

Wissenschaftlicher Beirat
Michael Hagner, Zürich
Dieter Thomä, St. Gallen
Cornelia Vismann, Frankfurt a.M. †

Für Titus

Junius Verlag GmbH
Stresemannstraße 375
22761 Hamburg
www.junius-verlag.de

© 2008 by Junius Verlag GmbH
Alle Rechte vorbehalten
Umschlaggestaltung: Florian Zietz
Titelbild: Thinking Chimpanzee
Satz: Junius Verlag GmbH
Printed in the EU 2019
ISBN 978-3-88506-651-4
4., ergänzte Aufl. 2019
(zur Einführung; 351)

Bibliografische Information Der Deutschen Nationalbibliothek
Die Deutsche Nationalbibliothek verzeichnet diese Publikation in der
Deutschen Nationalbibliografie; detaillierte bibliografische Daten
sind im Internet über http://dnb.d-nb.de abrufbar.

Zur Einführung ...

... hat diese Taschenbuchreihe seit ihrer Gründung 1978 gedient. Zunächst als sozialistische Initiative gestartet, die philosophisches Wissen allgemein zugänglich machen und so den Marsch durch die Institutionen theoretisch ausrüsten sollte, wurden die Bände in den achtziger Jahren zu einem verlässlichen Leitfaden durch das Labyrinth der neuen Unübersichtlichkeit. Mit der Kombination von Wissensvermittlung und kritischer Analyse haben die Junius-Bände stilbildend gewirkt.

Von Zeit zu Zeit müssen im ausufernden Gebiet der Wissenschaften neue Wegweiser aufgestellt werden. Teile der Geisteswissenschaften haben sich als Kulturwissenschaften reformiert und neue Fächer und Schwerpunkte wie Medienwissenschaften, Wissenschaftsgeschichte oder Bildwissenschaften hervorgebracht; auch im Verhältnis zu den Naturwissenschaften sind die traditionellen Kernfächer der Geistes- und Sozialwissenschaften neuen Herausforderungen ausgesetzt. Diese Veränderungen sind nicht bloß Rochaden auf dem Schachbrett der akademischen Disziplinen. Sie tragen vielmehr grundlegenden Transformationen in der Genealogie, Anordnung und Geltung des Wissens Rechnung. Angesichts dieser Prozesse besteht die Aufgabe der Einführungsreihe darin, regelmäßig, kompetent und anschaulich Inventur zu halten.

Zur Einführung ist für Leute geschrieben, denen daran gelegen ist, sich über bekannte und manchmal weniger bekannte Autor(inn)en und Themen zu orientieren. Sie wollen klassische

Fragen in neuem Licht und neue Forschungsfelder in gültiger Form dargestellt sehen.

Zur Einführung ist von Leuten geschrieben, die nicht nur einen souveränen Überblick geben, sondern ihren eigenen Standpunkt markieren. Vermittlung heißt nicht Verwässerung, Repräsentativität nicht Vollständigkeit. Die Autorinnen und Autoren der Reihe haben eine eigene Perspektive auf ihren Gegenstand, und ihre Handschrift ist in den einzelnen Bänden deutlich erkennbar.

Zur Einführung ist in verstärktem Maß ein Ort für Themen, die unter dem weiten Mantel der Kulturwissenschaften Platz haben und exemplarisch zeigen, was das Denken heute jenseits der Naturwissenschaften zu leisten vermag.

Zur Einführung bleibt seinem ursprünglichen Konzept treu, indem es die Zirkulation von Ideen, Erkenntnissen und Wissen befördert.

Michael Hagner
Dieter Thomä
Cornelia Vismann

Inhalt

I. Einleitung: Was ist Tierphilosophie? 16
 1. Wer denkt? 16
 2. Die drei Felder der Tierphilosophie 22
 3. Tierphilosophie als Programm: Sechs Thesen 35

II. Vier Stationen der Philosophie- und Wissenschaftsgeschichte 43
 1. Antike: Aristoteles und die Krise der Rationalität 43
 2. Neuzeit: Descartes versus Montaigne 46
 3. Darwin: Evolution und Kontinuität 56
 4. Die kognitive Ethologie 61

III. Begriffliche und methodologische Probleme 70
 1. Anthropomorphismen: naiv oder notwendig? 71
 2. Assoziation oder Rationalität? 75
 3. Denken ohne Sprache? 81
 4. Begriffe und Analogien für Geistiges? 86

IV. Der Geist der Tiere 91
 1. Davidsons Differentialismus: Eine Münchhausenperspektive auf Tiergedanken 91
 2. Teleosemantischer Assimilationismus: Eine Froschperspektive auf Tiergedanken 106
 3. Haben Tiere Bewusstsein? 134
 4. Welches Modell des Tiers? Welches Modell des Geistes? . 144

V. Der Mensch als Tier, das eine Welt hat 152
   1. Heideggers »Welt« 153
   2. Soziales Lernen und kulturelle Evolution 162
   3. Nischenbau: Der Mensch als Tier, das eine Welt hat . . . 179
   4. Derrida und das »Tierwort«: Jenseits der
      anthropologischen Differenz? 193

Anhang
   Anmerkungen. 214
   Ausgewählte Literatur 227
   Über den Autor 232

Vorwort zur 4. Auflage

Der Name »Tierphilosophie« und die damit gemeinte Sache haben sich im deutschsprachigen Raum seit dem Erscheinen dieser Einführung gut etabliert. Er wird in wissenschaftlichen Publikationen, in Forschungsprojekten, in Handbüchern, aber auch in den Medien mehr und mehr verwendet und die Tierphilosophie als eigene Forschungsrichtung wahr- und ernstgenommen.

Wie in diesem Buch dargestellt, befasst sich die Tierphilosophie mit den Fragen des Tier-Mensch-Unterschieds (anthropologische Differenz), mit den geistigen und sozialen Fähigkeiten der Tiere (Geist der Tiere) und unserem moralischen Verhältnis zu Tieren (Tierethik). Auch in der neuen Auflage konzentriert sich diese Einführung auf die ersten beiden Themen. Den ursprünglichen Plan, bei einer Neuauflage ein umfangreiches Kapitel über Tierethik zu verfassen, habe ich zugunsten des Vorhabens fallen lassen, diesem auch für mich immer wichtiger werdenden Bereich eine eigene Einführung zu widmen. Im Zuge des sogenannten »political turn« sind in der Tierethik in den letzten zehn Jahren viele neue Perspektiven und Argumente ins Feld geführt worden. Dadurch ist es sowohl theoretisch als auch praktisch pluralistischer geworden. Aus diesem Grund haben Herwig Grimm und ich mit der Unterstützung des Junius Verlags eine eigene Einführung in die Tierethik realisiert (Herwig Grimm, Markus Wild, *Tierethik zur Einführung*, Hamburg 2016).

Über die Tierphilosophie hinaus hat sich im letzten Jahrzehnt im deutschsprachigen Raum eine geistes-, sozial- und kulturwissenschaftliche Forschung etabliert, in der die historische und kritische Erforschung der kulturellen Mensch-Tier-Beziehungen im Vordergrund steht. Es ist sehr zu begrüßen, dass die Erforschung dieser Beziehungen nicht mehr allein den naturwissenschaftlichen Ansätzen vorbehalten bleibt, beispielsweise der Tiergartenbiologie, sondern auch in ihrer geisteswissenschaftlichen Relevanz wahrgenommen wird. Insbesondere die Aufarbeitung der Geschichte der wissenschaftlichen Erforschung und Nutzung von Tieren eröffnet wichtige neue Perspektiven. Da auch die Ethologie (Verhaltensforschung) langsam damit beginnt, sich für ihre eigene Geschichte zu interessieren, ruht hier ein großes Potenzial für zukünftige Forschungskooperationen. Ich meine, dass hier Natur- und Geisteswissenschaften offen aufeinander zugehen sollten, die Tiere bauen ihnen eine tragfähige Brücke.

Wie reich die philosophische und die geisteswissenschaftliche Forschungslandschaft im deutschsprachigen Raum ist, dokumentieren Handbücher und Sammelbände. So wurden ein kulturwissenschaftliches Handbuch zu Tieren und ein dreibändiges Werk zur Philosophie der Tierforschung veröffentlicht. Auf diesen Grundlagen kann man aufbauen. Entsprechend habe ich zum Schluss die ausgewählte Literatur auf einen neueren und breiteren Stand gebracht.

Die Tierphilosophie und die Erforschung der Mensch-Tier-Beziehungen sind auch gesellschaftlich relevant. Seit Jahrzehnten wird ein ethisch verantwortungsvollerer Umgang mit Tieren, ja, ein grundsätzliches Umdenken in diesem Bereich von unterschiedlichen wissenschaftlichen und gesellschaftlichen Akteuren gefordert. Diese kontroverse Forderung erhält zusätzliches Gewicht durch die Problematik der katastrophalen Entwicklung der Biodiversität und des allzu zögerlichen Umgangs mit der sich abzeichnenden Klimakatastrophe.

Die bisherigen Ausgaben waren den beiden Katzen Susi und Hobbes gewidmet. Die Neuauflage widme ich dem Hund Titus, der mittlerweile in der kleinen Gemeinschaft der tierphilosophisch und tiertheoretisch Forschenden eine gewisse Bekanntheit erlangt hat und sogar als Co-Autor eines kleinen Aufsatzes unter dem Namen »Titus Hunderich« firmiert. Während sich Susi mit Titus angefreundet hat, zog Hobbes es vor, sich einem neuen, ausschließlichen Katzenhaushalt anzuschließen.

Basel, im Februar 2019

Vorwort zur 1. Auflage

> »Da gibt es immer die große Diskussion, für das Tier, gegen das Tier, und speziell für den Hund, gegen den Hund, da hat jeder so seine Meinung, und ich sage, warum nicht, Meinungen muss es auch geben. Ich weiß es nicht, fällt mir das jetzt selber ein, oder hat das irgendein gescheiter Mann einmal gesagt, die Meinung ist es sogar, die uns als Mensch vom Tier unterscheidet.« (Wolf Haas, *Wie die Tiere*)

Der Mensch ist das einzige Tier, das philosophiert. Und nicht zuletzt philosophiert es über Tiere, sei es über sich selbst, sei es über andere Tiere. Von der Antike bis in die Gegenwart sind Tiere Gegenstand und Bestandteil der Philosophie. Die Pythagoreer lebten den Vegetarismus, Aristoteles betrachtete den Menschen als politisches Tier, die Skeptiker sahen einen Hund Schlüsse ziehen, Seneca sinnierte über Spinnennetz und Schwalbenflug, Albertus Magnus verfasste ein großes zoologisches Werk, Descartes betrachtete Tiere als Maschinen, Hobbes bezeichnete staatliche Gemeinwesen als Wölfe, Schopenhauer begründete eine Mitleidsmoral auch für Tiere, Hegel erinnerte daran, dass Tiere nicht denken, Nietzsche führte einen eigenen symbolischen Zoo, Heidegger zufolge sind Tiere arm an Welt, Wittgenstein fragte, ob Hunde hoffen können, Derrida meinte, er habe stets über das Tier nachgedacht, und Davidson stellte in Abrede, dass sprachlose Wesen Gedanken haben können. Zwischen diesen großen Namen tummeln sich zahllose andere Philosophen, die ganze Werke über das Tier verfasst haben.

Obwohl nur wenige dieser Überlegungen in das Gebiet der Ethik gehören, kommt im Bewusstsein der Öffentlichkeit die Philosophie häufig nur über die Ethik zum Tier, nämlich in der Tierethik. Die meisten der soeben angeführten Thesen fallen jedoch in den Bereich der theoretischen Philosophie, handelt es sich doch um Fragen danach, ob Tiere ein Bewusstsein haben, was Tiere von Menschen unterscheidet, ob man ohne Sprache denken kann, oder wie und ob man etwas über das geistige Leben der Tiere in Erfahrung bringen kann. Zwar existiert bereits eine veritable Kleinbibliothek deutschsprachiger Einführungen, Sammelbände oder gut zu lesender Monografien zur Tierethik. Es gibt aber keine Einführung in das weite Feld jener Fragen, die die theoretische Philosophie an das Tier bzw. das Tier an die theoretische Philosophie stellen. Genau dies will die vorliegende Einführung zur Tierphilosophie leisten. Obschon auch die Tierethik zur Tierphilosophie gehört, wird sie lediglich gestreift, denn das Buch behandelt, wie im ersten Kapitel genauer ausgeführt wird, den theoretischen Teil der Tierphilosophie. Dabei geht es in erster Linie um Fragen nach dem Denken, dem Bewusstsein von und der Kultur bei Tieren und um den Unterschied zwischen Mensch und Tier. Dadurch treten einige wichtige Themen in den Hintergrund wie etwa tierliche Emotionen, tierliches Selbstbewusstsein, Kommunikation zwischen Tieren oder die kulturelle Rolle von Tieren. Ich hoffe jedoch, dass die Art der Darstellung repräsentativ für einen philosophischen Zugang zu solchen Themen ist und einen Anstoß zu einer weiterführenden (nicht nur philosophischen) Beschäftigung mit ihnen gibt.

Eine Tierphilosophie kommt nicht ohne Tiere aus. Alltägliche Erfahrungen und vor allem wissenschaftliche Forschungen informieren und illustrieren die Tierphilosophie. Unter allen Tieren ist der Hund von alters her nicht nur ein treuer Begleiter des Menschen, sondern auch Inbegriff eines intelligenten Tiers.

Sowohl in der philosophischen als auch in der schönen Literatur tritt er als kluger, aber auch als leidender Freund in Erscheinung. Der erste namentlich bekannte Hund der europäischen Kulturgeschichte dürfte Argos sein, der Hund des Odysseus. Ihm zu Ehren wird der in dieser Einführung immer wieder auftauchende und bisweilen mitdenkende Beispielhund den Namen »Argos« tragen. – Homers Odyssee erzählt, wie Odysseus nach zwanzig Jahren Krieg und Irrfahrt in seine Heimat Ithaka zurückkehrt. Anonym und als Bettler verkleidet nähern sich Odysseus und ein Begleiter dem Palast: »Da richtet ein Hund, der da lag, den Kopf auf und die Ohren: Argos, der Hund des duldmütigen Odysseus.« Der Hund erkennt als Erster den Heimkehrer wieder. Er wedelt mit dem Schwanz, ist aber zu schwach, sich Odysseus zu nähern. Das Tier stirbt nach dem Wiedersehen auf einem Misthaufen. Odysseus »aber blickte zur Seite und wischte sich eine Träne ab«. Ihm, dem Duldmütigen, ist es zur zweiten Natur geworden, seine Regungen zu beherrschen. So unterdrückt er an einer anderen Stelle seinen Zorn: »Und es bellte ihm das Herz in seinem Inneren.« Homer vergleicht die Regung des Herzens mit einer Hündin, die ihre Jungen gegen einen Fremden beschützen möchte. Odysseus schlägt sich gegen die Brust und beschwichtigt das innere Tier: »Halt aus, Herz! Einst hast du noch Hündischeres ausgehalten ...«

Diese Passagen bringen die beiden zentralen Themen dieser Einführung zum Ausdruck: Die Fähigkeiten der Tiere (der »Geist der Tiere«) und das Verhältnis des Menschen zu seiner tierlichen Natur (die »anthropologische Differenz«). Diese Einführung versucht einen langen Gedankengang zu bilden und eine besondere Form der Tierphilosophie zu verteidigen. Auch die historischen Abschnitte gehören mit zu diesem Gedankengang. Freilich lassen sich die Kapitel auch einzeln lesen. In jedem Kapitel wird auf Abschnitte zurück- oder vorausgewiesen, so dass man sich bei Bedarf auch nicht-linear orientieren kann. Zitatnachweise und Literaturangaben finden sich in den Anmerkungen zu den einzelnen Abschnitten gesammelt.

Eine »Tierphilosophie« kommt nicht ohne Menschen aus und nicht in dieser Form zustande. Danken möchte ich Dina Emundts (Berlin), Julia Fischer (Göttingen), Christian Barth (Berlin), Dominik Perler (Berlin) und Martin Lenz (Berlin) für Kritik, Anregungen und konkrete Vorschläge zu einzelnen Kapiteln. Besonderen Dank an Simone Peter (Basel) und Sarah Tietz (Berlin), die das Manuskript gelesen und kommentiert haben. Joshua Andresen (Beirut) danke ich für ein Gespräch über Jacques Derrida, Leonard Lawlor (Memphis) für die frühzeitige Übersendung seines Manuskripts über das Tier bei Derrida: *This is Not Sufficient*. Schließlich Dank an Ann-Sophie Barwich, Josephine Bürgel und Tina Rath für das Korrekturlesen. Steffen Herrmann vom Junius Verlag Dank für die Betreuung des Manuskripts.

Berlin, im Januar 2008

I. Einleitung: Was ist Tierphilosophie?

1. Wer denkt?

Der Skeptiker David Hume meinte höchst zuversichtlich, nichts sei doch offenkundiger, als dass Tiere ebenso mit Gedanken und Vernunft begabt seien wie Menschen. Die Belege dafür könnten auch dem Dümmsten nicht entgehen. Demgegenüber betonte der deutsche Idealist Georg Wilhelm Friedrich Hegel nicht minder zuversichtlich, es könne »in unseren Tagen nicht oft genug daran erinnert werden, dass das, wodurch sich der Mensch vom Tiere unterscheidet, das Denken ist«. Es ist unter Philosophen umstritten, ob Tiere denken oder nicht. Diese Situation hat William James den etwas ironischen Seufzer abgerungen, das Tier wäre doch leichter zu verstehen, wenn es entweder im Großen und Ganzen dümmer oder im Großen und Ganzen klüger wäre.

Wenn wir wissen wollen, ob Tiere denken, dann stehen wir vor einem generellen Problem. James weist indirekt darauf hin. Es gibt die Tiere nicht als homogene Gruppe. Vielmehr existiert eine enorme Bandbreite verschiedenster Tierarten, die über sehr unterschiedliche Fähigkeiten verfügen und Verhalten von unterschiedlicher Komplexität zeigen. Es gibt Tiere, die sicherlich denken, nämlich die Mitglieder unserer Spezies. Wie aber steht es mit Schimpansen, Hunden, Raben, Eichhörnchen, Forellen und Fliegen? Wie sollen wir diese Frage überhaupt beantworten? Anders formuliert: Was verstehen wir überhaupt unter »denken«? Erst eine Antwort auf diese zweite Frage macht es möglich, das erste Problem anzupacken. Um die beiden Probleme zu illustrieren, wollen wir eine Reihe von Beispielen Revue passieren lassen. Jeder und jede hat eine implizite Vorstellung davon, welche Lebewesen Gedanken oder Bewusstsein haben. Fragen wir uns also bei jedem Beispiel: Sind wir bereit, bei dem betreffenden Tier davon zu sprechen, dass es denkt, dass es Gedanken oder Bewusstsein hat? Und weshalb bejahen oder verneinen wir diese Frage?

Ameisen entfernen tote Artgenossen aus ihren Nestern. Sie heben sie hoch und tragen sie fort. Dabei reagieren sie auf säurehaltige Abfallprodukte der Zersetzung. Dies ermöglicht es ihnen, tote Artgenossen im Ameisenhaufen zu entdecken und zu entfernen. Sie entfernen jedoch alles aus ihrem Haufen, was mit Ölsäure bestrichen wird, nicht nur tote, sondern auch lebende Ameisen und leblose Dinge.

Grabwespen graben kleine Erdlöcher und legen darin ihre Eier. Danach fangen sie ein Insekt, schaffen die Beute in das Loch und verstopfen es. Die ausschlüpfenden Larven werden nun ausreichend Nahrung haben. Diese Wespen zeigen ein hochspezialisiertes Verhalten: Sie legen die Beute vor dem Erdloch ab, inspizieren das Loch, kehren zurück und schleppen die Babynahrung hinein. Verschiebt man die Beute während der Inspektion auch nur geringfügig, wird die Wespe sie erneut am ursprünglichen Ort platzieren, das Erdloch inspizieren und wieder zurückkehren. Ein Vorgang, der sich beliebig oft wiederholen lässt.

Der *Seehase* ist kein Hase, sondern eine Meeresschnecke. Er hat Kiemen, die durch eine Schutzmembran bedeckt sind, wobei das Ende dieser Membran eine Art Siphon bildet. Wenn der Siphon berührt wird, ziehen sich die Kiemen sofort zurück. Dieser Reflex kann durch Lernen verändert werden. Wird der Siphon wiederholt berührt, zieht der Seehase die Kiemen nicht mehr zurück. Der Seehase lernt also, einen taktilen Reiz zu ignorieren.

Kiefernhäher legen im Herbst Wintervorräte an, und zwar an ca. 5000 Stellen, die sie Monate später mit großer Sicherheit wiederfinden. Da sich die landschaftlichen Merkmale jahreszeitlich verändern, können sie sich kaum an gleichsam abgespeicherten, mentalen Schnappschüssen orientieren und müssen von bestimmten spezifischen Merkmalen abstrahieren können. Man kann Kiefernhäher nun darauf dressieren, Futter von einer Fundstelle zu holen, die genau in der Mitte zwischen zwei charakteristischen Landschaftsmalen liegt. Die beiden Merkmale befinden sich auf einer Linie, die Entfernung zwischen ihnen beträgt 20 bis 120 Zentimeter, wobei sich das Futter stets in der Mitte befindet. Zuverlässig finden die Häher die Mitte und damit auch das Futter.

Erdhörnchen reagieren auf Schlangen nicht damit, dass sie sich in ihre Erdhöhlen verkriechen, denn anders als etwa Schakale können Schlangen ihnen ins Erdloch folgen. Deshalb werden Schlangen zunächst zum Schein attackiert, auf ihre Aggressivität hin getestet, der Nachwuchs wird gewarnt usw. Um die von einer Schlange ausgehende Gefahr abzuschätzen, muss ein Erdhörnchen Informationen über die Temperatur, die Größe und die Art der Schlange gewinnen.

Brütende *Regenpfeifer* reagieren auf Nesträuber wie etwa Füchse mit der Imitation einer Flügelverletzung. Sie rennen, den scheinbar lahmen Flügel hinter sich herziehend, weg von ihrem Nest. Dabei versuchen sie, den Räuber so weit wie möglich vom Nest wegzulocken. Sie achten auf die Bewegungen des Räubers und passen die ihrigen an. So rennen sie beispielsweise zurück, wenn der Räuber ihnen nicht folgt, sondern sich dem Nest nähert. Nähern sich aber beispielsweise Kühe dem Nest, so imitiert der Regenpfeifer keine Verletzung, sondern bleibt sitzen und flattert dem Wiederkäuer ins Gesicht, bevor er in das Nest tritt.

Ein *Rabe* sieht im klirrenden Winter eine Stange, an der an Schnüren gefrorenes Trockenfleisch hängt. Im Flug ist es nicht möglich, das harte Fleisch mit dem Schnabel zu packen. Was tun? Der Rabe setzt sich auf die Stange, zieht ein Stück Schnur mit dem Schnabel zu sich hoch, legt es auf die Stange, setzt den Fuß darauf, holt das nächste Stück hoch, legt es wiederum auf die Stange, setzt den Fuß darauf usw. Schließlich hält er das Fleisch in den Krallen und pickt Stücke heraus.

Grüne Meerkatzen (eine Affenart) unterscheiden ernst zu nehmende Raubfeinde wie Leoparden, Schlangen oder Adler. Sobald ein solcher Raubfeind auftaucht, stößt eine Meerkatze einen Alarmruf aus. Diese Alarmrufe sind deutlich verschieden und entsprechend divergieren die Reaktionen. Beim Leopardenruf flüchten die Affen auf die Bäume, beim Adlerruf schauen sie zuerst in die Luft und verschwinden in den Büschen, beim Schlangenruf stellen sie sich auf die Hinterbeine und verfolgen die Bewegungen der Schlange. Junge Meerkatzen wenden die Alarmrufe nicht von Anfang an richtig auf Raubfeinde an. Mit dem Adlerruf beispielsweise belegen sie zunächst fast alles, was fliegt, sogar fallende Blätter. Die anderen Affen reagieren auf solche Rufe erst, wenn diese sich auf eine reale Gefahr beziehen. So lernen die jungen Affen schließlich, nur noch auf Adler zu reagieren.

Der Psychologe Wolfgang Köhler untersuchte kurz vor dem Ersten Weltkrieg die Intelligenz von Menschenaffen. So ließ er beispielsweise außerhalb eines Schimpansenkäfigs Bananen auslegen, und zwar in einer für Schimpansenarme zu großen Entfernung. Im Käfig befanden sich zwei Bambusrohre von unterschiedlichem Durchmesser, mit denen die Schimpansen Futter heranziehen konnten. Doch ein Schilfrohr allein reichte nicht an die Bananen heran. Ein Schimpanse namens *Sultan* entdeckte, während er mit diesen Rohren spielte, dass sich das dünnere in das dickere Rohr stecken lässt. Jetzt konnte er die ersehnten Bananen erreichen.

Dem Border-Collie *Rico* wurden Namen für ca. zweihundert Dinge beigebracht, beispielsweise Kinderspielzeug. Nennt man ein bestimmtes Ding beim Namen, wird es von Rico geholt. Nun füge man dieser Sammlung ein ganz neues Ding hinzu, von dem der Hund noch nichts weiß, und fordere ihn auf, etwas zu holen, dessen Name er zuvor noch nicht gehört hat. Was passiert? Rico holt den ihm noch nicht bekannten Gegenstand.

Menschenaffen kann man eine erstaunliche Anzahl von Symbolen beibringen. Der Bonobo (Zwergschimpanse) *Kanzi* kombiniert abstrakte Symbole auf einer Magnettafel in manchmal innovativer Weise. Das Gorillaweibchen *Koko* etwa soll über ein Vokabular von weit über 150 Handzeichen aus der Gebärdensprache verfügen. Von Koko wird berichtet, sie verwende Zeichen, wenn sie mit ihren Puppen spiele. Sie diskutiere sogar über den Tod. Auf die Frage einer Trainerin, wohin Gorillas zum Sterben gehen würden, antwortet Koko: »Angenehm Nest Heia.« Trainerin: »Wann Gorillas sterben?« Koko: »Problem alt.«

Der kürzlich verstorbene Graupapagei *Alex* wurde von der Psychologin Irene Pepperberg darauf trainiert, verschiedene Gegenstände, Farben, Formen und Materialien zu unterscheiden. Er vermochte die entsprechenden Wörter auch zu artikulieren. Bot man Alex Gegenstände von unterschiedlicher Farbe, Form und Beschaffenheit dar und fragte ihn beispielsweise, wie der blaue, dreieckige Gegenstand heißt oder welche Farbe der Würfel hat oder welcher Gegenstand rund ist oder wie der Gegenstand heißt, der sowohl rot als auch rund ist, so beantwortete Alex diese Fragen mit großer Zuverlässigkeit. Alex konnte auch das Merkmal nennen, in dem sich zwei Gegenstände unterschieden.

Wer denkt? Bei der Ameise, der Grabwespe und dem Seehasen werden wir sicher schwerlich von Gedanken sprechen wollen. Demgegenüber sind die Fähigkeiten von Sultan, Rico, Koko und Alex schon sehr beeindruckend, und wir zögern wohl kaum, hier von Denken zu sprechen. Dies wird uns jedoch durch den Umstand erleichtert, dass die Leistungen dieser Tiere eng an sprachliche oder sprachähnliche Fähigkeiten gebunden sind. Wie steht es mit den nicht trainierten Tieren in der Mitte dieses Spektrums? Denken der Häher, das Erdhörnchen, der Regenpfeifer, die Raben oder die Meerkatzen? Offenbar sind diese Tiere lernfähig, ihr Verhalten ist flexibel und der gegebenen Situation angepasst, und sie scheinen ganz bestimmte Ziele zu verfolgen. Macht sie das schon zu denkenden Wesen? Agieren sie mit Bewusstsein? Oder sollten wir die Sprachfähigkeit als klares Unterscheidungskriterium akzeptieren und das Denken uns Menschen überlassen? Solche Fragen stehen im Zentrum der *Tierphilosophie.*

Tierphilosophie? Das klingt zunächst, als würde es neben der Natur-, der Sprach-, der Wissenschafts- oder der Moralphilosophie noch eine weitere philosophische Unterdisziplin namens »Tierphilosophie« geben. Das ist nicht der Fall. Die Tierphilosophie überschneidet sich mit vielen philosophischen Subdisziplinen. Tierphilosophie im weiten Sinn befasst sich mit drei Problemfeldern, nämlich mit den mentalen und sozialen Fähigkeiten von Tieren (*Geist der Tiere*), mit dem Unterschied zwischen Mensch und Tier (*anthropologische Differenz*) und mit unserem moralischen Verhältnis zu Tieren (*Tierethik*). Die Tierphilosophie im engen Sinn hingegen stellt eine grundlegende philosophische Betrachtungsweise dar. Einfach gesagt: Die Tierphilosophie betrachtet den Menschen auf philosophische Weise als Tier. Hier wird die Tierphilosophie zum Programm. In diesem einleitenden Kapitel werden zunächst die drei Problemfelder der Tierphilosophie im weiten Sinn umrissen. Anschließend wird erklärt, was es heißen soll, den Menschen in einem philosophischen Sinn als Tier zu betrachten.[1]

2. Die drei Felder der Tierphilosophie

Die Tierphilosophie im weiten Sinn kommt nicht ohne Bezug auf Wissensformationen aus, die sich mit dem Tier befassen, wie Mythologie, Naturgeschichte, Tierhaltung, Erfahrung und Naturwissenschaft. Viele dieser Wissensformationen, und nicht zuletzt die naturwissenschaftlichen, haben ihre Schlüsselerfahrungen und Gründungserzählungen. So beispielsweise auch die Primatologie (Menschenaffenforschung). Die bekannte Primatologin Jane Goodall beobachtete 1960 im afrikanischen Gombe-Nationalpark einen Schimpansen bei der Herstellung und beim Gebrauch eines Werkzeugs. Noch über vierzig Jahre später erinnert sich Goodall lebhaft an diese Szene und an die nicht minder erinnerungswürdige Reaktion des britischen Anthropologen Louis Leakey:

»Das werde ich nie vergessen. Es war ein kalter, nasser Morgen im Jahr 1960. Ich ging durchs Gras, und plötzlich sah ich von weitem einen Schimpansen, der sich über einen Termitenhügel beugte. Es war David Greybeard – er hatte schon damals keine Angst mehr vor mir. Er nahm Grashalme, zupfte sie sich zurecht und fischte damit nach Termiten. Ich dachte sofort: Das ist der Beginn von Werkzeugherstellung. Damals war der Mensch definiert gewesen als einziges Wesen, das Werkzeuge herstellt. Ich schrieb meine Beobachtung meinem Mentor, dem Anthropologen Louis Leakey, und er antwortete mit dem inzwischen berühmten Telegramm: Jetzt müssen wir entweder ›Mensch‹ neu definieren oder *Werkzeug* neu definieren oder Schimpansen als Menschen akzeptieren.«

Betrachten wir anhand dieser Erzählung die drei Problemfelder der Tierphilosophie: Können wir Tieren Geist zuschreiben? Worin besteht der Unterschied zwischen Mensch und Tier? Wie sollen wir uns Tieren gegenüber moralisch verhalten?

Geist der Tiere – Können wir Tieren Geist zuschreiben? Die Beschreibung, die Goodall vom Verhalten des Schimpansenmannes gibt, klingt zunächst rein deskriptiv, ja beinahe behavioristisch: Er nimmt Grashalme, zupft an ihnen und führt sie in den Termitenbau ein. Wir können aber schwer umhin, dieses Verhalten funktional zu betrachten: Er nimmt die Grashalme, *um* damit nach Termiten *zu* fischen und *dazu* bearbeitet er sie. Die ganze Bewegungsabfolge weist eine Art funktionale oder teleologische Struktur auf. Das Ziel (*telos*) der Bewegungsfolge liegt im Termitenfang, wobei die anderen Elemente der Sequenz der Erreichung dieses Ziels dienen und nur vom Ziel her verständlich werden. Die Ausdrücke, die Goodall gebraucht, implizieren eine solche »Um-zu-Struktur«: David Greybeard zupft die Grashalme »zurecht«, d.h., er zupft nicht einfach ziellos an den Halmen herum, sondern bereitet sie vor, *um* nach Termiten *zu* fischen.

Goodalls Beschreibung ist sogar noch auf einer weiteren Ebene angesiedelt. Der amerikanische Philosoph Daniel Dennett hat drei Beschreibungsebenen unterschieden, die nicht zuletzt von Ethologen eifrig rezipiert worden sind. Dennett nennt diese Beschreibungsebenen »physikalische Einstellung«, »funktionale Einstellung« und »intentionale Einstellung«. Die physikalische Einstellung beschreibt einfach die Bewegungsabfolgen eines Verhaltens, die funktionale Einstellung fragt, wie wir soeben gesehen haben, nach der Funktion, dem Ziel, dem *Wozu* einer Bewegungsabfolge. Wir können uns aber auch fragen, welche Absichten, Meinungen oder Wünsche einem Verhalten zugrunde liegen und es ausgelöst haben. Wenn wir so fragen, nehmen wir die intentionale Einstellung ein. Wir nehmen an, dass der Geist eines Lebewesens auf etwas gerichtet ist und dass dies sein Verhalten erklärt. Erst wenn ein Verhalten direkt von den Absichten, Meinungen, Wünschen usw. eines Lebewesens ausgelöst wird, sprechen wir davon, dass es handelt.

Betrachten wir zur Verdeutlichung des Gesagten wiederum das Beispiel mit dem Schimpansen David Greybeard. Wir haben es nicht nur mit einer funktionalen Bewegungsfolge (d.h. mit einem Verhalten) zu tun, sondern mit einem Lebewesen, das ein geistiges Innenleben hat. Es scheint, als führe der Schimpanse seine Tätigkeiten mit Bewusstsein und Absicht aus. Er sieht Grashalme, wählt einen geeigneten Halm aus, manipuliert ihn absichtsvoll und führt ihn in den Termitenbau ein, weil er weiß, dass sich dort leckere Beute versteckt. Diese dritte Ebene wirft sofort knifflige Fragen auf: Kennt der Schimpanse das Gefühl der *Angst*? *Sieht* der Schimpanse Grashalme? *Wählt* er einen passenden Halm? *Meint* er, unter verschiedenen Halmen einen passenden ausgewählt zu haben? Bearbeitet er den Halm *mit der Absicht*, nach Termiten zu fischen? *Weiß* der Schimpanse tatsächlich, dass sich im Termitenbau leckere Beutetiere verstecken?

All diese Fragen zielen auf etwas, das wir »geistige Zustände« nennen können. Geistige Zustände sind beispielsweise Sehen, Wählen, Meinen, Beabsichtigen oder Wissen. Diese Zustände haben auch einen Inhalt. Man ängstigt sich ja vor *etwas*, sieht *etwas*, wählt, meint, beabsichtigt oder weiß *etwas*. Und normalerweise begreifen oder erfassen wir das, was wir sehen, meinen oder wissen. Wenn wir also sagen wollen, David Greybeard wisse, dass sich im Termitenbau leckere Beutetiere verstecken, so müssen wir uns auch fragen, ob er denn den Termitenbau *als* Bau oder das Beutetier *als* Tier erfasse. Begreift er, kurz gesagt, wovon er ein Wissen hat? Wenn Greybeard den zurechtgezupften Halm in den Termitenhügel steckt, begreift er dann den manipulierten Gegenstand *als* Instrument oder *als* Werkzeug? Allgemein kann man sagen: Wenn wir in Gedanken einen Inhalt erfassen, so erfassen wir stets etwas *als* etwas. In der Philosophie wird dieses geistige Erfassen von etwas als etwas »Intentionalität« genannt. Man kann auch von einer »Als-Struktur« sprechen.

Nun fällt es uns leicht, den Körperbau, die Organe oder die Verhaltensweisen von Tieren funktional zu beschreiben. Flossen, Herzen oder Murmeltierpfiffe weisen eine Um-zu-Struktur auf: Flossen sind zum Schwimmen da, Herzen, um Blut zu pumpen, und Murmeltierpfiffe, um Artgenossen vor Gefahren zu warnen. Ebenso beschreiben wir Tiere und ihr Verhalten oft mithilfe von Verben, die mentale Zustände ausdrücken. Wir schreiben diesen Zuständen Inhalte zu und nehmen an, dass diese Inhalte von den so beschriebenen Tieren irgendwie erfasst werden. So sagt manche Hundebesitzerin von ihrem Schützling, er wisse genau, dass es gleich etwas zu fressen gebe. Die Hundebesitzerin schreibt dem Hund ein Wissen zu, und sie denkt, dass der Hund irgendwie begreife, was Fressen ist. Eine Frage lautet, ob es sich hier nur um eine *façon de parler* handelt. Verläuft das Verhalten von Tieren tatsächlich nach einer funktionalen Um-zu-Struktur? Und liegt dieser Struktur wirklich eine intentionale Als-Struktur zugrunde?

Einige Philosophen argumentieren, dass man etwas als etwas erfassen muss, um Gedanken zu haben. Etwas als etwas zu erfassen heißt jedoch, es unter einen Begriff zu bringen. Begreife ich den Halm *als* Grashalm, *als* Pflanze oder *als* Werkzeug, so muss ich über die Begriffe »Grashalm«, »Pflanze« oder »Werkzeug« verfügen. Nun könnte man argumentieren, dass ein Schimpanse kaum über diese Begriffe verfügt. Oder gar, dass nur jene Wesen über Begriffe verfügen, die eine Sprache sprechen. Daraus ergibt sich ein recht simples Argument dafür, dass sprachlose Tiere nicht denken: Um zu denken, muss ein Wesen Gedanken haben, Gedanken erfordern Begriffe, Begriffe stehen nur sprachfähigen Wesen zur Verfügung, folglich denken nur sprachfähige Wesen. Da Tiere nicht sprechen, denken sie nicht. Man kann dies als »Sprachargument« bezeichnen. Wir werden uns in dieser Einführung mit diesem und verwandten Argumenten beschäftigen. Das Sprachargument ist natürlich voraussetzungsreich, und nicht jeder Schritt scheint überzeugend. Verstehen wir es an dieser Stelle einfach als skeptische Warnung: Vielleicht schreiben wir den Tieren diese Strukturen nur zu und projizieren unsere Sicht auf die Tiere. Wir anthropomorphisieren ihr Verhalten und unterstellen ein geistiges Innenleben, wo in Tat und Wahrheit nur Instinkte, Triebe und Reize regieren. Dann hätten Tiere jedoch nicht wirklich intentionale Zustände. Wir würden Tiere nur so betrachten, als hätten sie einen Geist.

Allerdings gibt es hinsichtlich des Geistes der Tiere noch einen zweiten Punkt zu beachten. Viele Philosophen sind der Ansicht, dass nicht alle geistigen Zustände auf etwas gerichtet sind und folglich eine intentionale Als-Struktur aufweisen. Es gibt nämlich auch so etwas wie reine Bewusstseinszustände. Der amerikanische Philosoph John Searle formuliert diesen Unterschied wie folgt:

»Erstens haben nach meiner Auffassung nur einige, nicht alle geistigen Zustände und Ereignisse Intentionalität. Überzeugungen, Befürchtungen, Hoffnungen und Wünsche sind intentional; es gibt aber Formen der Nervosität, der Hochstimmungen und der Unruhe, die nicht intentional sind. Meine Überzeugungen und Wünsche müssen immer von etwas handeln. Meine Nervosität und Unruhe hingegen müssen nicht in dieser Weise *von etwas handeln*.«

Nervosität und Unruhe, aber auch Schmerzen, bestimmte Angstzustände, visuelle Wahrnehmungen oder der Geschmack von süßen Früchten sind nach Ansicht von Searle und anderen Philosophen nicht notwendig auf etwas gerichtet. Im Unterschied zu den intentionalen geistigen Zuständen handelt es sich hierbei um qualitative geistige Zustände, um Erlebnisse. Haben Tiere qualitative geistige Zustände? Die meisten Leserinnen und Leser werden vermutlich der Meinung sein, dass David Greybeard irgendetwas erlebt oder spürt, wenn er Angst hat oder einen dicken Halm in der Hand hält, dass die Grashalme für ihn irgendwie farbig aussehen und die Termiten nach etwas schmecken. Aber fühlt sich Angst für den Schimpansen so an wie für uns? Sieht er die Grashalme, wie wir sie sehen? Schmecken Termiten für ihn und für uns in etwa gleich? Wahrscheinlich werden die meisten Leserinnen und Leser hier den Kopf schütteln: Allein schon die unterschiedliche Beschaffenheit der Körper und der Sinnesorgane verschiedener Arten lässt es als unglaubwürdig erscheinen, dass sich diese Dinge für Schimpansen und Menschen gleich anfühlen. Das ist ein leicht paradoxer Befund: Wir behaupten, dass sich diese Dinge für den Schimpansen irgendwie anfühlen müssen, aber wir wissen nicht wie, denn sie fühlen sich anders an als für uns. Wenn wir jedoch nichts über die qualitativen geistigen Zustände der Tiere wissen, warum nehmen wir dann an, dass sie welche haben? Und wenn wir wissen, dass Tiere solche Zustände haben, warum können wir nicht mehr darüber in Erfahrung bringen? Handelt es sich bei dieser Annahme nicht um eine leere Behauptung, da wir anscheinend nichts über diese unerfassbaren qualitativen Zustände sagen können? Möglicherweise bleibt uns ja der Weg der Einfühlung. Jane Goodall berichtet in einem anderen Zusammenhang, was ihr durch den Kopf ging, während sie das Fressverhalten eines Hyänenrudels beobachtete:

»Zuerst ekelte ich mich selbst, aber nach einer Weile merkte ich, dass ich meine Überempfindlichkeit größtenteils verloren hatte. Vermutlich hatte ich mich auf die Hyänennatur abgestimmt. Wenn ich sie beobachte, stelle ich eine andere Wellenlänge ein. Mrs. Brown genießt so offensichtlich einen dampfenden Bissen Darm, gefüllt mit halbverdauten Gräsern, und ich beobachte die Mahlzeit durch ihre auf Hyänen eingestellte Brille. Dann kann einem wirklich das Wasser im Mund zusammenlaufen. Nur wenn ich mir auch bloß für einen Augenblick vorstelle, ich selbst könnte einen Bissen davon nehmen, dann wird mir übel.«

Augenscheinlich schmeckt den Hyänen ihr Fressen, denn sie benehmen sich so, wie ich mich benehme, wenn mir etwas schmeckt. Nun stelle ich mir vor, dass ich mich bei etwas, was mich zutiefst ekelt, so benehme, wie wenn mir etwas schmeckt. Wiederum finden wir uns in der leicht paradoxen Situation, einem Tier ein Erlebnis zuschreiben zu müssen, von dem wir nur zu wissen glauben, dass es dieses Erlebnis hat, ohne wissen zu können, um was für ein Erlebnis es sich handelt. Vielleicht schreiben wir den Tieren diese Erlebnisse lediglich zu und projizieren unsere Sicht auf sie. Wieder anthropomorphisieren wir ihr Verhalten und unterstellen ein bewusstes Erleben, wo in Tat und Wahrheit nur Instinkte, Triebe und Reize regieren. Dann hätten Tiere jedoch nicht wirklich qualitative geistige Zustände. Wiederum würden wir Tiere nur so betrachten, als hätten sie einen Geist. Diese Fragen betreffen den Geist der Tiere. Aber offensichtlich gibt es zwischen Mensch und Tier beträchtliche Unterschiede. Damit kommen wir zum zweiten Themenfeld der Tierphilosophie.

Anthropologische Differenz – Worin besteht der Unterschied zwischen Mensch und Tier? Kehren wir zu Goodalls Erzählung zurück. Ihr erster Gedanke war, dass David Greybeards Bearbeitung der Grashalme den Anfang der Werkzeugherstellung widerspiegle. Dieser Gedanke entsprach dem Zweck ihrer Freilandbeobachtungen. Denn sie und ihr Mentor Leakey hatten die Idee, dass Beobachtungen an freilebenden Primaten Aufschlüsse über das Zusammenleben *unserer* Vorfahren, den frühen Hominiden, erlauben würden. Dies konnten beispielsweise Aufschlüsse über den Beginn der Herstellung von Werkzeugen sein. Der legitime anthropozentrische Zweck der Beschäftigung mit unseren nächsten Verwandten, den Menschenaffen, besteht also darin, etwas über den Menschen zu erfahren. Dies gilt ganz allgemein für die Auseinandersetzung mit Tieren. Der französische Philosoph Étienne de Condillac bemerkte in seinem *Traité des animaux* (1755): »Es wäre wenig interessant zu wissen, was Tiere sind, wenn es nicht ein Mittel wäre um zu wissen, was wir sind.« Sowohl das naturwissenschaftliche als auch das philosophische Interesse an den Tieren ist häufig anthropologisch. Wir wollen mit Blick auf Tiere verstehen, was wir sind. Das Tier dient also auch der Selbsterkenntnis.

Anders als Goodall und Leakey, die Erkenntnisse über die Hominidenevolution durch die Beobachtung von Menschenaffen gewinnen möchten, kann man die Selbsterkenntnis grundlegender ansetzen, nämlich als *anthropologische* Selbsterkenntnis. Die anthropologische Frage lautet, was der Mensch ist. Die Antwort wurde in der Tradition häufig weniger durch die komparative Beobachtung als vielmehr durch die Absetzung vom Tier gewonnen. Sie gerinnt zu einer Art Formel: Der Mensch ist das Tier *plus* X. So ist der Mensch etwa das vernünftige Tier, das Tier, das spricht (Aristoteles), Staaten bildet (Aristoteles), Hände hat (Aristoteles), eine Seele hat (Descartes), vernunftfähig ist (Kant), um seinen Tod weiß (Hölderlin), sich an alles gewöhnt (Dostojewskij), nicht festgestellt ist (Nietzsche), exzentrisch positioniert ist (Plessner), eine Welt hat (Heidegger), etwas stattdessen tut (Marquard) usw. Eine philosophisch gemeinte Antwort auf die anthropologische Frage geht davon aus, dass Menschen Tiere oder Lebewesen ganz besonderer Art sind.

Nun ist jede Tierart anders als alle anderen Tiere: Fledermäuse orten ihre Beute mit Ultraschall, Wüstenameisen orientieren sich mithilfe polarisierenden Sonnenlichts, Biber verdauen Holz, Chamäleons passen die Farbpigmente der Haut ihrer Umgebung an. Das philosophische Interesse besteht natürlich nicht darin, Besonderheiten einzelner Tierarten zu identifizieren. Es ist nichts Besonderes daran, besonders zu sein. Arten müssen sich absondern, um bestehen zu können. Es ist gleichwohl etwas Besonderes, so *außerordentlich* besonders zu sein, wie es Menschen sind. Das philosophische Interesse besteht deshalb darin herauszufinden, was den Menschen von *allen* anderen Tieren unterscheidet. Worin besteht der Unterschied, der diese Unterscheidungen ermöglicht? Das ist die *anthropologische Differenz*. Eine Formel, die diese Differenz zum Ausdruck bringen will, muss einen Unterschied benennen, der eine explanatorische Kraft hat oder die metaphysische Natur des Menschen zum Ausdruck bringt. Ein auffälliger Unterschied besteht beispielsweise darin, dass Tiere nicht sprechen. Der Mensch hingegen ist dasjenige Tier, das spricht. Hier setzt das Sprachargument an, das wir bereits kennengelernt haben. Die anthropologische Differenz ist auch aus der aktuellen philosophischen und wissenschaftlichen Diskussion keineswegs verschwunden. Die anthropologische Differenz zeigt sich etwa in der frühkindlichen Fähigkeit zur Imitation und Rollenübernahme oder in der Fähigkeit, Gedanken auszubilden, die auf eigene Gedanken gerichtet sind (sogenannte Meta-Repräsentationen), oder in der Fähigkeit, neue Zwecke zu setzen und neue Mittel zu finden.

Die Erzählung von Goodall veranschaulicht, dass eine vermeintliche anthropologische Differenz auch ins Wanken geraten kann. Dies verdeutlicht die Reaktion von Leakey: »Jetzt müssen wir entweder ›Mensch‹ neu definieren oder ›Werkzeug‹ neu definieren oder Schimpansen als Menschen akzeptieren.« Definiert man den Menschen als das Tier, das Werkzeuge herstellt, dann stellt Goodalls Beobachtung diese Definition infrage. Leakey nennt die Alternativen: Entweder setzt man die anthropologische Differenz neu an, man behält diese Differenz bei und adjustiert den Begriff des Werkzeugs oder man betrachtet Schimpansen in gewisser Weise als Menschen. Alle drei Strategien finden sich in der wissenschaftlichen Diskussion der letzten einhundert Jahre. Ein folgenreiches Ergebnis dieser Diskussion besteht darin, dass durch die Hinterfragung verschiedener anthropologischer Differenzen und die damit einhergehende Annäherung von Tier und Mensch auch das moralische Verhältnis zwischen Mensch und Tier überdacht werden muss.

Tierethik – Wie sollen wir uns Tieren gegenüber moralisch verhalten? Leakey regte nicht nur die Quereinsteigerin Goodall zur Langzeitbeobachtung von Primaten an, sondern auch Dian Fossey, die bis zu ihrer Ermordung in Ruanda Berggorillas erforschte, und Biruté Galdikas, die in Borneo Orang-Utans studierte. Die Arbeit dieser drei Forscherinnen entwickelte sich jedoch zusehends in eine weniger anthropozentrische Richtung und konzentrierte sich stärker auf das äußere und innere Leben dieser und anderer Tiere. Dabei bedienten sich Goodall, Fossey und Galdikas teils unorthodoxer Vorgehensweisen. Dieser Nonkonformismus kam schon darin zum Ausdruck, dass Goodall den beobachteten Tieren nicht Nummern, sondern Namen (David Greybeard, Mrs. Brown) zuteilte. Dian Fossey etwa lernte Geräusche hervorzubringen, die Gorillas benutzen, um sich gegenseitig zu besänftigen oder zu trösten, indem sie heftig schnaubte, Luft durch die Zähne stieß oder mit den Lippen schmatzte. Darin drückt sich nicht zuletzt eine in der europäischen Romantik wurzelnde veränderte Sensibilität gegenüber Tieren aus. Die Bedrohung von Tierarten und die Einsicht in ihr soziales und geistiges Leben führten zu der Überzeugung, dass der moralische Status der Tiere dringend überdacht werden müsse. Goodall selbst engagiert sich aufgrund ihrer Arbeit mit und über Schimpansen für das sogenannte »Great-Ape-Project«, eine Initiative, die Menschenrechte für Menschenaffen fordert.

In der breiten Öffentlichkeit und im alltäglichen Leben tritt die Tierphilosophie am stärksten in der Form der Tierethik in Erscheinung. Die Tierrechtsbewegung hat in den letzten Jahrzehnten unser Selbstverständnis mit heiklen Fragen herausgefordert: Soll man bestimmte Arten schützen oder wieder ansiedeln? Wie gehen Sie mit Ihrem Fleischkonsum, mit dem Elend der globalisierten Massentierhaltung, mit BSE oder der Vogelgrippe und den damit einhergehenden Keulungen und Verbrennungen um? Soll man die Haltung von Kampfhunden verbieten? Was halten Sie von Friedhöfen für Haustiere? Was von einem Erbrecht für Haustiere? Wie bewerten Sie das Verhältnis von Tierexperiment und medizinischer Forschung? Würden Sie Ihr Haustier in eine Psychotherapie bringen? Würden Sie es taufen lassen? Wenn Sie Zeugin eines Autounfalls werden, wem helfen Sie zuerst, dem verletzten Kind oder dem ebenso verletzten Hund? Stellt für Sie die Abtreibung ein moralisches Problem dar, die Tötung von Schweinen jedoch nicht? Man denke auch an die von vielen als höchst fragwürdig empfundenen Vergleiche von Tierfabriken und Schlachthäusern mit Konzentrationslagern.

Innerhalb der Philosophie hat sich die Tierethik zu einer eigenständigen und wichtigen Unterdisziplin der sogenannten »angewandten Ethik« herausgebildet. Ein Mit-Initiator des »Great-Ape-Project« ist der australische Philosoph Peter Singer. Sein Buch *Animal Liberation* (1975) hat die Tierethik nachhaltig geprägt. Singer vertritt eine utilitaristische Ethik. Das Prinzip dieser Ethik besteht in der Pflicht zur Vermehrung von Lust und Glück und der Verminderung von Unlust und Leid. Zweifellos sind auch Tiere der Lust und der Unlust fähig. Also müssen sie in unsere ethischen Erwägungen eingeschlossen werden. Wenn wir beispielsweise das Leiden von Schlachtvieh gegenüber unserem Lustgewinn durch Fleischkonsum als gering und moralisch belanglos betrachten, führen wir einen zusätzlichen, ungerechtfertigten Maßstab ein, indem wir annehmen, dass für unterschiedliche biologische Arten unterschiedliche Rücksichtnahmen gelten und dass unsere Art dabei stets den Vorzug haben soll: Das sind ja nur Tiere! In Anlehnung an »Rassismus« spricht Singer von »Speziesismus«. Sowohl diese Begriffsprägung als auch der Titel seines Buchs (*Animal Liberation*) drücken einen politischen Impuls aus: Die Befreiung der Tiere aus der Ungleichheit ist ebenso wie diejenige der Sklaven und der Frauen eine politische Aufgabe und ein moralischer Fortschritt.

Betrachten wir kurz zwei weitere Argumentationen. Ein weiterer international renommierter Vertreter der Tierethik, Tom Regan, argumentiert in seinem Buch *The Case for Animal Rights* (1984) dafür, dass einigen Tieren Rechte zukommen. Regan zufolge haben Lebewesen wie etwa Säugetiere Wünsche und Ziele, über deren Befriedigung und Erreichung sie selbst bestimmen. Sie verfügen also über eine Art Autonomie, die Regan »Präferenz-Autonomie« nennt. Solche Wesen haben einen Wert an sich. Deshalb kommen ihnen auch grundsätzlich individuelle moralische Rechte zu. Die dritte Argumentation geht von der Frage aus, worin das moralische Recht auf Leben gründet. Will man dieses Recht nicht theologisch begründen, so bietet sich als mögliche Antwort an, dass das Interesse an der eigenen Zukunft ein Recht auf Leben verbürge. Somit kommt jenen Tieren ein Recht auf Leben zu, die an die Zukunft und sich selbst in der Zukunft denken können.

Die Argumente der Tierethik zeichnen sich durch vier übergreifende Merkmale aus. Erstens bezweifeln sie, dass die *anthropologische Differenz* klar und deutlich gezogen werden kann und in jedem Fall moralisches Gewicht hat. Zweitens folgen sie einem generellen moralischen Anliegen, der gerechten Gleichbehandlung. Die Grundfrage lautet: Warum behandeln wir Menschen so und Tiere anders? Drittens gehen sie von bestimmten moralphilosophischen Theorien aus, etwa dem Utilitarismus oder einer Theorie moralischer Rechte. Viertens setzen sie Annahmen über den *Geist der Tiere* voraus: Tiere empfinden Lust und Schmerz, sie haben Wünsche und Ziele, sie haben Interesse an der eigenen Zukunft. Die gelieferten Argumente für Gleichbehandlung können nur dann Überzeugungskraft haben, wenn Tiere tatsächlich so sind, wie es diese Annahmen behaupten. Bestreitet man die Annahmen, entzieht man dem Streben nach Gleichbehandlung die vernünftige Grundlage. So könnte man beispielsweise argumentieren, dass tierlicher Schmerz von anderer Natur sei als menschlicher Schmerz oder sogar, dass Tiere über gar kein wirkliches Schmerzbewusstsein verfügen. Man könnte argumentieren, dass Tiere in keiner Weise autonom sein können, weil bei ihnen in Tat und Wahrheit nur Instinkte, Triebe und Reize regieren. Schließlich könnte man bestreiten, dass Tiere überhaupt in der Lage sind, an die Zukunft und sich selbst in der Zukunft zu denken. Es wird also deutlich, dass das Problemfeld der Tierethik von den Problemfeldern der anthropologischen Differenz und vor allem von demjenigen des Geistes der Tiere abhängt.[2]

3. Tierphilosophie als Programm: Sechs Thesen

Anders als die im vorhergehenden Abschnitt skizzierte Position kennt Tierphilosophie im engen Sinn gegenüber dem Geist der Tiere keine tief greifenden skeptischen Vorbehalte, denn sie schreibt Tieren teleologische Um-zu-Strukturen, intentionale und qualitative geistige Zustände zu. Der junge Charles Darwin hat in einer merkwürdigen Notiz der Tierphilosophie sozusagen ein Motto gegeben: »Entstehung des Menschen jetzt bewiesen – Es lebe die Metaphysik – Wer den Pavian versteht, leistet mehr in Richtung Metaphysik als Locke.« (M 281) Die Notiz spielt auf John Lockes *Essay über den menschlichen Verstand* an. Darwins Notiz kann man nicht nur so verstehen, dass der Mensch vom Affen abstammt und somit in den Bereich der Evolution gehört. Sie besagt auch, dass in einer philosophischen Betrachtung der geistigen Vermögen bei einem Tier wie dem Pavian schon alles für den menschlichen Verstand Grundlegende und Wesentliche enthalten ist. Eingangs haben wir gesagt, die Tierphilosophie stelle eine grundlegende philosophische Betrachtungsweise dar. Man kann diese Betrachtungsweise programmatisch durch sechs Thesen charakterisieren. Die erste These lautet:

(1) Die Tierphilosophie betrachtet den Menschen, so weit es geht, als Tier.

Was ist damit gemeint? Gehen wir zur Erläuterung von der anthropologischen Differenz aus. Der Mensch ist einer traditionellen Definition zufolge das vernünftige Tier, ein *animal rationale*. Obwohl diese Definition von Aristoteles bis Hegel viele unterschiedliche Ausprägungen und Abwandlungen erfahren hat, kann man doch einige grundlegende Merkmale festhalten. Der Mensch ist ein Tier, das nicht nur auf die Zustände seines Körpers und die

Reaktionen dieses Körpers auf Umweltreize reduzierbar ist. Anders als ein durch Triebe, Instinkte und Reize gesteuertes Tier ist der Mensch mehr als nur ein belebtes Objekt in Raum und Zeit. Er hat ein Bewusstsein, d.h., er empfindet, fühlt, versteht und erforscht sich und seine Umwelt. Durch das Bewusstsein sind dem Menschen Objekte und Tatsachen in Gedanken gegeben. Er denkt über seine Umwelt, seine Vergangenheit und seine Zukunft nach und kann ein Wissen von allgemeinen Wahrheiten, von Zahlen, Formen oder vom Ewigen haben. Er macht sich auch Gedanken über sich selbst. Dabei ist er sich seiner selbst oder seiner Person bewusst. Im besten Fall handelt der Mensch aufgrund von Gedanken. Er wägt ab und entscheidet sich für bestimmte Handlungen, dabei erfährt er sich grundsätzlich als selbstbestimmt und frei. Er denkt und handelt jedoch nicht nur aus selbstbezogenen Motiven oder in einem rein subjektiven Bereich, sondern sein Denken und Handeln hat auch eine moralische Dimension und bewegt sich in einem intersubjektiven Raum. Menschen sind also Tiere, die ein Bewusstsein haben, Gedanken bilden und diese denkend verbinden, Wissen erwerben, sich ihrer selbst als Personen bewusst sind, frei handeln und sowohl einen moralischen als auch einen intersubjektiven Bereich bewohnen. Bezeichnen wir der Einfachheit halber die Merkmale Bewusstsein, Denken, Wissen, Handlung, Personalität und Moralität als »geistige Merkmale«. Sie sind zusammengenommen konstitutiv dafür, dass wir Menschen als geistige Wesen oder Wesen mit *Geist* betrachten. Was heißt es nun, den Menschen als Tier zu betrachten? Diese Frage führt uns zu einem zweiten Punkt:

(2) Die Tierphilosophie behauptet, dass Tiere einen Geist haben.

Das heißt, dass sich die angesprochenen geistigen Merkmale als Vorstufen oder gar ausgeprägt auch bei nicht-menschlichen Tieren finden. Auch Tiere verfügen über Bewusstsein, Denken, Wissen, Handlung, Personalität und Moralität. Nun ist auch der Mensch unbezweifelbar ein Tier. Daraus kann man schließen, dass der Mensch schon als Tier über diese geistigen Merkmale verfügt. Dies ist die anthropologische Pointe der Tierphilosophie:

(3) Die Tierphilosophie behauptet: Schon als Tier hat der Mensch Geist.

Eine wichtige Konsequenz dieses dritten Punktes besteht im Folgenden: Wenn es zutrifft, dass der Mensch bereits als Tier über geistige Merkmale verfügt, dann können Fähigkeiten, die den Menschen von allen anderen Tieren unterscheiden, für diese Merkmale nicht konstitutiv sein. Eine offensichtliche Fähigkeit, die den Menschen vor anderen Lebewesen auszeichnet, ist natürlich die Sprache. Dies bedeutet, dass die Sprache für geistige Merkmale nicht konstitutiv sein kann. Die Sprachfähigkeit ist keine notwendige Bedingung für geistige Merkmale. In der Betrachtungsweise der Tierphilosophie ist der Mensch zunächst wie andere Tiere auch ein Naturwesen. Bei den geistigen Merkmalen handelt es sich also um natürliche Vermögen und Fähigkeiten. Darwins Wort von der Metaphysik des Pavians entspricht der für die Tierphilosophie zentralen These (3). Die tierphilosophische Betrachtungsweise verdankt viel der darwinschen Evolutionstheorie und allgemeiner der Verhaltensbiologie. Denn einerseits nimmt sie das Material für ihre Behauptung, dass Tiere über geistige Merkmale verfügen, aus den Naturwissenschaften, die sich mit Tieren befassen. Andererseits betrachtet die Tierphilosophie, wie wir bereits gesehen haben, den Menschen als ein Naturwesen, d.h., sie versucht ihn in einem naturwissenschaftlichen, insbesondere biologischen Rahmen zu verstehen.

Der Versuch, geistige Merkmale als natürliche und naturwissenschaftlich erfassbare Fähigkeiten und Vermögen zu betrachten, wird häufig als »Naturalismus« bezeichnet, man versucht, die fraglichen Merkmale zu »naturalisieren«. Der Naturalismus ist allerdings umstritten; es ist nicht einmal immer klar, was darunter zu verstehen ist. Für die Tierphilosophie ist zunächst die folgende, allgemeine Charakterisierung des britischen Philosophen Simon Blackburn kennzeichnend: »Ein Naturalist zu sein bedeutet, Menschen als zerbrechliche Gebilde von vergänglichem Stoff zu sehen, und so als Teil der natürlichen Ordnung.« Wie Tiere sind Menschen verletzlich und vergänglich, sie sind sterbliche, körperliche Lebewesen, sind Staub und werden zu Staub. Darin sind sie Teil der natürlichen Ordnung. Die natürliche Ordnung wird heute von den Naturwissenschaften beschrieben. So zeichnet sich ein moderner Naturalist dadurch aus, dass er sich in seinen Erklärungen nur auf Erfahrungen, Konzepte, Theorien und Resultate beruft, die auch respektable Naturwissenschaften verwenden. Ein prominenter Vertreter dessen, was hier als Tierphilosophie bezeichnet wird, ist der amerikanische Philosoph Fred Dretske. Er schreibt:

»Der Naturalismus in der Philosophie – wie ich ihn verstehe – hat eine Ausformulierung der Anwendungsbedingungen verwirrender Begriffe (wie ›Wissen‹ oder ›Wahrnehmung‹) zum Ziel, aber so, dass empirische (naturwissenschaftliche) Methoden verwendet werden können, um Fragen über jene Gegenstände zu beantworten, auf die wir diese Begriffe anwenden.«

Der Naturalist überlässt das Feld also nicht den Naturwissenschaften, vielmehr möchte er sie zu Rate ziehen und seine begriffliche Arbeit mit ihrem Gang kompatibel halten. Für die Tierphilosophie sind natürlich nicht alle Naturwissenschaften einschlägig, sondern beispielsweise die Evolutionstheorie, die Zoologie und vor allem die Ethologie und deren besondere Disziplinen wie etwa die Primatologie. Halten wir also fest:

(4) Die Tierphilosophie verfährt naturalistisch.

Wie verhält sich die Tierphilosophie zur anthropologischen Differenz? Betrachtungsweisen, die bei der anthropologischen Differenz ansetzen, kann man als »differentialistisch« bezeichnen. Der *Differentialismus* geht von einem prinzipiellen Unterschied zwischen Menschen und anderen Tieren aus. Doch die anthropologische Selbsterkenntnis muss sich nicht allein aus der anthropologischen Differenz speisen. Sie kann auch davon ausgehen, dass wir Tiere sind. Möglicherweise haben Menschen schon als Tiere die Fähigkeit zu wissen, zu hoffen oder zu handeln, Gedanken zu bilden, zu benutzen und zu verknüpfen. Man positioniert den Menschen möglichst nahe beim Tier, indem man davon ausgeht, dass auch Tiere über Merkmale verfügen, an denen die anthropologische Differenz festgemacht wird. Man kann auch von einer Kontinuität verschiedener Tierarten ausgehen, zu denen der Mensch mit gehört. Dabei wird ein Tieren und Menschen gemeinsames Geflecht geistiger Fähigkeiten identifiziert, die sich nur graduell unterscheiden. Diesen Ansatz kann man dem Differentialismus gegenüberstellen und als *Assimilationismus* bezeichnen. Diesen beiden Betrachtungsweisen entsprechen zwei explanatorische Strategien, die *bottom-up* bzw. *top-down* verfahren. Der Assimilationismus verfährt *bottom-up*, denn er setzt bei der Frage, was Geist ist bzw. worauf der Geist aufbaut, sozusagen unten an. Er geht dabei von einer Kontinuität zwischen Menschen und Tieren aus und versucht, unterschiedliche Stufen von Geist zu unterscheiden. Es gibt Lebewesen, die sicher keinen Geist haben wie etwa Flechten, und es gibt Lebewesen, die sicher einen Geist haben, nämlich Menschen. Dazwischen findet man Lebewesen mit rudimentären geistigen Fähigkeiten und Lebewesen, die einen komplexeren Geist haben wie Raben oder Schimpansen. Verfechter des Sprachaguments verfahren *top-down* und glauben, dass wir den Menschen vorrangig als ein Wesen betrachten sollten, das eine distinkte sprachlich-kulturelle Praxis ausgeprägt hat, und sprechen Tieren als bloßen Naturwesen geistige Zustände ab. Demgegenüber betrachtet die Tierphilosophie Menschen und andere Tiere zuerst als Naturwesen und meint, unsere sprachlich-kulturelle Praxis sei nur eines von mehreren geistigen Merkmalen, dem *natürliche* geistige Merkmale vorgeordnet sind. Somit gilt:

(5) Die Tierphilosophie verfährt assimilationistisch.

Der Assimilationismus ist eine explanatorische Strategie, die bei Gemeinsamkeiten ansetzt, um denjenigen Unterschied oder vielmehr diejenigen Unterschiede festzumachen, der bzw. die Menschen so außerordentlich besonders macht bzw. machen. Offensichtlich spricht man sich als Assimilationist nicht automatisch *gegen* die anthropologische Differenz aus. Es könnte innerhalb dieser Skala der Lebewesen den einen entscheidenden Sprung geben. Deshalb lässt sich festhalten:

(6) Die Tierphilosophie verzichtet nicht auf die anthropologische Differenz.

Wie wir in Punkt (1) gesehen haben, versucht die Tierphilosophie, *so weit es geht*, den Menschen als Tier zu betrachten. Offensichtlich ist der Mensch nicht nur ein großes Säugetier unter anderen. Das muss auch die Tierphilosophie berücksichtigen.

Kommen wir ein letztes Mal auf die Tierethik zu sprechen. Wir haben bereits gesehen, dass die Tierethik von den Diskussionen um die anthropologische Differenz und den Geist der Tiere abhängig ist. Je stärker seine moralischen Forderungen sind, desto mehr diesen Forderungen entsprechende Eigenschaften muss der Tierethiker den Tieren zugestehen. Nun finden sich in der Tierethik zwei miteinander zusammenhängende Überlegungen, die eine Parallele zur Tierphilosophie aufweisen. Die meisten tierethischen Ansätze gehen davon aus, dass Tiere, wenn auch keine moralischen Subjekte, so doch direkte moralische Objekte sind. Was bedeutet das? Nun, wir sollten Argos nicht quälen, weil es *ihm* weh tut, und nicht etwa deshalb nicht, weil ein Hundebesitzer daran Anstoß nimmt. Wir sollten Tiger nicht in kleine Käfige sperren, weil es *ihre* natürlichen Verhaltenstendenzen frustriert, und nicht, weil es unschön aussieht. Wir sollten Schweine nicht schlachten, weil *sie* ein genuines Interesse an ihrem Weiterleben haben, und nicht, weil das Schlachten die Menschen verroht, sie miserablen Arbeitsbedingungen aussetzt oder religiöse Gebote verletzt. Diese Beispiele sind natürlich unterschiedlich problematisch. Zumindest kann man sagen, dass es einer natürlichen Einstellung entspricht, Tieren keine Qualen zuzufügen, eben weil ihnen dies Schmerzen bereitet. Dabei glauben wir nicht, dass wir das Tier anthropomorphisieren oder unsere Sicht auf es projizieren. Vielmehr glauben wir einfach, dass es dem *Tier selbst* nicht gut tut.

Ebenso vertritt die Tierphilosophie die Auffassung, dass die Tiere selbst intentionale und qualitative geistige Zustände haben und nicht aufgrund unserer Projektion. Aufgrund der Überlegung, dass wir natürlicherweise Tiere um ihrer selbst willen nicht schlecht behandeln, und nicht aufgrund irgendwelcher äußerlichen Gesichtspunkte, sind viele Tierethiker der Ansicht, dass Moraltheorien, die Tiere nicht als direkte moralische Objekte betrachten, defizitär sind. Einem solchen Angriff sind beispielsweise moralische Vertragstheorien ausgesetzt. Die Leitidee der Vertragstheorien besteht darin, dass vernünftige Personen auf der Grundlage ihres wohlverstandenen Eigeninteresses eine Art Vertrag schließen, der die gegenseitigen Rechte und Pflichten festlegt. Nun sind Tiere nicht vertragsfähig. Sie könnten deshalb höchstens *indirekt* berücksichtigt werden. Viele Personen mögen Tiere oder schreiben ihnen großen ökonomischen oder ökologischen Wert zu, und aus diesem Grund sollte man sie nicht töten, verletzen oder quälen. Dieser Gedankengang widerspricht jedoch unserer natürlichen Einstellung. Wir töten, verletzen oder quälen Tiere nicht allein deswegen nicht, weil wir die Vorlieben und Interessen anderer tangieren, sondern weil Tieren das einfach nicht guttut.

Diese Einführung ist mit einer Neigung zum eben skizzierten Programm der Tierphilosophie verfasst. Deshalb sollen der Assimilationismus und der Naturalismus der Tierphilosophie dargestellt und bis zu einem gewissen Grad auch verteidigt werden. Freilich gibt es gewichtige Vorbehalte, die berücksichtigt werden wollen. Am besten gelingt eine einführende Darstellung ohnehin durch den Kontrast von Gegenpositionen. Deshalb soll auch der Differentialismus zum Zuge kommen. Sowohl der Differentialismus als auch der Assimilationismus haben nämlich ein generelles Problem. Positioniert er das Tier sozusagen möglichst weit entfernt vom Menschen, so ergibt sich für den *Differentialisten* ein Problem der folgenden Art: Wie müsste eine Theorie aussehen, die die vielen kognitiven, sozialen und praktischen Fähigkeiten der Tiere erklären kann, ohne auf die Fähigkeiten zurückzugreifen, welche den Menschen gerade so stark vom Tier unterscheiden? Der *Assimilationist* hat das umgekehrte Problem. Nähert man nämlich Mensch und Tier einander an, was erklärt dann den offenkundigen Unterschied zwischen den komplexen und ausdifferenzierten Fähigkeiten der Menschen, die ihn so außerordentlich besonders machen? Die Dialektik zwischen Differentialismus und Assimilationismus wird die folgenden Kapitel innerlich strukturieren.[3]

II. Vier Stationen der Philosophie- und Wissenschaftsgeschichte

Die im vorangehenden Kapitel diskutierte Spannung zwischen Assimilationismus und Differentialismus ist keine Folge der Theorien nach Darwin, wie bisweilen behauptet wird. Diese Spannung spielte bereits in der antiken Philosophie eine wichtige Rolle, wie wir im folgenden Abschnitt kurz sehen werden. Ausführlich wollen wir uns dann dem Streit um die anthropologische Differenz in der Neuzeit zuwenden. Die Grundzüge der für die Tierphilosophie grundlegenden Theorie des Darwinismus und die ebenso wichtige Forschungsrichtung der kognitiven Ethologie (Verhaltenslehre) werden anschließend dargestellt.

1. Antike: Aristoteles und die Krise der Rationalität

Aristoteles hat den Tieren das vernünftige Vermögen abgesprochen. Er behauptet, die Bildung von Meinungen und Urteilen sowie die Fähigkeit zu sprechen und komplexe soziale Gemeinschaften zu gründen, unterscheide uns als Menschen vom Tier. Denn da Tiere über kein *vernünftiges* Vermögen, sondern nur über *sinnliche* Vermögen verfügen, können sie weder das Wahre vom Falschen noch das Gerechte vom Ungerechten unterscheiden. Deshalb bilden sie weder Meinungen noch Urteile und benötigen auch keine Sprache, um etwas mitzuteilen. Den Tieren genügen Laute, die ausdrücken, ob etwas Lust oder Unlust bereitet. Zwar gesteht Aristoteles dem Tier die Bildung einfacher sinnlicher Repräsentationen in der Vorstellungskraft zu, aber es »hat nicht das Vermögen, ein allgemeines Urteil zu bilden, sondern nur Eindrücke und Erinnerungsbilder von Einzeldingen«. Vereinfachend gesagt: Menschen können sich auf das Allgemeine, Tiere nur auf Einzelnes beziehen. Zweifellos scheinen Tiere aber ganz gut in der Welt zurechtzukommen, und zwar nur aufgrund ihrer *sinnlichen* Vermögen. Sie können sich orientieren, empfinden und erinnern, sie können Dinge unterscheiden und vergleichen, sie können lernen, Beute fangen, Feinden entfliehen und Gemeinschaften gründen. Infolgedessen muss Aristoteles den Bereich der sinnlichen Wahrnehmung stark ausweiten, damit alle diese tierlichen Fähigkeiten darin untergebracht werden können. Der britische Philosoph Richard Sorabji behauptet nun in seinem bewundernswerten Buch *Animal Minds and Human Morals* (1993), dass Aristoteles' Absage an eine Tiervernunft zu einer Krise der Rationalität geführt habe, die die Philosophie des Hellenismus nachhaltig prägte:

»Wird den Tieren die Vernunft (logos) und damit auch die Meinung (doxa) abgesprochen, muss zum Ausgleich der Wahrnehmungsgehalt erweitert werden, damit es ihnen möglich ist, sich in der Welt zurechtzufinden. Jedoch darf er nicht derart ausgeweitet werden, dass die Wahrnehmung sich der Meinung annähert. Die Unterscheidung zwischen ihnen war zu jener Zeit ebenso umstritten wie heute. Nicht allein die Wahrnehmung muss von der Meinung unterschieden werden, sondern auch der Besitz von Begriffen, Erinnerungen, Absichten, Gefühlen und von Sprache, falls sie ebenfalls in Tieren vorgefunden werden, die der Meinung ermangeln. Das Projekt erfordert somit eine durchgehende Neubestimmung all dieser geistigen Fähigkeiten. Sogar der Vernunftbegriff selbst kann einer Verschiebung unterworfen werden. Bekanntlich war die antike Skepsis ein Motiv dafür, Unterscheidungen zwischen verschiedenen Fähigkeiten des Geistes zu ziehen. Dem möchte ich hinzufügen, dass die Beschäftigung mit dem Menschen und seiner den Tieren übergeordneten Stellung in der Natur ein weiteres Motiv darstellt.«

Hier zeigt sich die Problematik der anthropologischen Differenz. Setzt man differentialistisch an, braucht man eine Erklärung der kognitiven Leistungen der Tiere. Freilich darf diese Erklärung die anthropologische Differenz nicht wiederum einebnen, und dies bedeutet, dass das sinnliche Vermögen nicht so vernünftig aussehen darf, dass man sich fragen muss, wozu man noch eigens ein vernünftiges Vermögen benötigt. Dies provoziert eine Reihe von Folgeproblemen. Darüber hinaus muss man sehr sorgfältig zwischen verschiedenen Vermögen unterscheiden lernen.

Sorabji weist darauf hin, dass die antiken Skeptiker den anderen philosophischen Schulen Anlass gaben, verschiedene geistige Vermögen und Fähigkeiten zu unterscheiden. Sextus Empiricus, durch dessen Werk wir am besten über die antike Skepsis Bescheid wissen, benutzte das in der Philosophiegeschichte berühmt gewordene Beispiel eines denkenden Hundes, das wohl vom antiken Stoiker Chrysippos stammt. Chrysippos' Hund verfolgt eine Spur und kommt an einen Kreuzweg. Drei Möglichkeiten bieten sich an. Er beschnuppert den ersten Weg, dann beschnuppert er den zweiten und schließlich nimmt er den dritten, *ohne* geschnuppert zu haben. Was hat der Hund gemacht? Er hat einen logischen Schluss gezogen: »Es bestehen drei Möglichkeiten, die erste und die zweite ist es nicht, also muss es die dritte sein.« Der Hund denkt, er hat einen Gedanken folgerichtig erschlossen, und das Resultat seines Schlusses ist der Grund für sein weiteres Tun. Ein vollkommen rationales Lebewesen. Die Skeptiker benutzten dieses Beispiel, um die Behauptung zu kritisieren, Tiere hätten kein vernünftiges Vermögen. Wer dem Hund aber kein vernünftiges Vermögen zugestehen wollte, dem hielten sie entgegen, dass es sich offenbar auch mit dem sinnlichen Vermögen ganz gut denkt. Wozu eigens ein Vernunftvermögen postulieren? Mit solchen Überlegungen zwangen die Skeptiker andere Philosophenschulen wie etwa die Stoiker, ihre Auffassungen vom vernünftigen Vermögen zu differenzieren und zu präzisieren. Die Debatte zwischen Skeptikern und Stoikern zeigt, dass die Diskussion um das Denken der Tiere die begriffliche Arbeit der Philosophie vorantreibt.

Diese Ausführungen verdeutlichen, dass die Frage nach der anthropologischen Differenz auch in der Philosophie der Antike zur Debatte stand. Einige Philosophen, wie etwa die Stoiker, vertraten einen differentialistischen Ansatz. Ebenso die Aristoteliker. Demgegenüber betonten die Skeptiker in assimilationistischer Manier die Verwandtschaft zwischen dem Menschen und den Tieren. Eine Philosophenschule hat die enge Beziehung zwischen Mensch und Tier sogar zum kulturkritischen Programm erhoben, nämlich die Kyniker, deren Namen vom griechischen Wort für »Hund« stammt, von *kyon*.[4]

2. Neuzeit: Descartes versus Montaigne

Die Fragen nach dem Geist der Tiere und der anthropologischen Differenz machten auch in der Frühen Neuzeit eine Neuuntersuchung der Vermögen fällig und stellten das Verhältnis zwischen rationalen und sinnlichen Vermögen zur Diskussion. Diese Diskussion entfacht sich jedoch an einer sehr scharf gezogenen differentialistischen These, nämlich an der Behauptung von René Descartes, Tiere seien Maschinen. Mit dieser These reagierte Descartes seinerseits auf den von Michel de Montaigne unternommenen Versuch, die Tiere zu verteidigen. Wir wollen diese Debatte exemplarisch in größerer Ausführlichkeit verfolgen, wobei zuerst Montaignes assimilationistische Position und im Anschluss die sich davon absetzende differentialistische Position Descartes' dargestellt werden soll.

Montaigne ist der Verfasser eines einzigen Buches, der *Essais* (1580). Im bedeutenden Essay »Verteidigung des Raimond Sebond« (Essais II, 12) findet sich eine ausführliche und berühmt gewordene Verteidigung des Geistes der Tiere. Ein Paradestück der Tierphilosophie! Montaignes Ziel ist es, die menschliche Überheblichkeit zu kurieren. Deshalb möchte er zeigen, dass es für den Menschen keinen Grund gibt sich von den anderen Geschöpfen abzusondern bzw. den Tieren einen beliebigen Platz zuzuweisen und ihnen nur jene Fähigkeiten und Vermögen zuzuschreiben, die ihm gerade passen. Zu diesem Zweck akzentuiert er die Ähnlichkeit des Menschen mit den Tieren. Montaignes Überlegungen setzen sich von einer traditionellen, christlichen Anthropologie ab, die eine klare hierarchische Ordnung postuliert. Der Mensch ist darin als Abbild Gottes den Tieren überlegen und darf über sie verfügen. Aufgrund der besonderen Stellung in der Schöpfung kann man den Menschen Geist zuschreiben, Tieren hingegen nicht.

Mit seiner Absetzung von dieser Anthropologie und seinem Assimilationismus erreicht Montaigne zweierlei: Einerseits »humanisiert« er die Tiere, indem er ihre Verhaltensweisen ebenso wie menschliches Verhalten auf geistige Vermögen zurückführt, andererseits »animalisiert« er den Menschen, indem er aufzeigt, dass nicht nur tierliche, sondern auch viele menschliche Verhaltensweisen von Instinkten, Trieben und Reizen regiert werden. Der erste Eindruck von Montaignes Verteidigung der Tiere ist freilich verwirrend. Da scheint sich ein Haufen mehr oder weniger fantastischer Anekdoten angesammelt zu haben, mit deren Hilfe den Tieren allerlei menschliche Fähigkeiten angedichtet werden. Bisweilen kann man sich des Eindrucks nicht erwehren,

Tiere seien die besseren Menschen. Der amerikanische Historiker George Boas prägte dafür den Ausdruck »Theriophilie«. Theriophile behaupten erstens, dass Tiere vernünftiger seien als Menschen. Falls sie aber weniger Vernunft haben sollten, so zeige ihr geregeltes Leben, dass sie damit weit besser fahren als wir. Zweitens sind Tiere glücklicher als Menschen, weil die Natur besser für sie gesorgt hat als für uns. Schließlich wird an vielen Beispielen gezeigt, dass Tiere eigentlich moralischer sind als Menschen. Boas erkennt in der Überhöhung des Tiers gegenüber dem Menschen eine satirische Spitze. Montaignes Argumentation zugunsten des Geistes der Tiere hat auch einen satirischen, theriophilen Zug. Doch das ist nicht alles. Beim genaueren Lesen zeichnet sich eine Struktur ab, und Argumente treten hervor. Nehmen wir ein Argument heraus. Montaignes Hauptargument für das Denkvermögen bei Tieren beruht auf dem Grundsatz, dass von gleichen Wirkungen auf gleiche Vermögen geschlossen werden müsse:

> »Ich behaupte also, um auf mein Thema zurückzukommen, dass es keinen vernünftigen Grund gibt, zu meinen, die Tiere täten aus zwanghaftem Naturtrieb, was wir aufgrund eigener Wahl und erworbner Kunstfertigkeit tun. Von gleichen Ergebnissen müssen wir vielmehr auf gleiche Kräfte schließen und folglich zugeben, dass eben der Verstand und eben der Weg, die unser Werken und Wirken bestimmen, im selben Maße auch für sie bestimmend sind, wenn nicht in höherem.«

Montaigne weist auf einen methodologischen Punkt hin: Warum sollte man die beiden Grundsätze, dass man von gleichen Wirkungen auf gleiche Vermögen schließen muss und dass komplexe Wirkungen auf komplexe Vermögen verweisen, nicht auch auf Tiere anwenden? Es scheint unzulässig zu behaupten, dass Menschen komplexe Verhaltensweisen an den Tag legen und daher auch über komplexe geistige Vermögen verfügen, Tiere bei ebenfalls komplexen Verhaltensweisen hingegen nur von Instinkten, Trieben und Reizen regiert werden. Dasselbe Verhalten wird beim Menschen durch geistige Vermögen erklärt und auf eine Reihe von Überlegungen und Entscheidungen zurückgeführt. Hier wird mit zweierlei Maß gemessen, und Montaigne weist diesen doppelten Maßstab explizit zurück. Zur Illustration dieser Überlegung führt Montaigne einen Fuchs an, der an einen zugefrorenen Fluss kommt. Der Fuchs legt sein Ohr auf das Eis und horcht, er weicht zurück, horcht an anderen Stellen, bis er schließlich über das Eis trabt. Der Fuchs legt ein Verhalten an den Tag, das mit einer bestimmten Umweltbedingung kovariiert, nämlich mit der Stärke der Fließgeräusche unter dem Eis, und zweckgerichtet ist; er will ja den Fluss überqueren. Wenn wir bei einem Menschen ein solches Verhalten beobachten, dann unterstellen wir, dass er durch Nachdenken zu einem bestimmten Schluss kommt. Warum nicht auch der Fuchs? Montaigne weist darauf hin, dass dem Fuchs ein vernünftiges Vermögen nicht von vornherein abgesprochen werden darf und siedelt das Denken auf einer vorsprachlichen Ebene an. Nur weil der Fuchs nicht spricht, kann ihm der Geist nicht abgesprochen werden.

Diese und andere Beispiele verdeutlichen, dass Montaigne den Unterschied zwischen Mensch und Tier möglichst weitgehend einzuebnen versucht. Montaignes Zurückschrecken vor der Grausamkeit und sein Assimilationismus zielen letztlich auf die körperliche Verfasstheit von Mensch und Tier. Dies betrifft auch die geistigen Vermögen, denn beim Menschen haben wir es immer mit etwas zu tun, das auf wunderbare Weise körperlich bedingt ist. Allerdings strebt der menschliche Geist im Gegensatz zum tierlichen danach, sich von seiner natürlichen Bedingtheit zu lösen, und vergisst darüber seine körperliche Beschaffenheit. Montaigne ist der Ansicht, dass wir uns selbst verfehlen, wenn wir uns vorrangig als Vernunftwesen, als rationale Tiere, und nicht als körperlich verfasstes Tier unter Tieren begreifen. Man kann diese Assimilation des Menschen an das Tier und die Radikalkur gegen das überzogene Selbstbildnis des Menschen als eine Form des Naturalismus verstehen, der freilich noch ohne Bezug auf die Naturwissenschaften auskommt. Wir werden die fragwürdigen Thesen Montaignes an dieser Stelle nicht kritisieren, sondern im dritten Kapitel auf sie zurückkommen, insbesondere auf die Deutung des Verhaltens des Fuchses. Wenden wir uns nun Montaignes Widersacher zu.

Montaignes *Essais* und insbesondere die »Verteidigung des Raimond Sebond« fanden rasch eine breite Leserschaft. Auch Descartes kannte das Werk. Descartes, ein Differentialist und ein Verteidiger der anthropologischen Differenz, steht Montaigne diametral gegenüber. Tiere, so Descartes' berüchtigte Doktrin in seiner *Abhandlung über die Methode* (1637), sind Maschinen. Viele Leute halten diese Doktrin für skandalös. Doch es lohnt die Mühe, sich genau anzusehen, was Descartes meinte. Die Analogie von Tier und Maschine wird uns nämlich in der Verteidigung des Tiergeistes einen wichtigen Ausgangspunkt liefern (vgl. IV.2). Descartes' Doktrin ist Bestandteil einer umfassenden Neuorientierung der Metaphysik und der Naturphilosophie in der Neuzeit. Gemäß der cartesischen Metaphysik ist der Mensch eine Einheit zweier völlig verschiedener Substanzen, nämlich eines materiellen Körpers und einer immateriellen Seele. Die Seele ist eine »denkende Substanz« (*res cogitans*). Als Denken bezeichnet Descartes alle geistigen Vorgänge, d.h. alle Operationen des Willens, des Verstandes, der Einbildungskraft und der Sinne. Geistige Vorgänge kommen in der cartesischen Metaphysik ausschließlich als Zustände der Seele vor. Körper hingegen gehören zur »ausgedehnten Substanz« (*res extensa*). In Descartes' Naturphilosophie besteht die ausgedehnte Substanz aus kleinen Teilchen, die den Sinnen nicht direkt zugänglich sind, sogenannten »Korpuskeln«. Da Korpuskeln nichts anderes als die geometrischen Eigenschaften Länge, Breite und Tiefe besitzen, können auch die wahrnehmbaren Körper – Steine, Bäume, Tische, Sterne, aber auch tierliche und menschliche Körper – nur solche Eigenschaften haben. Korpuskeln bewegen sich nach mechanistischen Naturgesetzen. Die Grundintention dieser Naturphilosophie besteht darin, dass alle natürlichen, materiellen Phänomene auf mechanistischer Grundlage erklärt werden sollen. Das Erklärungsideal ist dasjenige der Operationen einer Maschine. Die Natur selbst kann als eine große Maschine aufgefasst werden. Nun wird Descartes' Doktrin verständlicher: Er behauptet, dass die Körper aller Lebewesen Maschinen seien. Das trifft sowohl auf Tiere als auch auf Menschen zu. Die Doktrin lautet also, dass Tiere lebendige und empfindungsfähige Maschinen sind.

Hier ergeben sich natürlich einige Probleme. Zuerst ein biologisches Problem: Wie kann eine Maschine lebendig sein? Descartes entgegnet, das Herz und die Herzwärme genügen zur Erklärung der Lebensfunktionen. Eine vegetative Seele ist überflüssig. Zweitens ergibt sich ein psychologisches Problem. Es betrifft die Tatsache, dass wir bisweilen Tieren Wahrnehmungen, Empfindungen oder Gefühle zuschreiben. Wie kann eine Maschine empfinden oder fühlen? Man muss festhalten, dass Descartes den Tieren Wahrnehmungen, Empfindungen und Affekte tatsächlich zugesteht. Ein Verständnis der physiologischen Maschinerie genüge jedoch für die Erklärung tierlicher Empfindungsfähigkeit. Eine sensitive Seele ist ebenfalls überflüssig. Descartes wollte also nicht das Leben und die Empfindung wegerklären, er suchte im Gegenteil nach einer Erklärung bestimmter Art: Alles an den Tieren – Zeugung, Wachstum, Ernährung, Fortbewegung, Verhalten, Wahrnehmung und Lernen – soll nach dem mechanistischen Erklärungsideal einer Maschine dargestellt werden können.

Für Descartes verfügen ausschließlich Menschen (und Engel) über eine Seele, Tiere nicht. Anders als bei den Aristotelikern lässt sich die Zuschreibung einer cartesischen Seele ja nicht in Stufen vornehmen. Sie ist eine Frage des alles oder nichts. Tiere gehören deshalb ganz zur ausgedehnten Substanz. Wie kommt Descartes zu dieser radikalen anthropologischen Differenz? Descartes plausibilisiert seine Doktrin wie folgt: Zunächst weist er auf eine Reihe von Verhaltensweisen hin, die automatisch oder reflexartig ablaufen wie etwa Blinzeln, Gehen, Verdauen, sich beim Fall mit den Händen Schützen oder Schlafwandeln. Gewisse Empfindungen wie Hunger, Frieren oder plötzliche Nervosität entstehen unwillkürlich und werden nicht willentlich herbeigeführt. Ihre Ursachen sind automatische körperliche Prozesse. An dieser Stelle bietet sich eine erste Analogie zu Maschinen an. Es gibt nämlich raffiniert konstruierte Maschinen und Automaten, die Bewegungen ausführen, *als ob* sie eine Seele hätten. Ebenso wie diese Maschinenbewegungen verlaufen die automatischen körperlichen Prozesse von Lebewesen. Eine weitere Maschinenanalogie führt Descartes mittels eines Gedankenexperiments ein. Man stelle sich vor, ein Supermechaniker, der noch nie ein Tier gesehen hat, konstruiere Maschinen, die sich so agil bewegen und zielgerichtet verhalten wie echte Tiere. Nun zeigt man dem Supermechaniker richtige Tiere. Zweifellos denkt er, dass sich auch diese Wesen ebenso wie die von ihm konstruierten Maschinen aufgrund einer verborgenen Mechanik bewegen und verhalten. Vielleicht bestaunt er die weitaus vollkommenere Agilität und Zielgerichtetheit dieser Automaten. Und natürlich gibt es in Descartes' Metaphysik einen Superdupermechaniker, der alle diese vollkommenen Tiermaschinen erschaffen hat, nämlich Gott.

Zentral sind jedoch zwei Verhaltenstests, die Descartes im fünften Kapitel der *Abhandlung über die Methode* einführt. Mithilfe dieser Tests können bloße Automaten von richtigen Menschen unterschieden werden. Der erste ist der Sprachtest. Descartes meint, dass noch so raffiniert konstruierte Automaten weder mit Wörtern noch durch Zeichen auf das reagieren, wonach man sie auch immer befragt. Darüber hinaus können Automaten Wörter nicht neu kombinieren, ihnen fehlt ein kreativer Umgang mit der Sprache. Kurzum, weder in kombinierten Wörtern, noch durch kombinierte Zeichen bringen sie zum Ausdruck, dass sie eine denkende Seele hätten. Der zweite Test achtet auf Handlungen. Automaten verhalten sich voraussehbar und unflexibel. Diese eingeschränkten Verhaltensweisen stellen die Kehrseite einer perfektionierten Spezialisierung dar. Menschen hingegen handeln willentlich, angemessen und flexibel. Auch hier findet sich kein Anzeichen einer denkenden Seele. Descartes ist der Ansicht, dass Tiere beide Tests nicht bestehen. Darum glaubt er, mit Sicherheit sagen zu dürfen, dass Tiere im Unterschied zu Menschen keine Seele haben. Das Tier gehört einem anderen metaphysischen Bereich an als der Mensch, und es fällt naturphilosophisch unter das mechanistische Erklärungsmodell. Aus diesem Grund können Tiere und Menschen nicht gleich strukturiert sein, wie ähnlich ihr Verhalten auch erscheinen mag. Natürlich neigen wir dazu, im Verhalten der Tiere Ähnlichkeiten mit unserem Verhalten zu sehen und schließen aus diesem Grund auf Ähnlichkeiten mit unserem Geist. So zieht Montaigne von dem scheinbar intelligenten Verhalten des Fuchses den Schluss auf eine ihm innewohnende Vernunft. Descartes betrachtet solche Analogieschlüsse als unreflektierte Vorurteile. Vorurteile entstehen, wenn man sich seines Verstandes nicht richtig bedient, sondern sich auf tradiertes Wissen und die Sinne verlässt und keine naturwissenschaftlichen Kenntnisse hat.

Soweit Descartes' Doktrin. Man kann diese Doktrin nun von außen der Kritik unterziehen, man kann aber auch zeigen, dass sie im Inneren der cartesischen Philosophie Spannungen erzeugt.

Folgen wir dem zweiten Weg, dem Weg der immanenten Kritik, dann werden wir sehen, dass Descartes den Tieren nicht konsistent und unzweideutig Wahrnehmungen, Empfindungen oder Affekte zuschreiben kann, weil nur Wesen mit einer Seele solche Zustände überhaupt haben können. Betrachten wir das Beispiel der Gefühle. Argos freut sich auf einen leckeren Hundekuchen. Descartes erklärt das so: Das Wahrnehmungsmuster, das bei Argos durch den Happen ausgelöst wird, gelangt in dessen Hirn. Von dort werden dem Muster entsprechende Korpuskeln durch Nervenbahnen in das Herz und in die Muskeln getrieben. Die Herzkammern öffnen sich, das Blut strömt durch. Die Muskeln dehnen sich, Argos hechelt, wedelt und springt. Anders gesagt: Er freut sich. Fühlt Argos tatsächlich Freude? Gefühle haben, wie Descartes meint, eine körperliche Ursache. Diese versteht Descartes ganz physiologisch. Beim Anblick eines leckeren Essens werden Impulse durch die Nerven geleitet. Das ist aber nur eine Komponente der Affekte. Denn die Impulse müssen auch in der Seele wahrgenommen werden. Bei Gefühlen sind also stets körperliche und seelische Zustände miteinander verbunden. Andernfalls handelt es sich um kein Gefühl. Das Problem ist nun offensichtlich. Wenn es eine konstitutive Komponente von Gefühlen ist, in der Seele empfunden zu werden, wie können unbeseelte Tiere dann Gefühle wie Furcht, Hoffnung oder Freude haben? Offenbar gar nicht. Ebenso steht es mit anderen Empfindungen und mit Wahrnehmungen. Die Schwierigkeiten, die sich Descartes stellen, sind genereller Natur. Eine Theorie, die die Kluft zwischen Menschen und Tieren weit aufreißt und somit die anthropologische Differenz stark ansetzt, hat Schwierigkeiten, die Fähigkeiten von Tieren zu erklären.

Heute ist die Ansicht weit verbreitet, dass Descartes den Tieren das Denken, das Leben und die Empfindungsfähigkeit nimmt: Tiere seien bloße Maschinen, die weder Freude noch Schmerz oder irgendetwas anderes empfinden. Wie steht es mit den moralischen Konsequenzen der cartesischen Doktrin? Rechtfertigt sie die vorbehaltlose wissenschaftliche und wirtschaftliche Ausnutzung von Tieren? Ist sie eine Lizenz zur Grausamkeit? Descartes wäre bestimmt kein Befürworter der Tierethik. Tatsächlich setzt er aber seine Doktrin an keiner Stelle als Prämisse für den wissenschaftlichen Gebrauch von Tieren oder als Rechtfertigung für grausame Behandlung ein. Allerdings setzt er sie indirekt als Rechtfertigung für den wirtschaftlichen Gebrauch ein. Die meisten Menschen nutzen Tiere wirtschaftlich, indem sie die Tiere oder deren Produkte verzehren. Descartes meint, dass seine Doktrin nicht so sehr grausam gegenüber Tieren sei, als vielmehr die Menschen entlaste und unserer Praxis entspreche, Tiere zu töten und zu verspeisen. Die cartesianische Tierdoktrin passt noch in einem weiteren Punkt zu unserer Praxis. Im Allgemeinen behandeln wir Tiere nicht wie moralische Subjekte und ziehen sie für ihr Verhalten nicht zur Verantwortung. Da Tiere keine rationale Seele haben, sind sie keine Mitglieder der moralischen Gemeinschaft. Sie sind nicht frei gegenüber ihren Trieben und können keine Herrschaft über sie erlangen. Descartes ist sogar der Ansicht, dass es moralisch verwerflich ist, den Tieren eine Seele zuzuschreiben. Die Seele ist immateriell und deshalb unzerstörbar. Wenn nun Tiere eine Seele hätten, dann müssten wir zugestehen, dass ihre Seelen unsterblich sind. Diese Vorstellung läuft nicht nur der christlichen Anthropologie entgegen, vielmehr sei es geradezu lachhaft, sich unsterbliche Regenwürmer oder Austern auszumalen.[5]

3. Darwin: Evolution und Kontinuität

Oft wird behauptet, Darwins Evolutionstheorie habe allen anthropologischen Differenzen im Stil Descartes' endgültig den Garaus gemacht. Dies trifft nicht zu. Zwar glauben wir seit Darwins Arbeiten, dass alle auf der Erde existierenden Lebewesen eine evolutionäre Geschichte teilen. Zwischen dem Menschen und anderen Tieren besteht eine naturgeschichtliche Kontinuität. Trotz dieser Kontinuität ist es immer noch möglich, dass der Mensch ein außerordentlich besonderes Wesen ist. Es ist für einen Neo-Cartesianer nur schwieriger geworden, sein Bild mit dem darwinistischen Bild in Übereinstimmung zu bringen. Betrachten wir zunächst die Grundzüge von Darwins Evolutionstheorie, denn wir werden später auf sie zurückgreifen (vgl. IV.2-4).

In der *Entstehung der Arten* (1859) hat Darwin wenig über die Kontinuität zwischen Tier und Mensch gesagt. Einzig eine berühmte Stelle verrät seinen ausgeprägten Assimilationismus: »Die Psychologie wird auf einer neuen Grundlage weiterbauen; dass jedes geistige Vermögen und jede Fähigkeit notwendig nur stufenweise erlangt werden kann. Licht wird auch fallen auf den Menschen und seine Geschichte.« Seine auf der Evolutionstheorie aufbauende Idee lautet also, dass geistige und andere Fähigkeiten schrittweise und *bottom-up* erklärt werden können. In den späteren Werken *Der Ausdruck der Gemütsbewegungen bei den Menschen und den Tieren* (1873) und *Die Abstammung des Menschen* (1874) behauptet Darwin, dass es keinen fundamentalen Unterschied zwischen dem Menschen und den höheren Tieren hinsichtlich ihrer emotionalen, mentalen und moralischen Vermögen gibt. Darwin anerkannte keine anthropologische Differenz: Was geistige Vermögen betrifft, so Darwin, gebe es keine fundamentale Differenz zwischen dem Menschen und den höheren Tieren. Natürlich ist diese Kontinuitätsthese direkte Folge seiner Evolutionstheorie.

Die Evolutionstheorie Darwins wird durch zwei Säulen getragen. Erstens durch den *Lebensbaum*: Alle irdischen Lebewesen lassen sich auf eine gemeinsame Abstammung zurückführen. Zweitens durch die *Natürliche Selektion*: Die natürliche Auslese ist der wichtigste Mechanismus der Entwicklung von Gemeinsamkeiten und Unterschieden zwischen Lebewesen. Diese beiden Elemente lassen sich durch drei weitere für die darwinistische Theorie charakteristische Elemente ergänzen. Der *Evolutionsgedanke* als solcher besagt, dass Arten keine feststehenden und unveränderlichen Dinge sind, die seit dem Anfang der Welt existieren, vielmehr entstehen und vergehen Arten und verändern sich im Laufe ihrer Geschichte. Eng damit zusammen hängt der Gedanke der *Artenvervielfachung*. Arten können sich gleichsam teilen oder aufspalten, so dass neue Arten entstehen. Die Evolution des Lebens und die Vervielfachung der Arten findet nicht sprunghaft statt, wie es der sogenannte »Saltationismus« behauptet, sondern allmählich und graduell. Der *Gradualismus* ist das fünfte und letzte Element, das die darwinsche Evolutionstheorie charakterisiert.

Die frühen Anhänger Darwins unterschrieben nicht alle Elemente seiner Theorie. Nachfolgende Evolutionstheoretiker teilten zwar alle den Evolutionsgedanken und stimmten sofort der Annahme einer gemeinsamen Abstammung aller Lebewesen zu. Höchst umstritten jedoch waren der Gradualismus oder die Bedeutung der Natürlichen Selektion. Die Natürliche Selektion ist aber die treibende Kraft für die graduelle Veränderung von Lebewesen und für die Vervielfachung der Arten, lautet der Titel von Darwins Buch doch *Die Entstehung der Arten durch natürliche Zuchtwahl*. Der Grundgedanke ist auf den ersten Blick einfach: Die Mitglieder einer bestimmten Art bringen in jeder Generation einen Überreichtum an Nachkommen hervor, die untereinander variieren und von denen nur wenige überleben und sich vermehren. Die Überlebenden bringen die kommende Generation hervor und vererben wiederum ihre Merkmale. Einige dieser Merkmale passen ihre Träger besser an eine bestimmte Umwelt an. Damit die Natürliche Selektion greifen kann, braucht es also vier Faktoren: Reproduktion, Variation (oder gar Mutation), Vererbung von Merkmalen und relativer Reproduktionserfolg (d.h. Fitness). Einige sterben, andere pflanzen sich fort. Fast möchte man sagen: Sex und Tod sind die Triebkräfte der Evolution.

Das Konzept der Natürlichen Auslese ist nicht ganz frei von einer Zweideutigkeit. Einerseits scheint sie schlicht das *Resultat* der genannten Faktoren zu sein: So betrachtet ist die Natürliche Selektion das Resultat daraus, dass es Organismen mit vererbbaren Unterschieden gibt, die einen Unterschied für das Überleben und die Fortpflanzung der Nachkommen machen. Doch andererseits scheint die Natürliche Selektion die treibende *Kraft* der Evolution zu sein. Die Umwelt übt gleichsam Druck auf die Lebewesen aus, dem einige Organismen standhalten, andere hingegen nicht. Einige der Merkmale der überlebenden Organismen wachsen und stabilisieren sich über mehrere Generationen hinweg, weil sie die Träger besser an eine bestimmte Umwelt anpassen. Die überlebenden Organismen geben die besser an die Umwelt angepassten Merkmale kumulativ weiter. Dieser Prozess führt zu einer graduellen Kumulation der Merkmale über Generationen hinweg. Die Zweideutigkeit ist nicht weiter schlimm. Grundlegend ist der Prozess, der die Natürliche Auslese zum Resultat hat. Betont man jedoch, dass dieser Prozess zu einer graduellen Kumulation von Merkmalen in einer bestimmten Umwelt über Generationen hinweg führt, dann erscheint die Natürliche Selektion gleichsam *als Kraft, die Anpassung erzwingt*. Sie ist dann der weitaus wichtigste Mechanismus für die Erklärung des Vorhandenseins eines bestimmten Merkmals. Die Betonung dieser Sichtweise auf die Natürliche Selektion wird »Adaptionismus« genannt. Adaptierte Merkmale haben eine Um-zu-Struktur. Sie existieren, weil sie für den Merkmalsträger vorteilhaft waren und sind. Darwin hebt diese Sichtweise mit den folgenden Worten hervor:

»Wenn aber in einem Lebewesen nützliche Merkmalsvariationen tatsächlich vorkommen, so werden sicher die damit ausgestatteten Individuen die größte Aussicht haben, im Kampf ums Dasein erhalten zu bleiben; und infolge des starken Prinzips der Vererbung werden sie dazu tendieren, Nachkommen hervorzubringen, die ähnlich vorteilhaft ausgestattet sind. Dies Prinzip der Erhaltung habe ich der Kürze halber ›natürliche Auslese‹ genannt.«

Die Natürliche Selektion ist zwar das Resultat der Unterschiede zwischen Lebewesen, da jedoch diese Unterschiede vererbbar und einige davon vorteilhafter sind als andere, ist sie auch eine Kraft, die Gemeinsamkeiten hervorbringt und erhält.

Darwins Kontinuitätsthese beruht auf den Theorieelementen des Lebensbaums und des Gradualismus. Bildlich gesprochen bringt die Natürliche Selektion den Lebensbaum Schritt für Schritt und Schnitt für Schnitt in eine bestimmte Form. Dieses Bild suggeriert jedoch, dass die Form des Lebensbaums von vorneherein feststünde. Dies ist nicht der Fall, er wird keiner bestimmten Vorstellung gemäß gestaltet. Die Evolution als solche ist kein zielgerichteter (kein teleologischer) Prozess. Die Natürliche Selektion ist ein blinder Schnitter und behandelt alle gleich ungerecht.

Die Kontinuitätsthese wurde von einigen Psychologen unmittelbar nach Darwin begeistert aufgenommen. Am entschiedensten hat George Romanes in seinem Werk *Animal Intelligence* (1882) die Kontinuität geistiger und moralischer Eigenschaften im gesamten Tierreich betont. Allerdings sollte man nicht übersehen, dass die darwinsche Evolutionstheorie nicht nur Kontinuität, sondern auch Diskontinuität betont. Sie möchte ja auch eine Theorie über die Vervielfachung der Arten sein. Und der Mechanismus der Natürlichen Selektion stellt nicht nur Gemeinsamkeiten, sondern auch Unterschiede her. Wir sollten also die Idee der Kontinuität ins rechte Licht rücken. Denn im Kontext der Tierphilosophie wird Darwins Kontinuitätsthese bisweilen überbetont und falsch akzentuiert.

Denken wir zu diesem Zweck an die Einleitung zurück und die dort aufgelisteten Beispiele für kognitive Fähigkeiten von der Ameise über die Schlange, den Regenpfeifer, das Erdhörnchen und die Affen bis zum sprechenden Graupapagei Alex. Es scheint, als könnte man weitere Tierarten einfügen und am Ende der Reihe den Menschen. Dies suggeriert eine kontinuierliche und aufsteigende Linie, ein eindimensionales, kognitives Kontinuum, das sich durch zunehmend komplexer werdende kognitive Fähigkeiten charakterisieren lässt. Der Schimpanse hat alle Fähigkeiten kleinerer Affen plus einige, die hinzukommen, und der Mensch verfügt über alle Fähigkeiten des Schimpansen plus einige Extras. Dieses Bild einer »großen Kette aller Lebewesen« ist nicht darwinistisch. Das darwinistische Bild ist vielmehr dasjenige eines sich verästelnden Lebensbaumes. Dessen Äste können zwar aus einem gemeinsamen Stamm hervorgehen, wachsen jedoch auf ihre Weise weiter. Kognitive Vermögen gehören zu einer Tierart und stellen Lösungen für besondere ökologische Probleme dar, die sich dieser Art in ihrer Entstehung und Entwicklung gestellt haben. Deshalb muss man auch beachten, dass Kontinuität keine fließenden Übergänge zwischen Tierarten suggerieren sollte. Arten sind häufig deutlich voneinander geschieden und müssen dies auch sein. Zwar sind Bonobos und Orang-Utans nah miteinander verwandt, beide Arten haben jedoch sehr unterschiedliche Formen des Zusammenlebens entwickelt und unterschiedliche körperliche und kognitive Vermögen verstärkt. Auch wenn Arten eng miteinander verwandt sein mögen, kann es doch beträchtliche und einschneidende Differenzen zwischen ihnen geben.

Trotz dieser Differenzen kann man vor dem Hintergrund der darwinschen Evolutionstheorie durchaus nach der gemeinsamen Entwicklung, den Vorformen und der adaptiven Funktion kognitiver Fähigkeiten fragen. Wie wir im vierten Kapitel sehen werden, ist der Darwinismus trotz der hier ausgesprochenen Warnung die Schwerkraft im assimilationistischen Universum der Tierphilosophie. Die aktivste Entdeckerin in diesem Universum ist die kognitive Ethologie, der wir uns nun zuwenden wollen.[6]

4. Die kognitive Ethologie

Noch vor wenigen Jahrzehnten erschienen den Psychologen und Philosophen Fragen wie »Haben Tiere ein Bewusstsein?« oder »Denken Tiere?« als unwissenschaftlich. In den letzten zwanzig Jahren hat sich jedoch eine Spielart der Ethologie ausgebildet, die geistige Merkmale bei Tieren stark berücksichtigt, die sogenannte »kognitive Ethologie«. Als Vater der kognitiven Ethologie gilt der Zoologe Donald Griffin, der Entdecker der Echoortung bei Fledermäusen. Dabei interessierte sich Griffin nicht nur für Lernverhalten, Intelligenz, Kommunikation oder Denken, sondern in erster Linie für die schwierige Frage nach dem Bewusstsein von Tieren. Ihm ging es darum, »ein Fenster zum Geist der Tiere hin zu öffnen«. Griffin glaubt, dass wir durch zwei Fenster einen Blick auf das Bewusstsein der Tiere erhaschen können, nämlich durch die Untersuchung von komplexem, flexiblem und neuartigem Verhalten und durch die Untersuchung der Kommunikation zwischen den Tieren. In einem gewissen Sinne macht sich Griffin also für die Aufnahme der beiden cartesischen Tests stark (vgl. II.2), getragen jedoch von der Überzeugung, dass Tiere ein geistiges Leben führen.

Was ist kognitive Ethologie? Das Credo der kognitiven Ethologie lautet, dass intentionale Zustände zur wissenschaftlichen Erklärung und Vorhersage von Tierverhalten dienen können. Der Biologe Marc Bekoff definiert sie wie folgt: »Die kognitive Ethologie ist die vergleichende, evolutionäre und ökologische Erforschung des Geistes von nicht-menschlichen Tieren – Denkprozesse, Meinungen, Vernunft, Informationsverarbeitung und Bewusstsein mit eingeschlossen.« Betrachten wir die einzelnen Komponenten des Namens dieser Disziplin, zuerst »Kognition« und dann »Ethologie«.

Seit den 1950er Jahren hat sich in Wissenschaften wie Linguistik, Psychologie oder Anthropologie eine Wende vollzogen, die bisweilen als »kognitive Wende« bezeichnet wird. Das Ergebnis dieser Wende ist das bis heute expandierende Reich der Kognitionswissenschaften. Die kognitive Wende war gegen den Behaviorismus gerichtet. Vereinfacht gesagt, beschränkt sich der Behaviorismus auf beobachtbares Verhalten und Lernprozesse am Modell von Reiz und Reaktion. Er verbietet sich den Gebrauch geistiger Begriffe, die sich auf Inneres beziehen. Idealerweise lässt sich das Lernverhalten auf Gesetze zurückführen, beispielsweise auf das von Edward L. Thorndikes formulierte »Gesetz der Wirkung« (*Law of Effect*). Dieses Gesetz besagt, dass stets jene Verbindungen zwischen Reizen und Reaktionen verstärkt werden, die in einem Lebewesen einen angenehmen Effekt erzeugen. Der Behaviorismus lockt durch den Vorteil strenger Wissenschaftlichkeit, denn das Verhalten wird auf beobachtbare Bewegungsfolgen zurückgeführt, Versuche als wiederholbare Labortests durchgeführt und die Lernprozesse durch Gesetze erklärt. Der Behaviorismus ist jedoch heftig kritisiert worden. Nennen wir drei Kritikpunkte.

Im Alltag erklären wir Verhaltensweisen von Mensch oder Tier durch das, was sie beabsichtigen, wollen, wünschen, fürchten, erwarten, glauben oder wissen. Im Normalfall können wir ziemlich gut absehen, was jemand tun wird, weil wir wissen, was er denkt oder möchte. Die Erklärung und Vorhersage von Verhalten aufgrund der Zuschreibung innerer, geistiger Zustände ist eine tragende Säule unserer Alltagspsychologie. Natürlich gehen wir auch vom Verhalten (auch vom Sprechverhalten) aus, wenn wir herausfinden wollen, was jemand denkt oder möchte. Der Behaviorist, so lässt sich vor dem Hintergrund der Alltagspsychologie als Erstes einwenden, verwechselt Evidenzen für die Zuschreibung geistiger Zustände mit diesen Zuständen selbst.

Ein zweiter Kritikpunkt betrifft den Begriff des Verhaltens. In der Einleitung haben wir gesehen, dass Verhalten und Handlungen eine Um-zu-Struktur aufweisen. Wir wissen, was jemand tut, wenn wir wissen, was er beabsichtigt. Oder wir schließen umgekehrt von dem, was einer tut, auf seine Absichten. Das entspricht unserer Alltagspsychologie. Nun ist nicht alles Verhalten durch bewusste Absichten gesteuert, auch bei uns Menschen nicht. Weder die Verhaltensweisen einer Pflanze noch die Reflexe einer Ratte, weder die Geländeorientierung von Ameisen noch das Brutverhalten eines Vogels folgen bewussten, individuellen Absichten. Nehmen wir beispielsweise den Blinzelreflex. Argos blinzelt mehrmals. Wenn man nur auf die Bewegung achtet, ergeben sich unzählige Beschreibungsmöglichkeiten. Man kann sagen, dass Argos seine Lider zeigt, dass er mit den Wimpern auf seine Pfoten oder auf den Boden weist, dass sie die Unterlider berühren, dass die Wimpern sich von der Schädeldecke, vom Schwanz oder von der Sonne entfernen, dass sich die Augenlider strecken, dass sie sich 1,7 Zentimeter weit oder fünf Mal bewegen, dass sie die Augen bedecken, sie abdunkeln, ein ganz leises schmatzendes Geräusch erzeugen usw. Was aber tut Argos? Worin besteht sein Reflexverhalten? Einige der Beschreibungen geben sicher absurde Auskünfte. Eine Antwort erhalten wir nur dann, wenn wir angeben, *wozu* er blinzelt, welche *Funktion* das Blinzeln erfüllt. Natürlich lassen sich an ein Verhalten weitere Fragen richten, beispielsweise die Frage, wie es zustande kommt. Aber auch bei Fragen dieser Art richten wir unsere Aufmerksamkeit auf etwas, das wir zuvor bereits funktional individualisiert haben.

Allgemein kann man sagen: Wir wissen, was ein Lebewesen tut, wenn wir wissen, wozu dieses Verhalten gut ist, wenn wir also wissen, welche Funktion die Bewegungen haben. Eine Bewegungsabfolge oder ein Bewegungsabbruch wird erst zu einem Verhalten, wenn sie eine Um-zu-Struktur aufweist. Wenn wir sagen, die Katze schleiche, so sprechen wir ihre geduckte und gespannte Haltung, ihre lautlosen und langsamen Bewegungen an. Doch Haltung und Bewegung der Katze sind nur Bestandteile des Verhaltens. Das Verhalten selbst hat eine Funktion: Die Katze soll nicht gesehen und gehört werden. Hält die schleichende Katze plötzlich inne und verharrt reglos, dann ist auch dieser Bewegungsabbruch nur deswegen ein Verhalten, weil er eine Um-zu-Struktur aufweist.

Natürlich beschreiben wir ein Verhalten oft dadurch, dass wir einen für uns auffälligen Bestandteil benennen, beispielsweise akustische Bestandteile. Wir sagen, dass die Elster keckert, der Specht klopft, die Kuh schmatzt. Natürlich ist dies etwas, was diese Tiere tun, doch in diesem Sinne »tun« auch der Kamin, der Wind oder der Teekessel etwas: sie pfeifen. Die Blätter und der Bach rauschen. Der Regen klopft aufs Dach. Der Morast schmatzt, wenn der Stein langsam einsinkt. Pfeifen ist in diesen Fällen aber kein Bestandteil irgendeines Verhaltens, ebenso wenig das Rauschen, Klopfen und Schmatzen. Das Klopfen des Spechts jedoch ist Bestandteil seiner Nahrungssuche. Indem er die Rinde des Baums abklopft, fängt er Insekten. Das Schmatzen der Kuh ist ein (eher beiläufiger) Bestandteil ihrer Nahrungsaufnahme. Indem sie das Heu zerkaut, produziert sie Schmatzgeräusche. Wozu dient das Keckern der Elster? Auch wenn wir das nicht wissen, nehmen wir anders als im Falle unbelebter Prozesse und Ereignisse an, dass es Bestandteil eines Verhaltens ist. Gegen die These, dass Körperbewegungen und deren Bestandteile erst durch eine Um-zu-Stuktur zu einem Verhalten werden, kann man einwenden, dass es doch Verhaltensstereotypien gibt, die offenbar keiner bestimmten Funktion dienen. Verhaltensstereotypien sind Räuspern, Blinzeln, Schaukeln oder Zappeln bei Menschen, Schaukelbewegung bei angeketteten Elefanten oder das ununterbrochene Hin- und Herlaufen des Tigers im Käfig. Dieses Verhalten erscheint pathologisch, und zwar gerade weil es schwierig ist, hinter dessen Funktion zu kommen. Nicht- oder disfunktionales Verhalten wird uns als solches erst vor dem Hintergrund von Verhalten im eigentlichen Sinne erkennbar, und Verhalten im eigentlichen Sinne weist eine Um-zu-Struktur auf. Diese Struktur hat der Behaviorismus u.a. außer Acht gelassen.

Der dritte Kritikpunkt war für die kognitive Wende entscheidend. Nicht alles Verhalten ist erlernt und untersteht Lerngesetzen, denn es gibt offenbar auch angeborene Verhaltensweisen und Verhaltensdispositionen. Dieser Punkt wird häufig mit Noam Chomskys Attacke gegen behavioristische Sprachtheorien in Verbindung gebracht. Chomsky legt, wie Descartes in seinem Sprachtest, das Gewicht auf die Kreativität und die relative Aneignungsgeschwindigkeit der Sprache. Unter anderem schließt er daraus gegen den Behaviorismus, dass gewisse grammatische Strukturen angeboren sein müssen. Wir werden auf diese Überlegungen im Zusammenhang mit der sogenannten »Mentalsprache« zurückkommen (vgl. III.3). Chomskys Rückgriff auf eingeborene Strukturen hat sich in den Kognitionswissenschaften als äußerst fruchtbar erwiesen. Der Geist wird nicht mehr als eine Art leere Wachstafel betrachtet, auf der kraft des Allzweckmechanismus von Reiz und Reaktion alle Verhaltensmuster eingedrückt werden können. Ein heute einflussreiches Bild des Geistes ist das folgende: Der Geist gleicht einem Schweizer Taschenmesser, das aus vielen spezialisierten und zweckmäßigen Instrumenten besteht, die für die kompetente und schnelle Bewältigung spezifischer Aufgaben gemacht sind. Diese Instrumente werden als »Module« bezeichnet. Unter dem Stichwort der »Modularität« wird die Idee einer angeborenen kognitiven Architektur des Geistes diskutiert.

Wir haben drei kritische Punkte gegen den Behaviorismus genannt. Doch nicht nur durch Kritik, auch durch neue Wissensfelder kann eine Forschungsrichtung ausgehebelt werden. Neben den erwähnten und weiteren Kritikpunkten spielte nämlich auch der Anfang der Informatik (Computertechnologie und KI-Forschung) eine formative Rolle in der kognitiven Wende. Mit dem Computer wird ein wirkungsmächtiges Modell für die Funktionsweise des Geistes gewonnen. Das Computermodell wird zum einschlägigen, aber auch umstrittenen Bild für ein funktionalistisches Verständnis geistiger Prozesse als Verarbeitungsprozesse von Information.

Nehmen wir nun die verschiedenen Elemente zusammen. Im Gegensatz zum Behaviorismus versteht der Kognitivismus den Geist als funktionales, informationsverarbeitendes Gebilde, das teils aus angeborenen Vermögen und teils aus erlernten Fähigkeiten besteht. Die inneren geistigen Zustände unserer Alltagspsychologie werden dabei als mentale Repräsentationen aufgefasst. Mentale Repräsentationen dienen der Erklärung des Verhaltens von Lebewesen. Mithilfe mentaler Repräsentationen bewegen sich Tiere und Menschen flexibel in ihrer physischen und sozialen Umwelt. Mentale Repräsentationen sind sozusagen das Scharnier der kognitiven Wende. (Wir werden im vierten Kapitel auf den Begriff der mentalen Repräsentation zurückkommen). Kognition ist ein weit gefasster Ausdruck. Er umfasst alle Leistungen, Vermögen oder Fähigkeiten von Lebewesen, die von Sinneswahrnehmungen über die bildliche Vorstellung bis zur passenden Wortwahl in heiklen Situationen reichen. Die Verhaltensforscherin Sara Shettleworth definiert den Ausdruck für die Tierpsychologie etwas enger: »Kognition bezeichnet Mechanismen, durch welche Tiere Informationen aus ihrer Umwelt aufnehmen, verarbeiten, speichern, aber auch tätig werden. Diese Mechanismen schließen Wahrnehmung, Lernen, Erinnerung und Entscheidungsfindung ein.« Die kognitive Ethologie ist Bestandteil der kognitiven Wende. Sie möchte jedoch den Begriff der Tierkognition erweitern und, wie Bekoff sagt, neben der Informationsverarbeitung auch »Denkprozesse, Meinungen, Vernunft und Bewusstsein« einschließen.

Den anderen Teil ihres Namens entlehnt die kognitive der klassischen Ethologie, der Verhaltensforschung also, die durch die Arbeiten von Konrad Lorenz oder von Niko Tinbergen bekannt geworden ist. Die klassische Ethologie interessiert sich in erster Linie für das Instinkt-Verhalten. Betrachten wir als Beispiel die Prägung, die Lorenz an Graugänsen untersucht hat. Das Erste, was frisch geschlüpfte Gänseküken begegnet, ist normalerweise ein Elterntier, das sie jedoch nicht als Elterntier erkennen. Sie akzeptieren in dieser Phase einfach das erste bewegte Objekt als Elterntier und folgen ihm. Das ist die Prägung. Unter Umständen kann man das Elterntier auch durch einen bärtigen Verhaltensforscher ersetzten. Im Fall der Graugans Martina war Lorenz selbst Zielobjekt des Prägeverhaltens. Bei der Prägung handelt es sich vermutlich um einen angeborenen, evolutionär selektionierten, instinktiven Mechanismus, der aufgrund eines bestimmten Schlüsselreizes ausgelöst wird. Man kann also die externe Ursache dieses Verhaltens eruieren (ein Lebewesen in der Umgebung des Nests), dessen Anpassungsvorteile erkennen (die Küken begeben sich sofort unter den Schutz eines Elterntiers) und die individuelle (ontogenetische) Entwicklung beobachten (die Prägung erfolgt nur in einem bestimmten Alter). Durch vergleichende Forschungen ergeben sich Hypothesen bezüglich der Phylogenese.

Die klassische Ethologie interessiert sich also für *vier* unterschiedliche Erklärungsebenen. Sie fragt erstens nach externen Ursachen, zweitens nach den evolutionären Anpassungsvorteilen, drittens nach der ontogenetischen und viertens nach der phylogenetischen Entwicklung eines Verhaltens. Die Vertreter der klassischen Ethologie sind gegenüber Fragen des tierischen Bewusstseins oder des tierischen Denkens eher reserviert. Im Unterschied zur klassischen postuliert die kognitive Ethologie geistige Zustände zur Beschreibung, Interpretation und Erklärung tierlichen Verhaltens. Kurz gesagt, sie ergänzt die vier genannten Erklärungsebenen der klassischen Ethologie um eine fünfte: den Geist der Tiere.

Wie sieht diese fünfte Erklärungsebene konkret aus? Zu den schon fast klassischen Arbeiten der kognitiven Ethologie gehören die Forschungen von Robert Seyfarth und Dorothy Cheney zu freilebenden Grünen Meerkatzen (vgl. I.1). Angeregt durch ein Gedankenexperiment des Philosophen W.V.O. Quine, vergleichen sie sich mit einem Sprachforscher, der sich in den Urwald begibt, um die völlig unbekannte Sprache eines bislang unbekannten Stammes zu studieren und zu übersetzen. Cheney und Seyfarth gehen davon aus, dass die Alarmrufe der Meerkatzen auf eine begriffliche Fähigkeit schließen lassen. Meerkatzen unterscheiden Lebewesen von Dingen und lernen, einige Lebewesen als ernst zu nehmende Raubfeinde zu klassifizieren, wie Leoparden, Schlangen oder Adler. Junge Meerkatzen reagieren nun nicht von Anfang an adäquat auf Raubfeinde. Der Adlerruf erfolgt zunächst auf fast alles, was fliegt, sogar auf fallende Blätter. Auf solche Rufe reagieren die älteren Affen gar nicht, sondern erst, wenn die Rufe sich auf eine reale Gefahr beziehen. Erwachsene schließlich haben gelernt, nur noch auf Adler zu reagieren. Die Meerkatzen lernen also, ihren Alarmrufen eine bestimmte Referenz zu geben. Der Gehalt, der Inhalt, steht nicht von Anfang an fest, sondern wird durch zwei Komponenten festgelegt. Die erste Komponente ist das soziale Umfeld, nämlich die Reaktion der erwachsenen Meerkatzen, die zweite die weitere Umwelt, denn nicht in allen Lebensräumen müssen Meerkatzen vor gleichen Feinden auf der Hut sein. In einer anderen Umwelt sind nicht Kampfadler, sondern Kronenadler gemeint. Meerkatzen scheinen sich also auf Objekte ihrer Umwelt zu beziehen, sie fassen den Adler als »Raubfeind von oben« auf. Aufgrund dieser Als-Struktur kann der Tierphilosoph die These wagen, dass Meerkatzen intentionale, geistige Zustände haben.[7]

III. Begriffliche und methodologische Probleme

Die im vorigen Kapitel vorgestellte kognitive Ethologie ist umstritten. Wenn wir empirisch-methodologische Fragen wie etwa diejenige der größeren Kontrollierbarkeit von Laborversuchen gegenüber Freilandbeobachtungen einmal beiseitelassen, so können die philosophisch interessanten Kritikpunkte an jenem Beispiel illustriert werden, das wir von Montaigne kennen (vgl. II.2): Ein Fuchs kommt an einen zugefrorenen Fluss, legt sein Ohr auf das Eis, horcht, weicht zurück, horcht an anderen Stellen, bis er schließlich über das Eis trabt. In Analogie zu menschlichem Verhalten schlägt Montaigne vor, das Verhalten des Fuchses als das Resultat logischen Denkens zu verstehen. Der Fuchs würde dann einen Schluss ziehen: »Was Geräusche macht, ist in Bewegung; was sich bewegt, ist nicht gefroren; was nicht gefroren ist, ist flüssig und trägt kein Gewicht.« Sobald er keine Fließgeräusche mehr hört, zieht er den Schluss, dass die Eisdecke trägt, und trabt los. Diese Erklärung wirft natürlich Probleme auf. Und genau diesen Problemen sieht sich auch die kognitive Ethologie gegenüber. Erstens scheint Montaigne das Verhalten des Fuchses zu anthropomorphisieren, d.h., er interpretiert sein Verhalten genau wie dasjenige eines Menschen. Zweitens verzichtet er darauf, alternative Erklärungen für das Fuchsverhalten zu prüfen. Drittens unterstellt er implizit, dass Gedanken ohne Sprache möglich sind. Wie wir gesehen haben, erweitert Montaigne den Begriff der Sprache (vgl. II.2), doch es bleibt unklar, ob er dadurch die Verbindung von (erweiterter) Sprache und Denken bestehen lässt oder nicht. Viertens klärt er zentrale Begriffe wie denjenigen des Denkens nicht explizit auf. Immerhin verbindet er den Begriff des Denkens jedoch mit zielgerichtetem Verhalten und Lernfähigkeit – ein wichtiger Hinweis für unsere späteren Überlegungen (vgl. IV.2). Fünftens schließlich stützt er sich auf eine fragwürdige Überlegung, nämlich auf einen Analogieschluss. In diesem Kapitel sollen die ersten drei methodologischen Probleme diskutiert werden. Die gewichtigen beiden letzten Probleme werden im zentralen vierten Kapitel behandelt (vgl. IV.1 & IV.3).[8]

1. Anthropomorphismen: naiv oder notwendig?

Man kann Montaignes Deutung vorwerfen, sie vermenschliche das Verhalten des Fuchses. Ein solcher Vorwurf kann unterschiedlich formuliert werden. In einer Formulierung lautet der Vorwurf, es sei ein Fehler, das Verhalten von Tieren zu anthropomorphisieren, weil dadurch zwei vollkommen unterschiedliche Bereiche vermengt werden. Nun geht es aber gerade um die Frage, ob es sich tatsächlich um zwei unterschiedliche Bereiche handelt. Aus diesem Grund braucht man diese Variante des Anthropomorphismusvorwurfs nicht zu akzeptieren. Bisweilen wird der Anthropomorphismus jedoch anders aufgefasst. In dieser Formulierung besagt er, dass wir Tierverhalten lediglich im *Als-ob*-Modus als etwas deuten, das durch geistige Zustände gesteuert wird. Unsere Beschreibungen erklären zwar, was Tiere tun, sind aber nicht wörtlich zu nehmen. Wie wir sehen werden, kann ein *kritischer* Anthropomorphismus Tieren allerdings mehr zuschreiben als geistige Zustände im *Als-ob*-Modus.

Zuerst ist es wichtig zu sehen, dass der Anthropomorphismusvorwurf eine Warnung ausspricht, die man beherzigen sollte. Vermenschlichung fällt uns leicht: Wir sind gut darin, Computern, dem Wetter, Trickfilmfiguren, Romanhelden, Puppen, Katzen und Kleinkindern Gedanken, Gefühle oder Absichten zu unterstellen. Aber nicht alle diese Dinge und Lebewesen haben Gefühle oder Absichten. Diese Warnung hat natürlich auch einen historischen Aspekt. Ursprünglich wurde der Ausdruck »Anthropomorphismus« geprägt, um vermenschlichende Gottesvorstellungen zu kritisieren. Eine sehr bekannte Kritik greift interessanterweise auf Tiere zurück, denn der antike Philosoph Xenophanes spottete, wenn Tiere Götter hätten, so würden sie sich diese nach ihrem Bild vorstellen. Pferde würden Götter in Pferdegestalt und Ochsen solche in Ochsengestalt anbeten. Genauso seien auch unsere Gottesvorstellungen anthropomorphistisch. Der Vorwurf richtete sich nicht nur gegen die körperliche Gestalt der Götter, sondern auch gegen geistige Vermögen. Im Monotheismus und in der rationalen Theologie zeigt sich ein zunehmender Verzicht auf ein anthropomorphes Verständnis des Göttlichen. Ein solcher Verzicht findet sich auch in der Geschichte der westlichen Naturauffassung. Für die Etablierung der neuzeitlichen Naturwissenschaften war die Eliminierung von anthropomorphisierenden Zweckursachen ein wichtiger Schritt. Zumindest warfen die Vordenker der neuen Wissenschaften ihren aristotelischen Gegnern vor, sie würden Naturprozesse nach der Analogie zu menschlichem Streben oder menschlichen Artefakten erklären. In einem weiteren Schritt wurde auch auf göttliche Absichten und Werke verzichtet: Erst wenn wir die Natur nicht länger so betrachten, als wäre sie nach einem zweckhaften göttlichen Plan erschaffen, erforschen wir statt des Planes die Sachen selbst. Der Anthropomorphismus erscheint also als Ausdruck eines Anthropozentrismus, d.h. der Unfähigkeit, von einer vermenschlichenden Perspektive zu abstrahieren.

Obschon wir nun im Hinblick auf die Natur oder Gott auf Anthropomorphismen verzichten können, da wir uns bei Trickfilmfiguren oder Pflanzen leicht von der Unangemessenheit der Anthropomorphisierung überzeugen lassen, fällt uns dies bei Tieren schwer. Und umso schwerer, je ähnlicher sie uns sind. Ameisen entfernen einen toten Nestgenossen aus ihrem Haufen, ein Fuchs läuft tagsüber stets verdeckt durch den Botanischen Garten, Argos attackiert einen Mann, der Odysseus bedroht. Die Ameisen reagieren einfach auf ein chemisches Signal. Aber es fällt uns schwer, den Fuchs oder Argos nicht so zu beschreiben, als würden sie sich in einer Situation *absichtsvoll* verhalten. Der Fuchs möchte nicht gesehen werden und Argos den Odysseus beschützen. Solche Beschreibungen sind von größerer Stabilität und Erklärungskraft als die Vermenschlichung von Göttern, Naturprozessen, Maschinen oder Fiktionen. Es handelt sich hier weniger um eine Unfähigkeit als geradezu um eine Unmöglichkeit. Es gehört nämlich zu unserer Alltagspraxis, über Tierverhalten mit unserem psychologischen Alltagsvokabular zu sprechen. Wir glauben, damit etwas zu beschreiben, was tatsächlich der Fall ist. Wer im alltagspsychologischen Vokabular redet, redet *prima facie* nicht in einem *Als-ob*-Modus, wie mit Bezug auf das Wetter, Vulkane, Computer oder Donald Duck. Zwar sprechen wir auch über Blumen oder Lenkwaffensysteme so und sagen, die Blume habe Durst oder die Rakete verfolge das Jagdflugzeug. Doch auf genauere Nachfrage gestehen wir ein, dass wir nicht meinen, dass die Blume *den Wunsch verspürt* zu trinken oder die Rakete *die Absicht hat*, den Jäger zu zerstören.

Anders bei vielen Tieren. Wir denken, dass Argos tatsächlich den Wunsch verspürt zu trinken oder die Absicht hat, die Katze zu jagen. Möglicherweise liegen wir falsch, aber unser alltäglicher Sprachgebrauch legt uns das Gegenteil nahe, und die kognitive Ethologie versucht gerade herauszufinden, ob wir hier falsch liegen oder nicht. Wir verstehen aber nicht nur solche Redeweisen über Tiere in einem eigentlichen und nicht übertragenen Sinne wie bei Blumen oder Computern, wir erklären Tierverhalten auch intentional. Durch die Zuschreibung von Wünschen oder Absichten beschreiben wir nicht nur etwas am Tier, sondern erklären damit auch oft, warum das Tier bestimmte Dinge tut. Argos bellt im Garten, *weil* er Hunger hat, er nähert sich Odysseus, *weil* er ihn erkennt.

Wir haben bereits auf die drei Beschreibungsebenen verwiesen, die Daniel Dennett unterscheidet (vgl. I.2): Die physikalische Einstellung beschreibt die Bewegungsabfolgen eines Verhaltens, die funktionale Einstellung fragt nach der Funktion, dem Ziel, dem *Wozu* einer Bewegungsabfolge, die intentionale Einstellung danach, welche Absichten, Meinungen oder Wünsche einem Verhalten zugrunde liegen. Die Einnahme der physikalischen Einstellung mag beim Wetter und bei Vulkanen ausreichend sein. Bei Artefakten (wie der Lenkrakete) oder bei Verhaltensweisen kommen wir um Wozu-Fragen nicht mehr herum. Bei Tieren schließlich scheint es sowohl im Alltag als auch in den Wissenschaften schwierig, auf die intentionale Einstellung zu verzichten. Ein Kritiker dieser Praxis muss gute Gründe haben, ihr prinzipiell und nicht nur fallweise zu misstrauen.

Der Anthropomorphismus ist aber nicht nur in der alltäglichen Redeweise fest verankert, er kann auch in der Wissenschaft methodologisch sinnvoll sein. Anthropomorphistische Zuschreibungen lassen sich als Instrumente auffassen, die es erlauben, Fragen an das Tierverhalten zu stellen und im Anschluss Differenzierungen vorzunehmen. Daran ist nichts falsch, solange man zwei Punkte berücksichtigt. Erstens sollte man sich darüber im Klaren sein, dass man ein anthropomorphes Muster auf ein Tierverhalten anwendet. Das bedeutet, dass *alternative* Erklärungen eines Verhaltens denkbar sind. Zweitens muss man berücksichtigen, dass der Anthropomorphismus, wie gerade bemerkt, als Instrument dient, um Fragen an das Tierverhalten zu stellen. Die Übertragung von Mustern aus der menschlichen Erfahrungswelt auf die tierliche ist dann gerade nicht der Abschluss von Formulierungen überprüfbarer Fragen, sondern der Beginn. Ein Anthropomorphismus muss also kritisch sein, d.h. genauer, er muss *reflektiert* und *investigativ* sein. Andernfalls ist er naiv. Aus der Geschichte der Tierpsychologie und aus unserem Alltag kennen wir natürlich viele naive Anthropomorphisierungen, doch eine solche Haltung ist oft einfach anthropozentrisch, ein Ausdruck der Unfähigkeit, von einer vermenschlichenden Perspektive zu abstrahieren. Das Tier hat sich so zu verhalten wie ich. Anders als der kritische ist der naive Anthropomorphismus ein Verzicht auf die Erwägung alternativer Erklärungen. Er wird leicht zum Ausdruck von explanatorischer Fantasielosigkeit.[9]

2. Assoziation oder Rationalität?

Kehren wir zu Montaignes Fuchs zurück. Montaigne braucht dem Fuchs kein rationales Vermögen zu unterstellen, denn es gibt alternative Erklärungsmuster. So könnte eine alternative Erklärung davon ausgehen, dass der Fuchs eine schlechte Erfahrung gemacht hat, nachdem er unter einer Eisdecke Fließgeräusche vernommen hat, er ist nämlich in den kalten Fluss eingebrochen. Nun assoziiert er die Fließgeräusche unter dem Eis mit dieser Erfahrung und weicht zurück. Hört er kein Geräusch, überquert er das Eis. Dem Verhalten liegen keine rationalen Schlüsse zugrunde, sondern Assoziationen. Der konditionierte Lernprozess folgt Thorndikes Gesetz der Wirkung (vgl. II.4). Dieses Gesetz besagt, dass stets jene Verbindungen zwischen Reizen und Reaktionen verstärkt werden, die in einem Lebewesen einen angenehmen Effekt erzeugen.

Wenn wir die Assoziation als ein niederes, die Rationalität hingegen als höheres Vermögen betrachten, dann ist diese Alternativerklärung eine Anwendung von »Morgans Kanon«. Der britische Psychologe C. L. Morgan formulierte die folgende, häufig zitierte Maxime: »In keinem Fall sollten wir ein Verhalten als das Resultat der Ausübung eines höheren psychischen Vermögens interpretieren, wenn sie auch als das Resultat eines Vermögens interpretiert werden kann, das in der psychischen Skala weiter unten steht.« Morgan wendet sich gegen naiv anthropomorphisierende Deutungen von Tieren, wie sie bisweilen im Werk von Darwin und Romanes vorzufinden sind. Der Kanon ist jedoch nicht so zu verstehen, dass jedes Verhalten vollständig auf Instinkte, Triebe und Reize reduziert werden soll. Wir sind, wie Morgan zutreffend sagt, »dazu gezwungen, die psychischen Fähigkeiten der Tiere im Vergleich zum einzigen Geist einzuschätzen, von dem wir Kenntnis haben, dem menschlichen Geist«. Tierverhalten soll also durch menschenähnliche, psychische Vermögen erklärt werden. Es geht Morgan um eine Skala höherer und niedriger Vermögen. Weiter sollte man Morgans Kanon so verstehen, dass einige Verhaltensweisen nicht auf der niedrigeren Stufe von Instinkt, Trieb und Reiz beschreib- und erklärbar sind. Dennoch müssen auch rein behavioristische Hypothesen im Prinzip möglich sein, und Behauptungen, dass Tiere über Bewusstsein, Gedanken oder Überzeugungen verfügen, müssen sich gegen alternative Erklärungen bewähren.

Etwas anderes ist es freilich, Fragen nach dem Geist der Tiere von vornherein als unwissenschaftlich auszuklammern und gleichsam unter Naivitätsverdacht zu stellen oder die Beweislast ganz auf die Seite derjenigen zu schieben, die bereit sind, Tieren einen Geist zuzuschreiben. So hält der Philosoph Eric Saidel ganz im Geiste Morgans fest: »Es mag sein, dass Dinge, die sich von einem menschlichen Geist stark unterscheiden, keine Wesen mit Geist sind, aber wir sollten unsere Untersuchung bezüglich der Natur des Geistes von Tieren nicht mit einer solchen Annahme beginnen. Dies sollte etwas sein, was wir als das Resultat unserer empirischen Arbeit entdecken, nicht eine Rahmenbedingung, die wir von vornherein an unsere Arbeit stellen.«

Allerdings wirft Morgans Kanon auch Fragen auf. Warum sollten wir Tierverhalten nach dieser Vorgabe deuten? Stellen wir uns vor, dass Argos, wie der Hund des russischen Psychologen Iwan Pawlow, jedes Mal einen Glockenton gehört hat, wenn man ihm den Fressnapf vorgesetzt hat. Mit der Zeit assoziiert er den Glockentonreiz mit der Fressnapfreaktion und sabbert, wenn er nur schon den Ton hört. Argos hat die natürliche Reaktion auf das Fressen mit einem neutralen Reiz assoziiert, wodurch der Speichelfluss zu einem bedingten Reflex wird – ein klassischer Fall von Konditionierung. Warum sollten wir dieser rein assoziationistischen Erklärung den Vorzug geben? Warum sollten wir nicht sagen, dass Argos sich etwas dabei überlegt hat? Er denkt sich:

Prämisse 1: Wenn die Glocke erklingt, gibt es Fressen.
Prämisse 2: Jetzt erklingt die Glocke.
Konklusion: Also gibt es Fressen.

Und aus lauter Vorfreude beginnt er als Resultat dieses Schlusses zu sabbern. So würde eine rationalistische Erklärung lauten. Der assoziationistischen Erklärung ist jedoch in der Tat der Vorzug zu geben, weil sie dieses Verhalten vollständig erklärt, auf vergleichbare Fälle übertragbar ist und im Unterschied zur rationalistischen Erklärung über die kombinierten Reize und die Reaktion hinaus keine Zusatzannahmen in der Form von allgemeinen Aussagen, Ableitungsregeln, Prämissen und Schlüssen nötig macht. Sparsamkeit ist nämlich ein wichtiges Kriterium für die Angemessenheit wissenschaftlicher Erklärungen. Kurz gesagt: Argos muss keinen *Modus ponens* beherrschen, um konditioniert zu sabbern. Wenn wir der pawlowschen assoziationistischen Erklärung also den Vorzug vor der montaigneschen rationalistischen Erklärung geben, wenden wir allgemeine wissenschaftstheoretische Prinzipien an. Zu bevorzugen sind Erklärungen, die vollständiger, allgemeiner und sparsamer sind als andere.

Es gibt jedoch Tierverhalten, das keineswegs so eindeutig in der Gegenüberstellung von Rationalität versus Assoziation unterzubringen ist. Viele Tierarten scheinen transitive Schlüsse zu ziehen, d.h., sie übertragen erlernte Verhaltensweisen auf neue Situationen. Soziales Lernen beispielsweise ist für viele Tierarten von großer Bedeutung. Nehmen wir an, in der sozialen Hierarchie einer Schimpansengruppe herrsche die Rangordnung A, B, C, ... Nun beobachtet der Schimpanse D, dass C neuerdings über A rangiert. Daraus kann er schließen, dass C nun auch über B rangiert, und er wird dieses Wissen in seinem weiteren sozialen Verhalten nutzen. Betrachten wir zwei experimentelle Beispiele. Das erste betrifft instrumentelle Rationalität bei Ratten, das zweite Lernen durch Imitation bei Wachteln.

Ratten, die Hunger, aber keinen Durst haben, lernen, durch das Drücken eines Hebels Futter und durch das Ziehen einer Kette Zuckerlösung zu bekommen. Sowohl das Futter als auch die Lösung stillen den Hunger, aber nur Letztere löscht den Durst. Was passiert nun, wenn man denselben Ratten im durstigen Zustand dieselbe Wahl überlässt? Sie ziehen unverzüglich an der Kette für die Zuckerlösung. Während des Trainings wurde das Kettenziehen gegenüber dem Hebeldrücken jedoch nicht verstärkt. Es scheint, dass die Ratten irgendwie die Information herleiten, dass das Ziehen an der Kette zur durstlöschenden Zuckerlösung führt, auch wenn der Unterschied zwischen der Lösung und dem Futter bis dahin noch keine Bedeutung für sie gehabt hat. Dann folgern sie, dass das Ziehen an der Kette, im Gegensatz zum Drücken des Hebels, ihren Durst löscht, und tun dies. Dieses Verhalten ist nicht ausschließlich durch assoziatives Lernen bedingt.

Eine Gruppe von Wachteln, die »Vorführer«, kann zu Futter gelangen, indem sie entweder mit dem Schnabel oder mit dem Fuß einen Hebel betätigt. Einzelne Vorführer werden dann von anderen Wachteln beobachtet, dabei werden einige Vorführer mit Futter belohnt, andere nicht. Gibt man anschließend den Beobachtern die Gelegenheit, selbst an Futter zu kommen, passiert Folgendes: Die Beobachter der unbelohnten Vorführer betätigen den Hebel nicht, die Beobachter der belohnten Vorführer hingegen betätigen den Hebel, und zwar genau so wie ihr individuelles Modell mit dem Fuß bzw. mit dem Schnabel. Die Vorführer haben durch instrumentelle Konditionierung gelernt, wie sie an Futter kommen; ob sie dazu den Schnabel oder den Fuß benutzen, ist reiner Zufall. Die Beobachter belohnter Vorführer hingegen haben keinen Konditionierungsprozess durchlaufen und benutzen den Fuß oder Schnabel gemäß ihrem Modell. Wie hat der Beobachter gelernt, an Futter zu kommen? Vielleicht durch einen Schluss der folgenden Art:

Prämisse 1: Das Picken des Vorführers führte zu Futter.
Prämisse 2: Auch mein Picken wird zu Futter führen.
Prämisse 3: Ich habe Hunger.
Konklusion: Ich werde picken.

Versuche, das Verhalten des Beobachters assoziationistisch zu erklären, drohen an Vollständigkeit, Allgemeinheit und Sparsamkeit deutlich zu verlieren. Wir müssten beispielsweise sagen, dass der Beobachter das vom Vorführer erpickte Futter mit Futter assoziiert, das seinen Hunger bereits gestillt hat. Wir könnten weiterhin annehmen, dass der Beobachter den Vorführer gesehen hat, während er selbst nach Futter pickte. Der Vorführer wird zu einem »sekundären Verstärker«, das Futter, das der Beobachter gerade selbst frisst, ist der »primäre Verstärker«. Vielleicht, so können wir weiter spekulieren, haben Wachteln eine Disposition, das Verhalten ihrer Artgenossen blind zu imitieren. Wir haben also eine Assoziation zwischen Futter und Futter, eine Assoziation zwischen einem primären und einem sekundären Verstärker und schließlich eine allgemeine Tendenz zur blinden Imitation, die zusammen das Verhalten des Beobachters erklären (er pickt den Hebel, um an Futter zu kommen).

Hier wird freilich eine beachtliche Anzahl an Annahmen getroffen, die das Verhalten der Wachtel weder einfacher noch sparsamer oder erklärungskräftiger analysieren als die rationalistische Erklärung. Wie wir noch sehen werden, scheint die Fähigkeit zur Imitation nicht ohne Voraussetzung zu sein (vgl. V.2). Es ist also alles andere als klar, dass tierisches Verhalten stets nur assoziativ zu erklären ist. Und das nicht allein deshalb, weil das beobachtete Verhalten zu komplex ist, sondern auch deswegen, weil der theoretische Gegensatz zwischen Assoziation und Rationalität weder ausreichend bestimmt noch erschöpfend ist. Zumindest kann man die Annahme geltend machen, dass rationale Vermögen auf irgendeine Weise als assoziative Vermögen realisiert sein oder aus ihnen hervorgehen müssen. Natürlich wollen wir der Wachtel nicht zutrauen, dass sie sich in gleicher Weise über das Labor, in dem sie lebt, oder über Lerntheorien Gedanken macht. Gewiss ist der Anwendungsbereich ihres Schließvermögens beschränkt. Darüber hinaus müssen wir ihr auch keine Negationen unterstellen, und damit etwa die Fähigkeit zu einem *Modus tolens*: »Das Picken führt zum Futter; die Wachtel Walter pickt nicht; also wird Walter kein Futter erlangen.« Vermutlich wird es einer Wachtel auch nicht möglich sein, Überlegungen anzustellen, in denen sie nicht direkt vorkommt. Ihre Schlüsse sind (in einem nicht-moralischen Sinne) egozentrisch. So können Tiere assoziativ lernen oder kausale Schlüsse ziehen, solange es sich darum handelt, dass sie *selbst* Dinge in der Welt manipulieren, sie können aber nicht durch Beobachtung an *anderen* (d.h. allozentrisch) lernen, Kausalrelationen zu erkennen. Nun kann unsere Beobachterwachtel zwar von anderen lernen, aber ihr Schluss betrifft sie selbst. Es wäre ein weiterer Schritt, wenn die Wachtel beispielsweise schließen könnte, dass eine zweite Beobachterin durch Picken zu Futter gelangen wird. Wir können also vermuten, dass es unterschiedliche Stufen der Rationalität gibt. Das wirft auch ein anderes Licht auf Morgans Kanon. Dessen Stärke liegt nämlich nicht nur in der Berücksichtigung von allgemeinen Standards für eine gute Erklärung, sondern auch darin, dass er verschiedene Stufen des Denkens zulässt.[10]

3. Denken ohne Sprache?

Wie wir gesehen haben, liegt Montaigne also nicht völlig falsch, wenn er dem Fuchs gewisse rationale Fähigkeiten unterstellt. Wie aber soll dieser über solche Fähigkeiten verfügen, ohne eine Sprache zu beherrschen? Es scheint doch kein Zufall zu sein, dass Schlüsse nicht ohne wichtige sprachliche Elemente wie beispielsweise ›alle‹, ›keine‹, ›und‹ oder ›oder‹ auskommen. Gibt es ein Denken ohne Sprache? Montaigne jedenfalls scheint davon überzeugt zu sein, wenn er das Verhalten des Fuchses erklärt. Wie kommt man darauf? In Leo Tolstois Roman *Anna Karenina* (1877/78) begeben sich Lewin und sein Schwager auf Schnepfenjagd, wobei sie lauthals über ganz andere Dinge reden. »Während sie so redeten, blickte Laska mit gespitzten Ohren zum Himmel empor und dann vorwurfsvoll auf die beiden Herren. – Die haben auch keine bessere Zeit zum Schwatzen gefunden, dachte sie. Und da fliegt eine ... Richtig, da fliegt sie. Die verpassen sie nun...« Laska ist Lewins Hündin. Sie denkt in Wörtern. Doch Hunde gebrauchen keine Wörter und können nicht einmal Wörter imitieren. Tolstoi nimmt sich die Freiheit, in direkter Rede auszudrücken, was Laska denkt. Bestimmt hat sich Tolstoi etwas gedacht, als er diese Passage niederschrieb, vielleicht: »Jetzt lasse ich den Hund überraschenderweise innerlich sprechen.« Niemand weiß, was Tolstoi durch den Kopf ging. Aber er hat bestimmt irgendetwas gedacht, vielleicht in Russisch. Genauso wenig wissen wir, was Laska denkt, aber sie wird sich schon etwas denken. Tiere sind auch nicht die einzigen sprachlosen Wesen, denen wir Gedanken zuschreiben. Auch Kleinkinder sind bereits im vorsprachlichen Alter zu erstaunlichen Leistungen fähig. Zudem hat die sogenannte »kognitive Archäologie« anhand fossiler Funde versucht, gleichsam in den Geist unserer hominiden Vorfahren zu blicken, die sich zwar Gedanken gemacht, aber nicht viele Worte verloren haben dürften. Wenn Tiere, Kleinkinder oder unsere Vorfahren denken, dann nicht aufgrund, mit oder in den Worten einer natürlichen Sprache. Geht man jedoch davon aus, dass Gedankeninhaber Sprecher einer natürlichen Sprache sein müssen, dann denken Hunde, Babys und der Homo ergaster (noch) nicht. Einer der Hauptvertreter der Position, der zufolge nur sprachfähige Wesen Gedanken haben können, ist Donald Davidson. Dessen Position werden wir im vierten Kapitel vorstellen (vgl. IV.1).

Wie könnte aber ein Denken ohne Sprechen aussehen? Vielleicht findet es in einer Art Gedankensprache statt. Oder ganz ohne Sprache. Betrachten wir die erste Alternative und nehmen wir an, dass Gedanken ganz ohne eine Sprache nicht zu haben sind. Nehmen wir weiter an, dass auch sprachunfähige Wesen wie z.B. Tiere denken können. Also muss es eine Sprache »vor« der Sprache geben. Unser Denken funktioniert wie eine Sprache. Dieses Argument wird von dem Philosophen Jerry Fodor vorgebracht, dem beredtesten Vertreter der These, dass es eine »Sprache des Geistes« oder »Mentalsprache« geben müsse. Bei der Mentalsprache handelt es sich um ein System bedeutungstragender Symbole (die Kognitionswissenschaft spricht, wie wir gesehen haben, von mentalen Repräsentationen). Menschen und Tiere denken im Medium dieser Symbole.

Nehmen wir an, Argos denkt, dass die Katze, die er eben gejagt hat, auf dem Baum ist. Dann findet sich der Theorie der Mentalsprache zufolge in Argos' Kopf ein Symbol S, das von dem besagten Sachverhalt handelt. Auch der deutsche Satz »Die Katze sitzt auf dem Baum« bezieht sich auf diesen Sachverhalt. Er bringt aber nur zum Ausdruck, was Argos oder Odysseus bereits in der Mentalsprache denken. Ebenso wie dieser Satz ist auch S strukturiert. Allgemein kann man sagen: Ein mentales Symbol S, das sich auf einen bestimmten Sachverhalt bezieht, ist in derselben Weise strukturiert wie ein Satz, der ebendiesen Sachverhalt zum Ausdruck bringt. Das System der Mentalsprache ist also strukturiert wie eine Sprache, ist aber keine natürliche Sprache wie Deutsch oder Russisch.

Wie gelangt man aber überhaupt zu der Annahme, dass es eine solche Mentalsprache hinter den natürlichen Sprachen geben muss? Dafür lassen sich drei Gründe nennen. Der erste geht von einer einfachen Tatsache aus: Was wir sagen, drückt aus, was wir denken (falls wir aufrichtig sind). Wenn wir verstehen, was jemand sagt, dann heißt das, dass wir seinen Gedanken verstanden haben. Also muss der ausgedrückte Gedanke ebenso strukturiert sein wie die Aussage. Eine zweite, an Noam Chomsky angelehnte Überlegung lautet, dass wir eine natürliche Sprache gar nicht erlernen könnten, wenn wir nicht bereits über ein sprachliches Vermögen verfügten. Die Mentalsprache könnte ein wichtiger Bestandteil dieses Vermögens sein. Daran anschließend muss man auch die Produktivität der natürlichen Sprache beachten. Wir hören und lernen stets nur eine endliche Anzahl an Wörtern und Sätzen, können jedoch sehr schnell weit mehr Sätze und Wortformen bilden, als wir aktuell gehört haben, ja im Prinzip können wir durch Iteration unendlich viele Sätze bilden. Vertreter der Theorie der Mentalsprache argumentieren nun, dass wir mit der Mentalsprache über die syntaktischen Regeln zur Bildung neuer Sätze verfügen. Dies erklärt unsere Fähigkeit, aufgrund einer begrenzten Anzahl sprachlicher Stimuli derart produktiv zu sein. Schließlich kann man mithilfe der Mentalsprache erklären, wie die Laute und Sätze der natürlichen Sprachen überhaupt Bedeutung erlangen. Grob gesagt bedeutet dies, dass wir Äußerungen einer natürlichen Sprache wie beispielsweise des Deutschen oder Russischen verstehen, indem wir diese Äußerungen in Sätze der Mentalsprache übersetzen. Die Äußerungen haben deshalb eine Bedeutung, weil ihnen Bedeutungen in der Mentalsprache korrespondieren.

Argos findet diese Theorie einer angeborenen Mentalsprache zwar sympathisch, fühlt aber ein Unbehagen: Beißt sich da die Katze nicht in den Schwanz? Untersuchen wir das! Die Theorie geht davon aus, dass die Symbole der Mentalsprache Bedeutung tragen. Sie muss aber erklären, wie nun *diese* Symbole überhaupt zu ihren Bedeutungen kommen. Man muss also angeben können, wie solche Symbole und die daraus zusammengesetzten Gedanken einen Inhalt haben können. Dieser Inhalt darf ihnen natürlich nicht von uns Sprechern verliehen werden, sonst dreht sich die Theorie im Kreise. Sie will ja auch erklären, wie die natürlichen Sprachen überhaupt Bedeutung erlangen. Zweitens nimmt die Theorie an, dass die ganze Sprache schon vor dem Spracherwerb *auf irgendeine Weise* gegeben sein muss. Entweder ist sie uns als Ganze angeboren, oder es sind zumindest syntaktische oder semantische Grundregeln angeboren, die zum Spracherwerb disponieren. Die erste Alternative erscheint höchst unplausibel. Warum sollten in unserer Mentalsprache solche Dinge wie »Auspuff« oder »Radioaktivität« vorkommen? Plausibler erscheint die zweite Alternative. Man könnte sagen, dass uns die

Mechanismen zur Erlernung von Begriffen angeboren sind, und nicht alle Begriffe einer Sprache, oder dass uns semantische und syntaktische Grundregeln angeboren sind, jedoch nicht alle. Dies ist eine weitaus plausiblere Annahme, auf die wir im folgenden Kapitel wieder zurückkommen werden. Drittens geht diese Theorie davon aus, dass die Symbole der Mentalsprache wie sprachliche Gebilde strukturiert sein müssen. Hierin liegt eine Zweideutigkeit, die einiges Unheil anrichten kann. Ein unstrukturiertes Symbol kann einen komplex strukturierten Inhalt vermitteln. Nehmen wir an, ich klopfe einmal gegen die Wand, wenn Joe den Stoff bringt und die Luft rein ist. Das einfache Klopfzeichen trägt eine komplexe Bedeutung. Also muss das Zeichen selbst nicht strukturiert sein oder nicht so strukturiert sein, wie die Bedeutung, die es trägt. Schließlich setzt Fodors Argument voraus, dass sprachlose Tiere denken können. Tiere, so das Argument, denken, aber sie sprechen keine natürliche Sprache. Denken muss aber eine sprachliche Struktur haben. Also gibt es bei Tieren so etwas wie eine Mentalsprache, in der sie denken. Doch *ob* Tiere denken und *ob* Denken eine sprachliche Struktur haben muss, das soll ja erst untersucht werden.

Bleibt also die zweite Möglichkeit, nämlich ein Denken ganz ohne Sprache. Zahlreiche Philosophinnen und Philosophen haben in der jüngeren Vergangenheit den Versuch unternommen, einen Begriff des Denkens ganz ohne Sprache zu entwickeln. Naturgemäß wenden sich diese Autoren zuerst der Erklärung von Gedanken einfacher Lebewesen zu und nicht dem komplexen Geist des Menschen. Da aber der Mensch, wie andere Lebewesen auch, ein Produkt der Evolution ist, wird uns der Zugriff auf den Geist einfacher Lebewesen auch etwas über den menschlichen Geist verraten. Wir werden im vierten Kapitel sehen, wie eine solche Theoriebildung funktioniert.

4. Begriffe und Analogien für Geistiges?

Im ersten Abschnitt dieses Kapitels haben wir einen kritischen Anthropomorphismus befürwortet. Doch der allein fällt noch keine Entscheidung darüber, ob wir Tieren lediglich *in Analogie* zu uns Menschen Gedanken und andere geistige Zustände zuschreiben oder ob Tiere wirklich so sind, wie wir sie beschreiben. Hier stellen sich genauer besehen zwei Probleme.

Erstens lässt sich behaupten, dass Analogieargumente an sich problematisch sind. Erinnern wir uns an Montaignes Grundsatz, dass von gleichen Wirkungen auf gleiche Ursachen (geistige Vermögen) geschlossen werden müsse. Die Anwendung dieses Grundsatzes auf den Fuchs ist, wie wir bereits gesehen haben, nicht zwingend, weil alternative Erklärungen vorliegen (vgl. III.2). Betrachten wir die allgemeine Form des von Montaigne beanspruchten Analogiearguments. In diesem Argument schließen wir von der Ähnlichkeit zwischen tierlichem Verhalten (TV) und menschlichem Verhalten (MV) auf die Ähnlichkeit zwischen tierlichem Geist (TG) und menschlichem Geist (MG).

Die einzelnen Schritte des Analogiearguments lassen sich nun genauer unterscheiden. Zuerst schließt man von einer menschlichen Verhaltensweise auf einen geistigen Zustand oder Prozess (MV A MG). Im zweiten Schritt stellt man fest, dass auch bei Tieren das fragliche Verhalten auftritt (MV = TV). Also nimmt man in einem dritten Schritt an, dass die tierliche Verhaltensweise auch durch einen geistigen Zustand oder Prozess veranlasst wird, und zwar einen solchen, der dem menschlichen gleich oder zumindest sehr ähnlich ist (TV A TG, TG = MG).

Halten wir am ersten Schritt fest: Das intelligente Verhalten von Menschen ist das Ergebnis von Gedanken (und anderen geistigen Zuständen). Damit haben wir freilich schon einiges zugestanden. Denn wir gehen davon aus, dass das Verhalten der Menschen ein genügendes Maß an Übereinstimmung aufweist und dass das so übereinstimmende Verhalten stets Ausdruck oder Ergebnis von Gedanken ist. Halten wir dennoch daran fest. Gesteht man dies zu, so weisen die anderen beiden Schritte Schwachstellen auf. Beim zweiten Schritt kann man zwei Fragen stellen. Wenn wir behaupten, es handle sich um den gleichen Verhaltenstyp, setzen wir dann nicht schon voraus, was wir beweisen möchten? Das menschliche Verhalten soll ja das Ergebnis von Gedanken sein. Wenn wir tierliches Verhalten dem gleichen Typ zurechnen, haben wir ja schon vorausgesetzt, was wir zeigen wollten. Dieser Schwierigkeit können wir zum Glück ausweichen. Im Zuge der Behaviorismuskritik haben wir gesehen, dass jedes Verhalten eine *Um-zu*-Struktur aufweist (vgl. II.4): Wir wissen, was ein Lebewesen tut, wenn wir wissen, welche Funktion der Bewegungsablauf hat bzw. welche Absichten das Lebewesen verfolgt. Eine Bewegungsabfolge wird erst zu einem Verhalten oder zu einer Handlung, wenn sie eine *Um-zu*-Struktur aufweist. Lassen wir die Absichten beiseite und konzentrieren uns auf die Funktion, dann können wir das Verhalten vergleichen, ohne schon auf geistige Prozesse und Zustände zu rekurrieren. Schwieriger ist aber die zweite Frage, die sich beim zweiten Schritt des Analogiearguments stellt. Handelt es sich bei den tierlichen Verhaltensweisen tatsächlich um den gleichen Typ Verhalten oder nur um irgendwie ähnliches oder analoges Verhalten? Tierliches und menschliches Verhalten und auch tierliches und tierliches Verhalten werden häufig Ähnlichkeiten aufweisen, aber immer auch Abweichungen. *Je stärker dieser Grad der Abweichung, desto schwächer wird das Analogieargument.*

Nun sehen wir auch, wie wichtig unser Zugeständnis beim ersten Schritt gewesen ist, denn auch zwischen dem Verhalten verschiedener Menschen gibt es Abweichungen, so dass Ähnlichkeit nur bis zu einem bestimmten Grad gegeben ist. Warum sollten wir also schließen, dass menschliches Verhalten (MV) allgemein das Ergebnis von Gedanken (MG) ist? Eine Antwort lautet: Dies erschließen wir, indem wir von unserem Einzelfall auf andere schließen. *Mein* Verhalten (mV) wird durch meine Gedanken vom Typ G (mG) ausgelöst. Das Verhalten MV von Menschen überhaupt ist meinem Verhalten mV ähnlich, also schließe ich, dass MV wie mV durch einen Gedanken vom Typ mG ausgelöst wird, nämlich durch MG. Nun sehen wir das Problem dieser Antwort: Wenn ich von (mV ✿ mG) auf (MV ✿ MG) schließe, wende ich bereits einen Analogieschluss an, um überhaupt zum ersten Schritt für das Analogieargument für Tiere zu gelangen. Wenn Analogieargumente jedoch solche Schwächen aufweisen, so treten diese Schwächen natürlich auch auf dem Weg zum ersten Schritt auf: Wie kann ich aber wissen, dass das Verhalten eines anderen menschlichen Körpers durch geistige Zustände ausgelöst wird, wenn es dem meinigen doch nur bis zu einem gewissen Grad ähnlich ist? Dies ist in der Philosophie als das »Problem des Fremdpsychischen« bekannt. Für Argos ist es insofern wichtig, als dass es ihm aus der Patsche hilft, wenn er von Gegnern der Tierphilosophie allzu sehr bedrängt wird. Dann könnte er nämlich zurückfragen, woher seine Gegner denn wissen, dass ihre Artgenossen Gedanken haben.

Betrachten wir nun aber den dritten Schritt. Hier treffen wir wiederum auf das Problem der alternativen Erklärungen. Denn selbst wenn das menschliche Verhalten MV und das tierliche Verhalten TV große Ähnlichkeit aufweisen, könnte Letzteres dennoch auch ganz andere Ursachen haben. Im Extremfall können wir uns immer auf einen skeptischen Standpunkt stellen und behaupten: Wie sehr sich MV und TV auch gleich oder ähnlich sein mögen, solange wir uns vorstellen können, dass TV durch ganz andere Ursachen hervorgebracht wird als MV, bietet das Argument keinen Grund zur Annahme, aufgrund dieser Ähnlichkeit auf einen tierlichen Geist zu schließen. Denken wir an Descartes' Maschinendoktrin zurück (vgl. II.2). MV verweist auf eine denkende Seele, TV jedoch immer auf eine mehr oder minder komplizierte, gottgeschaffene Maschine. Das Analogieargument allein kann diese Skepsis nicht ausräumen. Es leidet also an zwei Schwächen: Die Ähnlichkeit ist unvollständig, und Alternativen sind möglich. Diese Schwächen können aber mithilfe von theoretischen Überlegungen ausgeräumt werden. Dies werden wir im folgenden Kapitel am Beispiel des Schmerzes sehen (vgl. IV.3).

Kommen wir zum zweiten Punkt. Gegen den kritischen Anthropomorphismus kann eingewendet werden, dass er zwar methodologisch sinnvoll sein mag, die Zuschreibung von geistigen Merkmalen dennoch nur eine Art Projektion darstellt. Haben Tiere *wirklich* Absichten oder Wünsche? Hat Argos wirklich gehaltvolle Wünsche bezüglich seines Fressens: Heute lieber Trockenfutter, kein Fleisch? Haben Erdhörnchen einen Begriff von Schlangen? Fragen dieser Art laufen auf Einwände hinaus, die alle mit der Tatsache zu tun haben, dass Tiere nur über kümmerliche oder gar keine *begrifflichen* Ressourcen verfügen. Wir können Tieren keine Absichten oder Wünsche zuschreiben, wenn diese Absichten oder Wünsche nicht auch einen Inhalt haben. Wir sind es aber, die diesen Inhalt beschreiben, wir leihen Tieren sozusagen den Inhalt unserer Gedanken aus. Vielleicht können wir sagen, dass Argos *irgendetwas* denkt, aber wir haben keine Ahnung, was er denkt. Dann können wir genauso gut sagen, dass er nichts denkt. Denn was wäre ein Gedanke ohne Inhalt? Es lässt sich also einwenden, dass Tieren gehaltvolle Gedanken unterstellt werden, ohne dass genau angegeben wird, worin der Inhalt dieser Gedanken besteht.

Sobald wir also genauer über den Begriff des Gedankens nachdenken, sehen wir, dass er bestimmte Anwendungskriterien erfordert. Dazu gehört, wie gesagt, dass Gedanken einen Inhalt haben. Das ist aber noch nicht alles. Irgendwie müssen Gedanken auch von Dingen handeln können, wenn diese beispielsweise nicht präsent sind. Gedanken handeln aber nicht einfach von Dingen, sie bringen Dinge sozusagen immer unter einer bestimmten Perspektive oder unter einem bestimmten Aspekt vor das geistige Auge. Da Gedanken mit Inhalt von Dingen handeln und diese unter einem Aspekt betrachten, kann man sich auch fragen, ob sie den Aspekt richtig treffen oder nicht, ja ob es überhaupt ein Ding gibt, über das nachgedacht wird. Dies bedeutet schlicht, dass Gedanken auch falsch sein können. Ebenso könnte man auch nach den Anwendungskriterien der Begriffe von Bewusstsein, Wunsch, Emotion, Handlung oder Wissen fragen. Das sind keineswegs bloß spitzfindige, abstrakte Überlegungen. Denn auch in der empirischen Forschung müssen Begriffe geklärt werden, wenn man untersucht, ob Tiere denken, wissen, lernen, imitieren oder täuschen. Wann täuscht ein Affe den anderen? Wann imitiert er etwas, was der andere tut? So wurde etwa Donald Griffins Anspruch, es müsse ein Fenster zum *Bewusstsein* der Tiere geöffnet werden (vgl. II.4), zu Recht kritisiert, weil er einen lediglich vagen und intuitiven Begriff von Bewusstsein verwendete. Ohne begriffliche Klärung bleibt die Empirie blind und ihre Resultate unspezifisch. Wenden wir uns nun also Versuchen zu, Begriffe für Geistiges zu klären![12]

IV. Der Geist der Tiere

Das im letzten Abschnitt des vorigen Kapitels aufgeworfene Problem der Klärung und der Anwendung geistiger Begriffe hat viele Facetten. Es gibt bedeutende Philosophen, die die Position vertreten, dass die Begriffe des Denkens, Beabsichtigens, Täuschens, Unsicherseins, Entscheidens oder Spielens eigentlich nur auf sprachfähige Wesen zutreffen, nicht aber auf sprachunfähige Wesen. Solche Wesen denken nicht, sie haben keinen Geist. Zu diesen Philosophen gehört, wie wir gesehen haben, René Descartes. In der zeitgenössischen Philosophie findet sich eine anspruchsvolle Artikulation dieser differentialistischen Position bei Donald Davidson, die im Folgenden rekonstruiert wird. Ihr werden wir eine Konzeption gegenüber stellen, die zeigt, wie genau die Tierphilosophie den Geist der Tiere zu fassen versucht. Dabei gehen wir modellhaft von der assimilationistischen Theorie des Philosophen Fred Dretske aus. Davidsons Position wird dem Assimilationisten jedoch einige Spielregeln mitgeben, die er in seiner Tierphilosophie zu berücksichtigen hat.

1. Davidsons Differentialismus: Eine Münchhausen-Perspektive auf Tiergedanken

Stellen wir uns vor, dass Argos eine Katze verfolgt. Die Katze rast um die Ecke eines Hauses und im Hinterhof auf eine Buche zu, doch im letzten Moment schlägt sie einen Haken und klettert blitzschnell den Ahorn hinauf. Argos hat diesen Moment verpasst und bleibt bellend unter der Buche stehen. Argos denkt, dass die Katze auf der Buche sitzt. Und dieser Gedanke ist der Grund für sein Verhalten. Davidson räumt ein, dass wir oft nicht anders können, als das Verhalten von Tieren intentional zu beschreiben, wenn wir es uns verständlich machen möchten. Wir sagen: Argos wollte die Katze fangen, jetzt denkt er, dass sie auf dem Baum sitzt. Dennoch ist Davidson der Ansicht, dass es keine angemessene Grundlage dafür gibt, Tieren Gedanken oder Begriffe zuzuschreiben. Wie sehr wir Tiere auch mit Gedanken wie Absichten, Wünschen oder Erwartungen ausstatten wollen, sie erfüllen die Kriterien für Begriffsbeherrschung und Gedankenbesitz nicht.

Um Davidsons Position darzustellen, ist es notwendig, etwas technisches Vokabular einzuführen. Für Davidson sind ganz bestimmte Gedanken grundlegend für geistige Zustände überhaupt, nämlich *Überzeugungen*. Gemeint sind nicht Überzeugungen im emphatischen Sinne. Man kann einfache Beispiele für Überzeugungen in Form von Sätzen anführen: »Ich glaube, dass die Katze auf dem Baum ist«, »Odysseus glaubt, dass morgen die Sonne scheint«, »Das ist rot«. Überzeugungen gehören zu den sogenannten »propositionalen Einstellungen«. Diese können als Einstellungen gegenüber Propositionen oder besser noch gegenüber einem propositionalen Inhalt charakterisiert werden. Eine propositionale Einstellung nennt zuerst einen Denker, wie etwa Argos, ich, Odysseus oder Davidson. Zweitens wird mit einem Verb auf eine Art geistiger Tätigkeit verwiesen, denn es handelt sich um psychische Verben. Ich kann *denken, glauben, wünschen, hoffen* oder *befürchten*, dass die Katze auf dem Baum ist, aber ich gehe, falle, atme oder durchquere nicht, dass die Katze auf dem Baum ist. Mein Gedanke, dass die Katze auf dem Baum ist, hat noch einen dritten Bestandteil. Ich denke (oder wünsche, hoffe usw.) ja *etwas*, d.h., meine Überzeugung hat einen Inhalt. Der dritte Bestandteil ist der propositionale Inhalt. Wir haben nun Überzeugungen als propositionale Einstellungen charakterisiert. Man könnte durchaus auch von »Urteilen« sprechen, denn wenn ich denke oder sage, dass die Katze auf dem Baum ist, fälle ich ein Urteil.

Den propositionalen Inhalt müssen wir nun aber noch genauer betrachten. Der Inhalt einer Überzeugung oder eines Urteils, so sagten wir, ist propositional. In unserem Beispiel lautet der Inhalt: *Die Katze ist auf dem Baum*. Derselbe Inhalt könnte auch anders ausgedrückt werden, z.B. *The cat is on the tree* oder *Le chat est dans l'arbre*. Die veränderte Ausdrucksweise verändert aber den Inhalt nicht. Solche Inhalte werden »Propositionen« genannt. Propositionen werden durch Sätze ausgedrückt. Es ist umstritten, was Propositionen genau sein sollen. Wir können sie als die Objekte von Überzeugungen oder Behauptungen betrachten. Das wichtigste Merkmal dieser Inhalte besteht darin, *dass sie wahr oder falsch sein können*. Überzeugungen und Urteile haben Wahrheitsbedingungen, Propositionen oder Sätze sind Wahrheitsträger, sie haben einen Wahrheitswert, d.h., sie sind die Dinge, die wahr oder falsch sein können. Wenn ich denke oder sage, dass die Katze auf dem Baum sitzt, kann ich mich ja täuschen. Sitzt sie tatsächlich auf dem Baum, ist meine Überzeugung wahr. Propositionen zeichnen sich weiter durch eine bestimmte Struktur aus. Normalerweise wird einem Subjekt (der Katze, der Sonne) ein Prädikat zugeschrieben (sitzt auf dem Baum, scheint). Propositionen haben also eine *Subjekt-Prädikat-Struktur*. Man kann auch von einer Urteilsstruktur sprechen, denn wenn ich denke, dass die Katze auf dem Baum ist, fälle ja ein Urteil. Ein drittes Merkmal von Propositionen besteht darin, dass sie aus Begriffen zusammengesetzt sind. In unserem Beispiel handelt es sich um Begriffe wie »Katze«, »Baum« oder »x ist auf y«. Wenn ich die Begriffe »Baum« oder »Katze« nicht kenne, kann ich nicht meinen, dass die Katze auf dem Baum ist. Eine Proposition ist also *begrifflich strukturiert*. Um nun die drei genannten Merkmale zu betonen, spricht man vom propositionalen Inhalt.

Wir müssen noch weitere technische Ausdrücke einführen, die etwas knifflig sind. Zuerst den sogenannten »intensionalen Kontext«. Die dazu gehörende Behauptung lautet, dass psychische Verben wie »meinen«, »hoffen« oder »befürchten« für propositionale Inhalte intensionale Kontexte erzeugen. Am besten erklärt sich dies wiederum am Beispiel. Stellen wir uns vor, die Katze, von der Odysseus und Argos denken, dass sie auf dem Baum sitzt, ist eine Norwegische Waldkatze. Außerdem gehört die Katze einem gewissen Edward. Doch weder Argos noch Odysseus wissen, was eine Norwegische Waldkatze ist und dass dieses Exemplar Edward gehört. Wenn man sich objektiv fragt, ob die Katze auf dem Baum ist oder nicht, kann man sich genauso gut fragen, ob die Norwegische Waldkatze von Edward auf dem Baum ist. Wenn Ersteres wahr bzw. falsch ist, so ist auch Letzteres wahr bzw. falsch. Man kann also das Subjekt »die Katze« gegen »Edwards Norwegische Waldkatze« austauschen, ohne dass sich am Wahrheitswert der Proposition etwas ändert. Aber Argos und Odysseus können nicht *denken* (oder *hoffen* oder *befürchten*), dass Edwards Norwegische Waldkatze auf dem Baum sitzt, denn sie wissen ja nicht, zu welcher Rasse diese Katze gehört, und sie kennen Edward nicht. Sogar wenn es objektiv wahr ist, dass diese Katze Edwards Norwegische Waldkatze ist, für Odysseus trifft das nicht zu, wenn er denkt, dass die Katze auf dem Baum sitzt. Odysseus kann ja nicht etwas denken, von dem er keine Ahnung hat. Deshalb kann man das Satzsubjekt »die Katze« nicht einfach austauschen. Es ist das psychische Verb »denken«, das hier einen intensionalen Kontext für die Proposition »Die

Katze ist auf dem Baum« zum Ausdruck bringt. Das bedeutet: Auch wenn man »Katze« durch »Edwards Norwegische Waldkatze« austauschen könnte, verbietet sich dieses Manöver, sobald es darum geht, was ein Denker denkt. Man könnte höchstens etwas in der folgenden Art sagen:

(a) Odysseus denkt von Edwards Norwegischer Waldkatze, dass sie auf dem Baum sitzt.
Nicht aber:
(b) Odysseus denkt, dass Edwards Norwegische Waldkatze auf dem Baum sitzt.

Die erste Beschreibung (a) von Odysseus' Überzeugung ist eine Beschreibung *de re*. Sie handelt von der objektiven Sache, über die Odysseus nachdenkt. Die zweite Beschreibung (b) von Odysseus' Überzeugung hingegen ist eine Beschreibung *de dicto*. Sie ist sensitiv gegenüber Odysseus' Auffassungsweise der von ihm gemeinten Sache bzw. gegenüber der Art und Weise, wie Odysseus selbst die Überzeugung sprachlich ausdrücken würde. Die *de-re*-Beschreibung (a) ist wahr, die *de-dicto*-Beschreibung (b) hingegen ist falsch. Denn Odysseus weiß ja nichts über die Rasse und den Besitzer der Katze, die auf dem Baum sitzt. Eine richtige *de-dicto*-Beschreibung würde lauten:

(c) Odysseus denkt, dass die Katze auf dem Baum sitzt.

Man könnte nun meinen, diese Unterscheidung zwischen *de re* und *de dicto* sei etwas haarspalterisch. Beachten wir aber den Unterschied zwischen (b) und (c). Was kann Odysseus tun, wenn die Beschreibung (b) wahr wäre? Nun, er könnte Edward erzählen, wo dessen Kätzchen ist, oder er könnte sich freuen, zum ersten Mal eine richtige Norwegische Waldkatze gesehen zu haben. Dies beides kann er nicht tun, wenn die Beschreibung (c) richtig ist. Was also jemand *de dicto* über eine Sache denkt, ist erstens relevant, weil es genauer bestimmt, was derjenige über diese Sache denkt. Allgemeiner gesagt: Eine *de-dicto*-Beschreibung bestimmt einen propositionalen Inhalt. Es ist zweitens relevant, weil sich daraus Folgen dafür ergeben, was jemand tun oder nicht tun kann. Allgemeiner gesagt: Ein *de-dicto* bestimmter propositionaler Inhalt erklärt Verhalten. Der springende Punkt dieser Unterscheidung besteht darin, dass wir in der Wahl unserer Beschreibung sehr präzise sein müssen, wenn wir einem Lebewesen einen bestimmten Gedanken zuschreiben, den es wirklich haben kann. Illustrieren wir dies an einem krassen Beispiel. Iokaste denkt, dass der neu in die Stadt gekommene Ödipus ihr idealer Ehemann wäre. Sie weiß aber nicht, dass dieser Ödipus ihr Sohn und der Mörder ihres Gatten ist. Objektiv treffen viele Tatsachen sowohl auf Ödipus, auf Iokastes Sohn als auch auf den Gattenmörder zu, sind sie doch dieselbe Person. Doch in der Gedankenwelt von Iokaste sind sie dies nicht. Von außen kann ein Dritter wohl verwundert sagen: »Na so was! Iokaste denkt, dass ihr Sohn, der Mörder ihres Gatten, ihr idealer Ehemann ist.« Das ist als *de-dicto*-Beschreibung falsch. Vielmehr glaubt Iokaste, dass Ödipus ihr idealer Ehemann wäre. Man kann aber *de re* sagen: »Iokaste denkt über ihren Sohn, den Mörder ihres Gatten, dass er ihr idealer Ehemann ist.«

Erinnern wir uns, dass unter Intentionalität die Beziehung eines Gedankens auf seinen Gegenstand oder Inhalt verstanden wird (vgl. I.2). So kann man sagen: Meine Überzeugung, dass die Katze auf dem Baum ist, ist ein *intentionaler Zustand*. Ich hoffe, bedauere, befürchte, vermute, meine oder weiß stets *etwas*. Denken wir auch wieder an die *Als-Struktur* (vgl. I.2). Wir sagten, es gehöre wesentlich zu intentionalen Zuständen, dass stets etwas *als etwas* erfasst wird. Das ist eine intuitiv einleuchtende Idee. Das eingeführte technische Vokabular erlaubt nun eine anspruchsvolle Artikulation dieser intuitiven Idee. Etwas *als* etwas erfassen heißt, eine propositionale Einstellung zu haben, genauer: eine Überzeugung über etwas (X) zu haben. Dazu muss man ein X unter Begriffe fassen, d.h. über X ein Urteil fällen, das wahr oder falsch sein kann und X genauer bestimmt. Wenn wir den propositionalen Inhalt der Überzeugung über X aus der Perspektive des Denkenden charakterisieren wollen, so müssen wir den intensionalen Kontext berücksichtigen und den Inhalt *de dicto* und nicht nur *de re* charakterisieren.

Kehren wir zu Davidson und Argos zurück. Wie wir gesehen haben, kann man einen Gedanken oder eine Überzeugung als eine propositionale Einstellung mit einem propositionalen Inhalt analysieren. Denkt Argos nun tatsächlich, dass die Katze auf dem Baum ist? Allgemeiner gesprochen: Kann Argos oder irgendein nichtsprachliches Lebewesen überhaupt Überzeugungen haben? Davidsons Antwort fällt negativ aus. Seinem ersten Argumentationsstrang zufolge müssen die Inhalte von Überzeugungen bestimmbar sein, und zwar nicht nur *de re*, sondern *de dicto*. Unsere Zuschreibungen von Überzeugungen gegenüber nichtsprachlichen Wesen sind aber *de dicto* stets empirisch unterbestimmt. Einem zweiten Argumentationsstrang von Davidson zufolge können nur Wesen, die ein ganzes Netz von Begriffen und Gedanken haben, auch Begriffe und Gedanken haben. Tiere haben keine solchen Netze und folglich haben sie weder Gedanken noch Begriffe. Dem dritten und wichtigsten Argumentationsstrang zufolge muss ein Wesen, um Überzeugungen haben zu können, den *Begriff* einer Überzeugung haben. Der Besitz dieses Begriffs ist jedoch an das Sprechen einer Sprache geknüpft. Also können nichtsprachliche Wesen keine Überzeugungen haben. Der Fluchtpunkt aller Argumentationsstränge ist stets die Sprache. Davidson möchte behaupten können, dass Denken im Grunde ein soziales Merkmal ist und nur Kommunikationspartner Gedanken haben. Argos gefallen diese Überlegungen nicht. Untersuchen wir sie!

Wie steht es mit der Bestimmbarkeit des propositionalen Inhalts von Überzeugungen? Nun, man kann sich fragen: Was wäre ein Inhalt, der kein *bestimmter* Inhalt ist? Wir können auf vielerlei Weise über etwas als etwas nachdenken. Nehmen wir nur die Katze auf dem Baum. Wir können an sie als Raubtier, als Säugetier, als Norwegische Waldkatze, als Edwards Haustier usw. denken. Dasselbe gilt für den Baum. Man muss sehr fein unterscheiden, um den propositionalen Inhalt einer Überzeugung bestimmen zu können. Derart feinkörnige Unterscheidungen scheinen außerhalb der Sprache nur schwer durchführbar zu sein. Anders gesagt, *de-dicto*-Beschreibungen ohne sprachliche Ausdrucksmittel sind nicht möglich. Diese Überlegungen können zu einem Argument gegen die kognitive Ethologie umgemünzt werden. Das Credo der kognitiven Ethologie lautet ja, dass intentionale Zustände und deren Inhalte zur wissenschaftlichen Erklärung und Vorhersage von Tierverhalten dienen können (vgl. II.4). Folgt man aber Davidson, so sind Überzeugungen und deren Inhalte ungeeignet für die Vorhersage und Erklärung von Tierverhalten, und zwar nicht deswegen, weil solche Zustände keine Erklärungskraft hätten, sondern weil die Zuschreibungen bestimmt sein müssen, um eine solche erklärende Kraft zu haben. Das Argument gegen die kognitive Ethologie lautet wie folgt:

1. Tierverhalten kann mithilfe der Zuschreibung intentionaler Zustände nur erklärt und vorausgesagt werden, wenn deren Inhalte *de dicto* bei Tieren bestimmt werden können.

2. Der Inhalt kann bei Tieren jedoch nicht bestimmt werden, weil ihnen eine Sprache fehlt (oder zumindest eine hinreichend feinkörnige Form der Kommunikation).

3. Also sollte die kognitive Ethologie auf den explanatorischen und prognostischen Gebrauch von intentionalen Zuständen mit Inhalt verzichten.

Wie wir gesehen haben, ist die *de-dicto*-Beschreibung wichtig für die Erklärung des Verhaltens. Sobald Iokaste erfährt, dass Ödipus ihr Sohn und ein Mörder ist, wird sie vermutlich nicht nur ihre Meinungen über dessen Eignung als Ehemann ändern, sondern auch ihr Verhalten ihm gegenüber. Von diesem Umstand nährt sich der erste Schritt des Arguments. Der Angelpunkt dieses Arguments ist der zweite Schritt. Was denkt Argos über die Katze auf dem Baum? Wir können zwar den Inhalt seines mutmaßlichen Gedankens mit *unseren* Mitteln beschreiben und dadurch bestimmen, doch Argos besitzt kaum *unseren* Begriff eines Baums oder unseren Begriff einer Katze. Wenn Argos mit uns sprechen könnte, hätten wir ein gutes Mittel, seine Überzeugung genauer zu bestimmen. Das heißt aber nicht, dass es prinzipiell unmöglich ist, den Inhalt einer tierlichen Überzeugung zu bestimmen. Vielleicht sind Hunde Hedonisten, und der Baum ist das, in dessen Schatten geschlafen wird.

Die *de-dicto*-Beschreibung »Argos denkt, dass die Katze auf dem Baum ist« können wir wie folgt in eine *de-re*-Beschreibung umformulieren: »Argos denkt von der Katze und vom Baum, dass __«. Wir nehmen also *unsere* Begriffe von Katze und Baum gleichsam aus dem Inhalt des Gedankens heraus. Nun können wir fragen, was Argos über jene Dinge denkt, die in unserem Begriffsnetz Katzen oder Bäume sind. Es obliegt dann der kognitiven Ethologie, den Inhalt von »__« zu bestimmen. Wie könnte dies ohne Sprache gehen? Personen können wir ja oft nach dem Inhalt ihrer Gedanken befragen, und sie geben uns Auskunft. Das ist aber lediglich eine Vereinfachungsbedingung für die Bestimmung von Inhalten und keine Ermöglichungsbedingung. Bei einem Tier müssen wir die Inhaltsbestimmung teilweise aus seinem Verhalten ablesen. Deshalb erscheinen die Inhalte zunächst sehr unbestimmt. Wenn ich jemandem einen Apfel und eine Birne hinhalte und er nimmt den Apfel, zeigt er nun eine Präferenz für Äpfel, für runde Dinge, für rote Dinge? Oder zeigt er eine Abneigung gegen Birnen, gegen längliche oder gegen gelbliche Dinge? Doch auch hier geht es nicht um prinzipielle Unmöglichkeiten. Vielmehr geht es darum, die Umwelt des betreffenden Tieres kennenzulernen und unsere Zuschreibungen zum Beispiel durch Versuchsanordnungen weiter zu spezifizieren. Man kann der Versuchsperson eine rote Birne und einen roten Apfel, eine gelbe Birne und einen gelben Apfel anbieten usw. Auf diese Weise kommt man auch dazu, den Inhalt von Tiergedanken (das »___«) genauer zu bestimmen. Die differenzierte Unterscheidungsfähigkeit im Verhalten führt zu dieser Bestimmung. Vermutlich wird man nicht dahingelangen, alle Unbestimmtheit auszuräumen. Doch diesen Spielraum finden wir auch noch bei Übersetzungen zwischen menschlichen Sprachen.

Die bisherigen Ausführungen lassen sich wie folgt zusammenfassen: Man kann an der Adäquatheit *unserer* Begriffe für die Inhaltsbestimmung von Tiergedanken zweifeln. Zwar fangen wir dort an. Ein kritischer Anthropomorphismus geht aber weiter (vgl. III.1). Er überprüft hypothetisch das Verhalten der Tiere. Wir müssen uns davor hüten, die *Schwierigkeit* mit der *Unmöglichkeit* der Bestimmung von Gedankeninhalten zu verwechseln, und brauchen nicht davon auszugehen, dass die Sprache konstitutiv dafür ist, dass ein Lebewesen überhaupt Gedanken mit Inhalten hat, denn Alternativen scheinen, wie wir am Beispiel des Verhaltens gesehen haben, möglich zu sein. Das Sprechen einer Sprache erweitert zwar die Inhalte, die wir überhaupt denken können, und es verfeinert und erleichtert deren Bestimmung. Auch das Verhalten ist ein Schlüssel dazu. Aus diesen Überlegungen folgt, dass das Projekt der kognitiven Ethologie keineswegs zum Scheitern verurteilt ist. Natürlich muss sie auch erklären, wie Gedanken ohne Sprache aussehen könnten. Diesem Unterfangen werden wir uns aber erst im nächsten Abschnitt zuwenden (vgl. IV.2).

Kommen wir zu Davidsons anderen beiden Argumentationssträngen. Sie besagen, dass nur Lebewesen, die erstens über den Begriff einer Überzeugung und zweitens über ein ganzes Netz von Begriffen und Gedanken verfügen, überhaupt Gedanken haben können. Der erste Strang ist entscheidend. Mit seiner Hilfe entwirft Davidson ein komplexes und beeindruckendes Bild davon, was es heißt, ein rationales Lebewesen zu sein. Der Aufhänger des Bildes ist die Idee, dass man über den Begriff einer Überzeugung verfügen muss, um Überzeugungen haben zu können. Meta-Überzeugungen sind unerlässlich. An dieser Idee hängt das Ganze. Man hat Davidsons Theorie als »Münchhausen-Theorie« des Denkens bezeichnet: Ebenso wie sich der berühmte Baron an seinem eigenen Schopf aus dem Sumpf zieht, zieht sich der Denker am Begriff der Überzeugung aus dem Reich des Nichtdenkens in die Höhe.

Charakterisieren wir zunächst den ersten Strang. Um einen Begriff zu beherrschen, muss ein Denker auch andere Begriffe beherrschen. Wer etwa den Begriff »Katze« beherrscht, der muss auch über Begriffe wie »Lebewesen«, »Haustier«, »fressen«, »rennen« usw. verfügen. Den Begriff einer Katze kennen heißt, eine ganze Katzenkunde zu kennen. Jeder Begriff befindet sich also bildlich gesprochen in einem Begriffsnetz. Und da die Inhalte von Gedanken begrifflich strukturiert sind, befindet sich auch jeder Inhalt in einem Begriffsnetz. *Kurzum, ein Denker muss immer auch ein Begreifer sein.*

Damit kommen wir zum zweiten Strang. Davidson ist der Ansicht, dass jemand, der eine Überzeugung hat, wissen muss, was es bedeutet, eine Überzeugung zu haben. Was gehört dazu, ein

Denker zu sein? Wir kennen die Anforderungen bereits aus unserer Charakterisierung des propositionalen Inhalts: Ein Denker muss über Begriffe verfügen, denn Gedanken sind begrifflich strukturiert, er muss den Unterschied zwischen Wahrheit und Falschheit kennen, und er muss ein Prädikat auf ein Subjekt anwenden können. Wenn ein Denker eine Überzeugung hat, weiß er potenziell jederzeit, dass er eine Überzeugung hat. *Kurzum, ein Denker muss über den Begriff einer Überzeugung verfügen.* Damit hängt ein wichtiger Punkt unmittelbar zusammen. Da Überzeugungen wesentlich dadurch charakterisiert sind, dass sie wahr oder falsch sein können, muss ein Denker einen Unterschied zwischen seiner Überzeugung, die ja falsch sein könnte, und ihrer Wahrheit machen können. Die Überzeugung könnte ja falsch sein, d.h. einfach anders, als die Dinge objektiv sind. *Kurzum, damit ein Denker eine Überzeugung haben kann, muss er über den Begriff einer objektiven Wahrheit verfügen.*

Indem wir die beiden Stränge zusammennehmen, können wir nun sagen: Ein Denker muss über viele Begriffe verfügen, vor allem aber über den Begriff der Überzeugung und über den Begriff der objektiven Wahrheit. Zweifellos gibt es Lebewesen, die diese anspruchsvollen Anforderungen erfüllen, nämlich kompetente Sprachbenutzer. Es ist nahe liegend anzunehmen, dass die Sprachverwendung nicht zufällig mit Gedanken einhergeht. Denn, so Davidson, es gibt keinen anderen Weg, diese Anforderungen zu erfüllen, als durch das Sprechen einer Sprache. Das Sprechen ist konstitutiv für das Denken. Zu Gedanken gehört es auch, dass wir den Inhalt unserer Gedanken von der Welt unterscheiden können, d.h., wir brauchen den Begriff einer objektiven Wahrheit. Davidson ist der Ansicht, dass wir diesen Begriff einer objektiven Wahrheit nur haben können, indem wir uns als Kommunikationspartner auf eine gemeinsame Welt beziehen. Erst im Dreieck von Sprecher, Interpret und Objekt entsteht so etwas wie das Begreifen einer gemeinsamen, objektiven Welt. Deshalb meint Davidson, dass das Denken und der Geist im Grunde soziale Merkmale sind und nur Kommunikationspartner Gedanken und einen Geist haben.

Davidson geht es darum, rationale und a-rationale Wesen zu unterscheiden. Sprachbegabte Lebewesen können sich begrifflich auf Tatsachen in ihrer Welt beziehen, wobei diese Tatsachen genuine Gründe für Denken und Handeln sind. Rationale Wesen sind genuine Denker und Begreifer, a-rationale Wesen sind Diskriminierer und Reagierer. Natürlich können sprachunfähige Tiere zuverlässig Dinge in ihrer Umwelt diskriminieren, wobei diese Dinge einfach äußere Ursachen (aber keine genuinen Gründe) für das Verhalten sind. Argos unterscheidet natürlich Katzen von Bäumen und er reagiert auf Katzen, doch diese diskriminatorischen und reaktiven Fähigkeiten machen ihn nicht zu einem Denker und Begreifer. Ein Lebewesen hat noch lange keinen Begriff einer Katze, nur weil es Katzen von Nichtkatzen unterscheiden kann. Mäuse können sehr wohl Katzen von Käse und Speck unterscheiden. Dazu benötigen sie weder einen Katzenbegriff noch Gedanken über Katzen. Im Prinzip unterscheiden sich Hunde, Mäuse und Katzen darin nicht von Rosen, Säuglingen oder Thermostaten.

Davidson entwirft ein komplexes, beeindruckendes, differentialistisches Bild davon, was es heißt, Überzeugungen (und andere propositionale Einstellungen) zu haben und somit auch ein rationales Wesen zu sein. Wir werden dieses Bild nicht direkt kritisieren. Vielmehr können wir darin eine allgemeine Struktur erkennen, der wir dann ein assimilationistisches Bild entgegenhalten wollen. Der Philosoph Alasdair MacIntyre hat in Argumentationen wie derjenigen Davidsons eine für das philosophische Denken allgemein prägende Struktur erkannt:

»Eine bestimmte menschliche Fähigkeit wird zum Untersuchungsgegenstand erhoben: die Fähigkeit, Gedanken oder Meinungen zu haben, die Fähigkeit, aus Gründen zu handeln, oder das Vermögen, Begriffe zu bilden und zu verwenden. Danach wird gezeigt, dass, im Gegensatz zu den Ansichten einiger philosophischer Vorgänger, die Ausübung dieser bestimmten Fähigkeit durch den Menschen, den Besitz und den Gebrauch von Sprache voraussetzt. Schließlich wird daraus geschlossen, dass allen nicht-menschlichen Tieren, da sie keine Sprache oder zumindest nicht die erforderliche Art von Sprache besitzen, auch die fragliche Fähigkeit oder das betreffende Vermögen abgehen muss. Deshalb ist verschiedentlich behauptet worden, dass nicht-menschliche Tiere keine Gedanken oder Meinungen haben können, dass sie nicht aus Gründen handeln und die Gegenstände ihrer Erfahrung nicht begrifflich erfassen können.«

Diese Struktur findet sich nicht nur bei unterschiedlichen Philosophen, sie kann auch auf andere geistige Fähigkeiten ausgeweitet werden. Betrachten wir zur Illustration dieser Ausweitung die Handlungsfähigkeit und die Sinneswahrnehmung. Handlungen kann man als Verhaltensweisen bestimmen, die durch unsere Meinungen oder Wünsche verursacht werden. Ein Lebewesen aber, das über keine propositionalen Einstellungen verfügt, kann nicht wirklich handeln. Es verhält sich höchstens, es führt Körperbewegungen aus. Wie dem auch sei, Tiere nehmen doch bestimmt Dinge wahr! Das ist nicht gesagt. Wenn wir etwas wahrnehmen, dann nehmen wir etwas stets *als* etwas wahr. Wir sehen dieses Ding *als* Baum, jenes *als* Katze. Wir wenden also bereits in der sinnlichen Wahrnehmung Begriffe an, fassen Dinge, die wir sehen, unter einen Begriff. Der begrifflich strukturierte Wahrnehmungsinhalt kann als Prämisse für die Bildung von Meinungen fungieren. Ich höre beispielsweise eine Katze im Baum maunzen, es klingt jämmerlich, also denke ich, dass das Tier wohl in Not ist, und bleibe stehen. Wäre der Inhalt meiner Wahrnehmung nicht bereits begrifflich strukturiert, könnte er nicht als Prämisse fungieren. Einfache Lebewesen dürften kaum über eine derart strukturierte Wahrnehmung verfügen. Ihre Wahrnehmungen sind allein das Resultat nicht-rationaler kausaler Prozesse, unsere Wahrnehmungen haben natürlich auch einen kausalen Anteil, aber sie sind für uns Wahrnehmungen von etwas *als* etwas, die Gründe für unser Tun und Denken bereitstellen.

Sprachbegabte Wesen sind genuine Denker und Begreifer, sprachlose Wesen sind Diskriminierer und Reagierer. Philosophische Rationalisten wie Davidson oder Descartes vertreten eine strikte anthropologische Differenz. Aus der Perspektive der Tierphilosophie werden die Bedingungen für das Haben von Gedanken hier unnötig hoch gehängt. Dies bedeutet nicht, dass wir Davidsons Anforderungen an das Haben von Gedanken nicht beachten sollten. Vielmehr geht es darum, diese Anforderungen so zu beschreiben, dass wir nicht gezwungen sind, sie an Meta-Überzeugungen und an das Sprechen einer Sprache binden zu müssen. Darüber hinaus werden diese Anforderungen von Davidson mit einer strikten Unterscheidung zwischen rationalen Denkern auf der einen und assoziativen Reagierern auf der anderen Seite verbunden. Als Folge sieht man sich gezwungen, Tieren alle möglichen geistigen Zustände abzusprechen. Eine entscheidende Frage an Davidson lautet, ob es jenseits der Unterscheidung von sprachbegabten Denkern und Begreifern einerseits und sprachlosen Diskriminierern und Reagierern andererseits keine Zwischenstufen gibt. Wie wir gesehen haben, ist die strikte Unterscheidung zwischen Rationalität und Assoziation keineswegs klar (vgl. III.2). Die Möglichkeit eines Denkens ohne Sprache, wie wir sie bereits erwogen haben, kommt bei Davidson nicht in den Blick (vgl. III.3). Wir müssen nun, mit Darwins Kontinuitätsthese im Hinterkopf, die Möglichkeit von Stufen zunehmender Denkfähigkeit *zwischen* a-rationalen und rationalen Lebewesen, wie wir es sind, und die Möglichkeit von Gedanken ohne Sprache genauer bestimmen.[13]

2. Teleosemantischer Assimilationismus: Eine Froschperspektive auf Tiergedanken

Offenbar setzt Davidsons Bestimmung von Gedanken differentialistisch an, sie geht von *unserem* Denken und Begreifen aus. Im Unterschied dazu sind Assimilationisten der Ansicht, dass wir von den Gemeinsamkeiten zwischen den kognitiven Fähigkeiten von Menschen und anderen Tieren ausgehen sollten, um dann stufenweise zu differenzieren (vgl. I.2 & III.2). Anlass für eine solche Differenzierung geben Forschungen zur Tierkognition und Darwins Kontinuitätsthese. »Das letzte Ziel«, so die Philosophin Ruth Millikan, »muss darin bestehen, Modelle für die kognitiven Systeme einer jeden der verschiedenen Tierarten zu konstruieren und zu testen. Wir werden aber sicher in die Irre gehen, wenn wir nicht bedenken, dass es zahlreiche Möglichkeiten zwischen dem propositionalen Denken des Menschen und dem Fehlen jeglichen Denkens gibt.« Millikan weist darauf hin, dass wir keine Übersetzungen von Tiergedanken in unsere Sprachen brauchen, sondern Beschreibungen der Arten von Repräsentationssystemen, die Tiere wirklich verwenden. Ein wichtiger Punkt! Das technische Vokabular, das wir im Zusammenhang mit Davidson kennengelernt haben, ist nämlich stark durch eine bestimmte Auffassung von Philosophie festgelegt, nämlich die sprachanalytische Philosophie. Dieser Auffassung zufolge können Phänomene – wie beispielsweise das Denken – philosophisch allein über den Weg der Sprache analysiert werden. Gedanken werden nach dem Modell von Sätzen analysiert. Die technischen Unterteilungen in propositionale Inhalte und Einstellungen, in Subjekt und Prädikat, in begriffliche Komponenten usw. folgen der Struktur von Sätzen.

Dieser Weg mag wertvoll sein, um Anwendungskriterien zu spezifizieren, aber er ist nicht der einzige Weg, um sich über Gedanken Gedanken zu machen. Polemisch könnte man sagen: Es ist wenig verwunderlich, dass sich die Sprache als konstitutiv für Gedanken erweist, wenn wir unser technisches Vokabular zur Beschreibung von Gedanken von Anfang an aus der Sprache gewinnen: Tut man Sprache rein, kommt Sprache raus. Philosophen wie Ruth Millikan oder Fred Dretske verweisen stattdessen auf Repräsentationssysteme. Die Höhenkurven einer Landkarte, die Jahresringe von Bäumen, die Porträts oder Fotografien von Personen, die Alarmrufe der Grünen Meerkatzen, Bilder im Spiegel und auf der Retina, Verkehrsschilder und Äußerungen sind Repräsentationen. Man kann auch Gedanken (und andere intentionale Zustände) als Repräsentationen auffassen. Wir haben bereits gesehen, dass der Begriff der mentalen Repräsentation das Scharnier der kognitiven Wende ist (vgl. II.4). Das allgemeinste Merkmal eines Repräsentations*systems* besteht darin, dass es seine Repräsentationen verwendet, um Verhalten zu lenken und zu planen. Der Regenpfeifer muss Art, Ort und Bewegungsrichtung eines Nesträubers repräsentieren, um sich entsprechend verhalten zu können (vgl. I.1). Das Erdhörnchen muss Temperatur, Größe und Art der Schlange repräsentieren, um sein Verhalten auszurichten (vgl. I.1). Kurzum, Tiere sammeln Informationen aus ihrer Umwelt, um dadurch Wahrnehmungen und Verhalten zu koordinieren. Ein Tier bildet sozusagen eine Landkarte, mit der es in seiner physischen und sozialen Umwelt navigiert. Repräsentationen sind nun solche Karten. Die These lautet also: Ein Lebewesen, das Dinge in seiner Umwelt auf bestimmte Weise repräsentiert und sich infolgedessen verhält, hat Gedanken.

Auch dieses Unterfangen muss bestimmten Spielregeln folgen. Zuerst müssen wir Bedingungen festlegen, die Repräsentationen im Minimum erfüllen müssen, um Gedanken zu sein, denn nicht jede Repräsentation ist ein Gedanke. Die wichtigste Bedingung ist die Asymmetrie zwischen dem, was repräsentiert wird (der Inhalt), und dem, was repräsentiert (das Vehikel). Wir wollen ja sagen, dass der Berliner Stadtplan die Straßen Berlins repräsentiert, nicht aber, dass die Berliner Straßen den Stadtplan repräsentieren. Einige Philosophen des 17. Jahrhunderts dachten, Repräsentationen zeichnen sich dadurch aus, dass sie dem, was sie repräsentieren, *ähnlich* sind. Eine schlechte Idee. Ein Ei gleicht dem anderen, aber kein Ei repräsentiert das andere. Ähnlichkeit ist eine symmetrische Relation, die Relation zwischen Repräsentiertem (Inhalt) und Repräsentierendem (Vehikel) muss hingegen asymmetrisch sein.

Bei Davidson haben wir gelernt (vgl. IV.1), dass Gedanken einen Inhalt haben. Das gilt auch für Repräsentationen. Inhalte können wahr oder falsch sein, sie handeln von etwas und sie haben eine innere Struktur. Diese innere Struktur sollten wir jedoch nicht vorschnell in Analogie zu Sätzen beschreiben und von »Subjekt-Prädikat-Strukturen« oder »begrifflichen Strukturen« sprechen. Zwar haben die Sätze, die wir bei der Zuschreibung von Gedanken benutzen, sprachliche Komponenten, dies bedeutet jedoch nicht, dass die dadurch zugeschriebenen Gedanken dieselben Komponenten aufweisen müssen. Im einfachsten Fall beziehen sich intentionale Zustände auf etwas. Wenn ich in S. verliebt bin, dann ist S. das Objekt, auf das sich mein Zustand bezieht. Wenn ich an meine Mutter denke, dann ist meine Mutter das Objekt, auf das ich gerichtet bin. Denken Sie jetzt an eine Zahl zwischen 1 und 10. Nun ist die Zahl, an die Sie denken, das Objekt Ihres Gedankens. Häufiger richten wir uns jedoch auf etwas *als* etwas. Um die Als-Struktur kommen wir nicht herum, sie ist für den Geist grundlegend (vgl. I.2). Im einfachsten Fall können wir sagen, dass wir ein bestimmtes *Objekt* unter einem bestimmten *Aspekt* erfassen. Wenn wir an eine grüne Wiese denken, dann erfassen wir das Objekt (Wiese) unter einem bestimmten Aspekt (grün). Wenn wir einen süßen, roten

Apfel erblicken und dann essen, sehen bzw. schmecken wir das Objekt (Apfel) unter einem bestimmten Aspekt (rot bzw. süß). Halten wir also vier Minimalbedingungen fest:

Asymmetrie: Das repräsentierende Vehikel handelt vom repräsentierten Inhalt, nicht aber umgekehrt.

Gerichtetheit: Repräsentationen richten sich auf etwas oder handeln von etwas, d.h., sie haben ein Objekt.

Aspekt: Repräsentationen richten sich auf etwas oder handeln von etwas als etwas, d.h. unter einem bestimmten Aspekt.

Wahrheitsbedingung: Der Inhalt (Objekt und Aspekt) einer Repräsentation kann wahr oder falsch sein.

Dem assimilationistischen Ansatz gemäß (vgl. I.3) beginnt die Tierphilosophie Repräsentationen, die diesen Minimalbedingungen genügen, zu verstehen, indem sie von sehr einfachen, ja sogar von technischen Repräsentationssystemen ausgeht. Wir gehen modellhaft von Dretskes repräsentationaler Theorie des Geistes aus. Grundlegend sind die beiden Ausgangspunkte, dass wir den Geist von Tier und Mensch mithilfe einfacher Repräsentationssysteme, nämlich technischer Geräte, und der Evolutionstheorie verstehen können. Den ersten Ausgangspunkt übernehmen wir von Descartes (vgl. II.2), denn dessen Idee, Tiere gleichsam als Maschinen zu betrachten, wird sich als hilfreich erweisen. Der zweite Ausgangspunkt stammt von Darwin (vgl. II.3). Was können wir unter einer Repräsentation verstehen?

Ich kaufe einen Kompass. Ich kann an der Kompassnadel ablesen, wo Norden ist, weil die Kompassnadel sich zum Nordpol hin ausrichtet. Ist der Kompass richtig gebaut und intakt, zeigt er nach Norden. Am Nordpol leben Eisbären und treiben Eisschollen. Doch die Nadel zeigt nicht auf Eisbären oder Eisschollen, sondern auf den Nordpol. Wenn ich mit einem Magneten um den Kompass herumstreiche, zeigt die Nadel nicht mehr nach Norden. Sie wird abgelenkt. Der Kompass stellt nun ein simples Modell für eine Repräsentation dar, die die vier Minimalbedingungen gleichsam erfüllt:

Asymmetrie: Die Kompassnadel zeigt zum Nordpol, aber der Nordpol nicht zum Kompass.

Gerichtetheit: Das Objekt, auf das die Nadel zeigt, ist die nördliche Richtung.

Aspekt: Zwar finden sich in nördlicher Richtung auch Eis und Bären, doch die Nadel richtet sich auf den magnetischen Nordpol, d.h., sie richtet sich auf etwas als etwas.

Wahrheitsbedingung: Funktioniert der Kompass, so zeigt die Nadel in die richtige Richtung. Lenkt man die Nadel durch einen Magneten ab, so zeigt sie in die falsche Richtung.

Der Kompass erfüllt die Minimalbedingungen für Gedanken natürlich nicht wirklich. Es handelt sich lediglich um eine hilfreiche Analogie, um festzulegen, was eine Repräsentation sein soll. Betrachten wir uns die Analogie genauer. Die beiden entscheidenden Stichworte werden »Information« und »Funktion« sein. (Wir haben die Funktion bereits verwendet, um Verhalten zu bestimmen, vgl. II.4)

Was der Kompass tut, hängt einerseits von völlig objektiven Faktoren ab. Die Ausrichtung der Nadel hängt nicht von mir oder sonst einem Menschen ab. Weil bestimmte Naturgesetze gelten, zeigt die Magnetnadel in Richtung Norden. Wir können sagen, dass die Kompassnadel *Information* über den Ort des magnetischen Nordpols trägt. Was ist hier mit Information gemeint? Wir haben diesen Ausdruck bereits öfters im Zusammenhang mit der kognitiven Ethologie angetroffen (vgl. II.4). Es gibt eine alltäglichen Gebrauch von »Information«, etwa wenn es im Agentenfilm heißt: »Hier sind die geheimen Infos von Kowalski!« Ist Kowalski ein Doppelagent, sind seine Informationen vielleicht falsch. Informationen in diesem Sinn existieren im Auge des Betrachters. Hat James Bond versagt, der Bösewicht obsiegt und die Menschheit ausgelöscht, dann gibt es (in diesem alltäglichen Sinn) auch keine Informationen mehr, weil sie niemand mehr erhalten, verstehen und verwenden kann.

Der hier verwendete Begriff der Information ist etwas technischer. Ein defektes Thermometer trägt keine falschen Informationen über die Zimmertemperatur, sondern gar keine. Information ist sozusagen immer wahr, oder sie ist keine. Die Informationsrelation zwischen dem Quecksilber im Thermometer und der Temperatur im Zimmer ist nicht abhängig vom Betrachter, sondern eine naturgesetzliche Relation. Allgemein gesagt: Der Zustand Z (thermische Ausdehnung des Quecksilbers) eines Systems S (Thermometer) trägt nur dann die Information I über die Eigenschaft E (Temperatur) eines Objekts O (Zimmer), wenn S funktioniert, sich in der richtigen Relation zu O befindet und wenn O die Eigenschaft E tatsächlich hat. Letzteres – Z trägt nur I (E) über O, wenn O (E) – ist die naturgesetzliche Relation. Natürlich ist der Kompass von *uns* so gebaut worden, dass er nach Norden zeigt. Wir haben ihn gebaut, damit er die Himmelsrichtungen anzeigt, und wir können diese Informationen nutzen, um uns zu orientieren und unser Verhalten zu lenken und zu planen. Obschon die Informationsrelation zwischen der Kompassnadel und dem magnetischen Nordpol eine objektive (naturgesetzliche) ist, müssen wir sagen, dass der Kompass seine *Funktion* von uns erhalten hat. Funktioniert er richtig, dann zeigt er zum Nordpol. Der Kompass kann nur deshalb »in eine falsche Richtung« zeigen, weil es in unseren Augen seine Funktion ist, nach Norden zu zeigen.

Dretske zufolge kann man nun eine Repräsentation wie folgt definieren: *S repräsentiert X, wenn S die Funktion hat, Information über X zu tragen.* Entscheidend ist die Funktion. Die Kompassnadel repräsentiert die nördliche Richtung, weil ihr die Funktion zugewiesen wurde, Information über die relative Lage des Nordpols zu tragen. Die Funktion legt auch den *Aspekt* fest. Funktioniert das Gerät richtig, so zeigt es in Richtung des magnetischen Nordpols (und nicht auf Eisbären oder Eisschollen). Anders gesagt: In der Richtung, in die die Nadel zeigt, kommen nicht nur der magnetische Nordpol, sondern auch Eisbären und Eisschollen vor, sie hat aber nicht die Funktion auf Eisbären oder Eisschollen zu zeigen. Dies schon allein deshalb nicht, weil sie keine Information über Eisbären oder Eisschollen tragen kann. Der »Inhalt« der Kompassanzeige ist sozusagen die Richtung (Objekt) des Nordpols (Aspekt). Schließlich legt die Funktion auch die *Wahrheitsbedingung* fest. Funktioniert der Kompass richtig, zeigt die Nadel zum Nordpol (und nicht auf meinen Magneten). Was die Nadel anzeigt (»denkt«), ist korrekt (»wahr«). Natürlich denkt die Nadel nichts. In mindestens zwei Hinsichten genügt uns der Kompass nicht. Erstens kann er mit seiner Repräsentation des Nordpols nichts anfangen (sondern wir), sie steuert sein Verhalten nicht. Zweitens hat er seine Funktion (nicht aber die Information) von uns zugewiesen bekommen, wir haben ihn für diesen Zweck gebaut.

Betrachten wir eine neue Geräteanalogie, um weiterzukommen. Die Heizungen vieler Wohnungen verfügen über einen Thermostat. Ein Thermometer misst die Raumtemperatur, d.h., es trägt Information über die Temperatur des Zimmers. Unserer Analogie gemäß ist das Zimmer das *Objekt* der Repräsentation des Thermometers und die Temperatur der *Aspekt*. Zeigt das Thermometer beispielsweise 18° C, so zeigt es an, dass die Temperatur des Zimmers 18° beträgt. Die Anzeige des Geräts ist dann *wahr*, wenn im Zimmer tatsächlich diese Temperatur herrscht, und *falsch*, wenn dies nicht der Fall ist. So weit waren wir bereits mit dem Kompass. Fällt die Raumtemperatur unter einen bestimmten Punkt (den Sollzustand von 20°C), schaltet sich die Heizung ein, ist der Sollzustand überschritten, schaltet sie sich wieder aus. Durch dieses System wird die Zimmertemperatur reguliert. Das Thermometer repräsentiert die Raumtemperatur, d.h., es hat die Funktion, Informationen über die Temperatur zu tragen. Aufgrund dieser Repräsentation »tut« das System etwas: Es schaltet sich bei unter 20° C ein und bei über 20° C aus. Nun hat das Thermometer nicht nur die Funktion, Information über die Temperatur zu tragen, es hat die zusätzliche Funktion, die Heizung aus- oder einzuschalten. Die Temperaturanzeige steuert die Temperaturregulierung. Kurz, das Thermometer steuert das Verhalten des Systems. Aber natürlich haben *wir* das Thermometer und den Thermostaten gebaut und den Sollzustand eingestellt (20° C). Sowohl die Funktionen der Temperaturanzeige und Temperaturregulierung als auch der Sollzustand wurden durch *uns* festgelegt. Es scheint, als würde die alles entscheidende Funktion stets durch uns festgelegt. Nun können wir den zweiten Ausgangspunkt von Dretskes Theorie, die Evolutionstheorie, einbeziehen, indem wir sozusagen die Kompassnadel in ein kleines Lebewesen einbauen und sie das Verhalten dieses Lebewesens regulieren lassen. Eigentlich sind es nicht mehr »wir«, sondern Mutter Natur.

Im Atlantik (aber auch im Süßwasser) kann man Bakterien finden, die magnetische Teilchen in sich tragen, sogenannte ›Magnetosome‹. Wozu sind diese Magnetosome gut? Sie richten sich parallel zum Magnetfeld der Erde aus und als Folge davon auch die Bakterien. Da die Linien des Magnetfeldes in der nördlichen Hemisphäre nach unten zeigen (Richtung nördlicher geomagnetischer Pol), bewegen sich die Bakterien der nördlichen Hemisphäre, gesteuert durch ihre inneren Magnetosome, in Richtung des geomagnetischen Nordpols. Diese Bakterien überleben nur in sauerstofflosen Zonen. Da nun die Bewegung in Richtung geomagnetischer Norden die Bakterien weg von sauerstoffreichen (und mithin für sie toxischen Wasseroberflächen) in relativ sauerstofflose, tiefere Wasserschichten bringt, ist es naheliegend, dass die Funktion dieser primitiven sensorischen Systeme darin besteht, die Richtung anaerobischer Lebensräume anzuzeigen. Das Magnetosom trägt *Information* über die Ausrichtung des geomagnetischen Erdfeldes und hat die *Funktion*, die Bakterien in für sie vorteilhafte Lebensräume zu manövrieren. Dieses Steuerungssystem kann als Produkt der Natürlichen Selektion, als eine Adaptation, betrachtet werden (vgl. II.3). Was hat die Natürliche Selektion mit Funktionen zu tun?

Funktionen kann man als Um-zu-Strukturen charakterisieren (vgl. I.1). Hier ein physiologisches Beispiel: Anders als Descartes dachte, ist die Zirbeldrüse (Epiphyse) nicht der Sitz der Seele, sondern in ihr wird das Hormon Melatonin produziert. Über das Melatonin werden der Schlaf-Wach-Rhythmus und andere zeitabhängige Rhythmen des Körpers gesteuert. Bei Fehlfunktion bewirkt sie u.a. einen gestörten Schlaf-Wach-Rhythmus. Die Funktion der Melatoninausschüttung der Epiphyse ist es, den Wachrhythmus zu regulieren. Anders formuliert: Die Epiphyse schüttet Melatonin aus, *um* den Wachrhythmus zu regulieren. Das Herz schlägt, um Blut zu pumpen, der Lachs hat Flossen, um zu schwimmen, der Eichelhäher hat diese Art Flügel, um im Wald zu fliegen, der Maulwurf hat vergrößerte Vorderpfoten, um zu graben, und der Frosch Augen, um Insekten zu erspähen.

Alle diese Dinge haben Funktionen. Doch diese Funktionen werden ihnen nicht von *uns* zugewiesen, sondern sind das Produkt der Evolution durch Natürliche Selektion. Es sind Adaptationen. Es handelt sich um natürliche Funktionen von natürlichen Systemen, deren Erbauer keine Ingenieure sind, sondern quasi Mutter Natur. Nennen wir sie »Biofunktionen«. Wenn wir von der Biofunktion F eines Merkmals M einer biologischen Art A sprechen, so bedeutet dies Folgendes: Erstens bringt M von A in einer bestimmten Umwelt normalerweise F hervor. So führt die Ausschüttung von Melatonin durch die Epiphyse normalerweise zur Regulation des Wachrhythmus. Zweitens vererbt sich M. Die Ausbildung der Epiphyse ist genetisch vererbt. (Man kann jedoch auch an andere Prozesse der Weitergabe denken, etwa an die Weitergabe von Verhaltensweisen, vgl. V.2). Drittens existiert M deshalb, weil es einen adaptiven Wert hat. Lebewesen, die M haben und deshalb F in einer bestimmten Umwelt hervorbringen, haben eine größere Chance zur Reproduktion. Anders als der Kompass wird das Magnetosom nicht durch uns hergestellt, es ist das Produkt der Natürlichen Selektion. Mithilfe dieses Begriffs der Biofunktion können wir uns nun an die Entstehung von Gedanken mit einem Inhalt wagen.

Als Assimilationisten beginnen wir aus der Froschperspektive. Frösche ernähren sich von Insekten wie Fliegen oder Mücken. Fliegt ein Insekt vorüber und wird vom Froschauge entdeckt, schleudert der Frosch seine Zunge heraus, um es zu fangen. Das Froschauge repräsentiert das Insekt, und diese Repräsentation lässt ihn die Zunge in die Richtung des Insekts schleudern. Dieses System ist hoch spezialisiert, eher etwas, das mit dem Frosch geschieht, als etwas, das er tut. Sogar wenn der Frosch satt ist, wird er immer wieder vorüberfliegende Insekten zu fangen versuchen. Würde das Froschauge auf beliebige Gegenstände reagieren (auf Sternschnuppen, Krähen, Pollen oder

Spiegelungen im Wasser) und die Zunge in irgendeine Richtung schleudern, dann wären die Überlebens- und Reproduktionschancen dieses Tiers eher gering: Es verhungert. Die Spezialisierung und Überlebensnotwendigkeit dieses Vorgangs lassen vermuten, dass es sich dabei um eine evolutionäre Anpassung, eine Adaptation, handelt. Unter den vielen urtümlichen Froschvarianten pflanzten sich nur jene Frösche fort, die auf die richtigen Gegenstände reagierten und die Zunge in die richtige Richtung schleuderten. Die Anlage zur Ausprägung dieser Verhaltensweisen wurde generationenweise vererbt. Froschauge und Froschzunge sind also Produkte der Natürlichen Selektion, die sich gegenüber weniger glücklichen Varianten in einer bestimmten Umwelt durchgesetzt haben. Die Biofunktion des Froschauges wird also nicht durch uns festgelegt.

Nun können wir sagen, dass das Froschauge etwas repräsentiert, denn es hat die Biofunktion, Information über Insekten zu tragen, und dass diese Funktion sein Verhalten (das Zungenschleudern) lenkt. Was aber ist der Inhalt dieser Repräsentation? Tatsächlich *Insekten*? Es wäre nicht falsch zu sagen, der Inhalt ist, was immer es in der Umwelt der Frösche war, das dazu geführt hat, dass diese Froschvariante und nicht eine andere überlebt hat. Doch das ist eine unbefriedigende Antwort, denn damit bleibt der Inhalt der Repräsentation unterbestimmt. Versuchen wir es mit drei weiteren Antworten: Das Froschauge repräsentiert *Froschfutter* oder *Fliegen, Mücken und andere Insekten* oder *dunkle, vorüberfliegende Dinge*. Was ist richtig? »Froschfutter« erscheint zu allgemein, denn unser Frosch kann sich auch von anderen Dingen ernähren (von Schnecken auf dem Boden). Die Antwort »Fliegen und Mücken« ist zu spezialisiert, denn der Frosch teilt keine Arten ein. »Dunkle, vorüberfliegende Dinge« trifft die Sache schon besser. Wir könnten einen Frosch im Froschlabor auch mit dunklen Wattekügelchen beschießen, und er würde danach schnappen. Die Umwelt der Vorfahren des Frosches enthielt jedoch keine Wattekügelchen. Und wenn, dann hätten sie ihn nicht ernährt. Die Froschvorfahren benötigten aber Froschfutter, um zu überleben. Dennoch reichte es in der Umwelt der Froschvorfahren aus, nach dunklen, vorüberfliegenden Dingen zu spähen. Auf diesem Weg wurde häufig genug Froschfutter erwischt. Sowohl »Froschfutter« als auch »dunkle, vorüberfliegende Dinge« scheinen gute, für sich genommen aber ungenügende Antworten auf die Frage nach dem Inhalt der Repräsentation des Froschauges zu sein.

Versuchen wir die beiden Antworten zu kombinieren: Das Froschauge repräsentiert Froschfutter *via* dunkle, vorüberfliegende Dinge. Für diese kombinierte Antwort ist der Umstand wichtig, dass das Froschauge an das Zungenschleudern gekoppelt ist. Das Zungenschleudern dient ja der Nahrungsaufnahme, denn über die Zunge gelangt die Jagdbeute in Mund und Magen des Frosches. Das Froschauge allein repräsentiert nur dunkle, vorüberfliegende Dinge, im Verbund mit dem Zungenschleudermechanismus aber Froschfutter *via* dunkle, vorüberfliegende Dinge, denn Froschauge und Schleuderzunge bilden ein direkt gekoppeltes System. Das Froschauge repräsentiert eine schwirrende Mücke als »Froschfutter *via* dunkles, vorüberfliegendes Ding«. Fliegt da eine Mücke, liegt der Frosch richtig. Der nach vorbeischießenden Wattekügelchen schnappende Frosch liegt falsch. Es ist das erfolgreiche Verhalten der Vorfahren, das die Biofunktion des Froschauges festlegt, und damit den Inhalt der Repräsentation.

Dieses Froschbeispiel wird in der philosophischen Literatur benutzt und diskutiert, um die Grundidee der sogenannten *Teleosemantik* zu erläutern. Ihre Grundfrage lautet: Wie kommen Repräsentationen zu ihren Inhalten? Theorien über Inhalte (oder Bedeutungen) nennt man ›Semantiken‹. Eine Semantik, in der die natürliche Um-zu-Struktur (d.i. eine teleologische Struktur bzw. eine Biofunktion) eine entscheidende Rolle spielt, kann man ›Teleosemantik‹ nennen. Die Teleosemantik ist eine naturalistische Theorie (vgl. I.3), d.h., sie versucht mithilfe naturwissenschaftlicher Theorien (wie der Informations- und der Evolutionstheorie) zu erklären, wie Naturdinge zu Repräsentationen werden können. Die hier vorgestellte Theorie von Dretske ist eine Version der Teleosemantik. Der Stein repräsentiert als Naturding gar nichts, das Magnetosom und das Froschauge hingegen schon. Doch Frösche sind sicher keine großen Denker. Das Froschauge-plus-Zungensystem ist ein Repräsentationssystem, das mehr oder weniger autonom agiert. Es gleicht jenem der Grabwespe, die ihre Eier in ein kleines Erdloch legt, ein Insekt erbeutet, dieses vor dem Erdloch absetzt, das Loch untersucht, zurückkehrt und die Babynahrung hineinzerrt (vgl. I.1). Nicht die Tiere agieren, sondern eine Art Mechanismus agiert in ihnen. Was ihnen fehlt, ist eine gewisse Komplexität und Flexibilität der Verhaltensweisen. Diese werden erreicht, sobald Tiere *lernen*. In Dretskes Version der Teleosemantik spielt das Lernen eine tragende Rolle. Lernen kann man als eine (normalerweise) adaptive, durch Erfahrung herbeigeführte Verhaltensänderung betrachten. Gehen wir also einen Schritt weiter. Oder besser: sehr viele Schritte.

Das Auge von Vögeln und Säugetieren ist ein hochkomplexes und wunderbar adaptiertes Organ. Zu den Biofunktionen eines Auges gehört es, Formen, Farben, Kontraste, Entfernungen oder Bewegungen wahrzunehmen. So tragen bestimmte Rezeptoren beispielsweise Informationen über die Farbe eines Gegenstands, andere über Hell/dunkel-Kontraste. Die generelle Funktion des Auges ist das Sehen, das Auge ist da, um zu sehen. Diese Generalfunktion wird durch eine Vielzahl von Subfunktionen gewährleistet. Die Subfunktionen dienen der Generalfunktion, die Generalfunktion dient dem Lebewesen. Dass das Auge eines Vogels imstande ist, bestimmte Gestalten wahrzunehmen, ist das Resultat der Evolution. Wenn nun der Vogel lernt, gewisse Gestalten (z.B. Maden) von anderen Gestalten (z.B. Kernen) zu unterscheiden, dann erwirbt der Vogel eine Repräsentation dieser Gestalten, die sein weiteres Verhalten lenken können, besonders dann, wenn er diese Gestalten als Futter betrachtet.

Unser Vogel macht nun Jagd auf einen bestimmten Schmetterling, den Monarchen (*Danaus plexippus*). Die Raupe dieses Schmetterlings ernährt sich von Wolfsmilch, und infolgedessen ist der Schmetterling giftig. Sein Verzehr bringt den Vogel zum Erbrechen. Monarchen haben eine bestimmte Flügelzeichnung, deren Muster sich dem Vogel einprägt. Nach einer widerlichen Begegnung vermeidet er es, Schmetterlinge mit diesem Muster zu fressen. Kurzum, er hat etwas gelernt (ein Vermeidungsverhalten). Ein anderer Schmetterling, der Eisvogel (*Limenitis archippus*), hat eine dem Monarchen sehr ähnliche Flügelzeichnung, er ist jedoch nicht giftig. Die Flügelzeichnung hat der Eisvogel allem Anschein nach zum Schutz vor Räubern entwickelt. Nachdem unser Vogel gelernt hat, Monarchen zu meiden, erblickt er einen Eisvogel. Er durchschaut aber die Mimikry nicht, fliegt davon und lässt sich einen Happen entgehen. Der springende Punkt besteht nun darin, dass er angesichts eines *essbaren* Schmetterlings Reißaus nimmt. Es ist also nicht allein die visuelle Repräsentation dessen, was seine Augen momentan aufnehmen, die sein Verhalten lenkt, denn er sieht ja einen Eisvogel. Es ist vielmehr die Repräsentation des Monarchen, den er jetzt nicht sieht, aber zu sehen *glaubt*, die sein Verhalten lenkt. Der Vogel denkt, dass er einen schlecht schmeckenden Monarchen sieht, und aus diesem Grund nimmt er Reißaus. Dretske schreibt:

»Aber ist das Verhalten des Vogels wirklich absichtlich? Denkt der Vogel wirklich, dass der Schmetterling schlecht schmeckt, und meidet er ihn aus diesem Grund? [Wir] haben hier, wenn auch nicht einen Gedanken selbst, einen plausiblen Vorläufer von Gedanken – eine interne Repräsentation, deren Bedeutung oder Gehalt erklärt, warum sich das System, in dem sie auftritt, so und so verhält. Für mich klingt das ausreichend nach Gedanken, um nicht darum feilschen zu müssen, was noch fehlt.«

Der Vogel erwirbt eine mentale Repräsentation des Schmetterlings als nicht essbar, und diese Repräsentation lenkt sein Verhalten. Jetzt denkt er fälschlicherweise, dass er einen solchen Schmetterling vor sich sieht. Eine mentale Repräsentation ist für Dretske eine Struktur im Gehirn, die die angeborene oder erworbene Funktion hat, Informationen über etwas Anderes zu tragen und dadurch das Verhalten eines Tieres zu lenken. Etwas im Vogel hat die Funktion erworben, Monarchen zu repräsentieren. Diese Funktion ist nicht das Resultat planerischen Designs oder der Natürlichen Selektion (zumindest nicht direkt), sondern eines Lernprozesses. Biofunktionen entstehen zwar durch gattungsgeschichtliche Selektionsprozesse, eine Abart davon kann jedoch durch individualgeschichtliche Lernprozesse erworben werden. Denn Lernen ist eine (normalerweise) adaptive Verhaltensänderung gegenüber alternativen Verhaltensweisen, die nicht adaptiv sind. Durch Versuch und Irrtum beispielsweise werden unpassende Verhaltensweisen gelöscht, passende verstärkt und durch die Verstärkung erhalten. Nun können wir sagen, dass der Inhalt des Gedankens des Vogels darin besteht, Schmetterlinge mit einem bestimmten Muster als übelschmeckend zu repräsentieren. Aufgrund dieser Repräsentation kann er sein Verhalten lenken. Der Vogel hat diese Repräsentation (des übelschmeckenden Schmetterlings dieses Aussehens) durch einen Lernprozess erworben, der Lernprozess verleiht der Repräsentation die Biofunktion. Was der Vogel denkt, lenkt sein Verhalten. Es sieht so aus, als hätten wir Gedanken ohne Sprache gefunden – Gedanken aus der Vogelperspektive.

Argos gefällt die teleosemantische Theorie. Er kann nun, ohne ein weiteres Wort zu verlieren, fälschlicherweise denken, dass die Katze auf dem Baum sitzt oder dass Odysseus zurückgekehrt ist. Darüber hinaus behebt die Teleosemantik einige Fragwürdigkeiten der Theorie der Mentalsprache (vgl. III.3). Denn sie erklärt, wie Strukturen (nicht sprachliche Symbole) zu ihren Bedeutungen kommen, und sie geht nicht davon aus, dass Gedanken wie sprachliche Gebilde strukturiert sein müssen. Im Programm der Tierphilosophie (vgl. I.3) wurden die Thesen festgehalten, dass diese assimilationistisch und naturalistisch verfahre, dass Tiere Gedanken haben und dass der Mensch schon als Tier Gedanken habe. Die hier vorgestellte Version der Teleosemantik ist eine Ausführung dieser Thesen. Sie versucht auch Gedanken von Menschen als derartige Repräsentationen zu beschreiben. Es ist aber leicht zu sehen, dass die Teleosemantik, wie sie jetzt steht, von begrenzter Reichweite ist. Auch wenn der Vogel und Argos einen Gedanken haben, viel denken tun sie noch nicht. Der Ansatz kann trotz seiner beschränkten Reichweite ausgebaut werden. Skizzieren wir einen Ausbau der Theorie anhand von vier Bereichen. Zuerst werden zwei Desiderata aufgenommen, die sich aus der Diskussion um Davidsons Ansatz ergeben haben: *Begriffe* und *Objektivität*. Ausführlicher sollen drei Themen angesprochen werden, die bei unserem Vogel noch nicht in den Blick gekommen sind, aber für den assimilationistischen Ansatz eine Rolle spielen, nämlich *Bedürfnisse und Wünsche* sowie *entkoppelte Repräsentationen*. Schließlich wollen wir den assimilationistischen Ansatz um den Begriff des »Wissens« erweitern. Im Anschluss daran werden anhand zweier Versuche mit Hähern etwas gedankenschwerere Vögel diesen Abschnitt schließen.

Begriffe – Bei Davidson haben wir gesehen, dass Begriffe eine wichtige Rolle spielen. Ohne Begriffe kein Denken. Sollen wir sagen, dass der Vogel einen Begriff eines Schmetterlings hat? Oder von etwas Essbarem? Über einen Begriff verfügen heißt zunächst, Unterscheidungen erwerben und treffen zu können. Bisweilen wird dagegen eingewendet, dass auch Magnete Eisen von Nicht-Eisen, Lichtschranken Helligkeit von Nicht-Helligkeit oder Zecken Temperaturen unterscheiden können. Ein dummer Einwand, denn der Magnet, die Lichtschranke und die Zecke haben diese Fähigkeit nicht erlernt. Trotzdem wird das Kriterium als zu schwach empfunden. Zum Haben eines Begriffs gehört nicht allein die Unterscheidungsfähigkeit. So hat etwa der deutsche Philosoph Hans-Johann Glock folgenden Vorschlag gemacht: Das Verhalten eines Lebewesens, das über einen Begriff verfügt, muss absichtlich und regelgeleitet sein. Ein Verhalten ist absichtlich, wenn es auch unterlassen werden kann, und es ist regelgeleitet, wenn es einer Regel folgt und sich nicht einfach voraussagbar verhält. Der amerikanische Philosoph Colin Allen hat über die Unterscheidungsfähigkeit hinaus zwei weitere Kriterien vorgeschlagen. Nicht nur sollte ein Tier systematisch einige X von einigen Nicht-X unterscheiden können, es sollte auch fähig sein, einige seiner eigenen Fehlunterscheidungen festzustellen und ausgehend davon zu lernen, besser zwischen X und Nicht-X zu unterscheiden.

Objektivität – Der Teleosemantik fehlt ein weiteres Moment, das Davidson für zentral hält: Objektivität. Was heißt es für ein Lebewesen, etwas in seiner Umwelt zu repräsentieren? Ab wann reagiert es nicht einfach auf sensorische Reize auf seiner Körperoberfläche, sondern verhält sich zu Dingen und Ereignissen in seiner Umwelt? Davidson ist der Ansicht, dass wir diesen Begriff einer objektiven Welt nur haben können, indem wir uns als

Kommunikationspartner auf eine gemeinsame Welt beziehen. Erst im Dreieck von Sprecher, Interpret und Objekt entsteht so etwas wie eine gemeinsame Welt. Nur wenn sich Sprecher und Interpret gemeinsam auf ein Objekt beziehen, handeln ihre Gedanken von bestimmten Dingen in der Umwelt und nicht nur von Sinnesreizungen.

Muss dieses Dreieck *inter*subjektiv sein, kann man sich dieses Dreieck nicht auch *intra*subjektiv vorstellen? Argos hat zwei Ohren. Damit kann er die Richtung, aus der Odysseus' Stimme kommt, lokalisieren. Wir haben hier ein intrasubjektives Dreieck von zwei Sinnesorganen und einem Objekt. Argos kann Odysseus zugleich sehen und hören. Hier haben wir ein intrasubjektives Dreieck von zwei Sinnesmodalitäten und einem Objekt. Doch vielleicht reagiert Argos einfach auf Vibrationen des Trommelfells oder Reizungen der Retina und nur indirekt auf Odysseus. Wenn er ihn aufgrund dieser Wahrnehmungen wiedererkennt, auf ihn zugeht und beispielsweise Freude bekundet, dann reagiert er offensichtlich auf Odysseus, seinen Herrn, nicht auf Sinnesreizungen.

Erinnern wir uns an die Bestimmung des Inhalts des Froschauge-plus-Zungensystems: Froschfutter *via* dunkle, vorüberfliegende Dinge. Hier ist der Inhalt: Herrchen *via* akustische und visuelle Wahrnehmungen. Wir können auch hier die Anforderungen an Lebewesen mit Gedanken etwas erhöhen: Ein Gedanke (eine mentale Repräsentation) liegt nur vor, wenn ein Lebewesen Dinge oder Ereignisse in der Umwelt sozusagen über mehrere Sinneskanäle verfolgen kann. Der Hund kann nicht direkt wahrnehmen, dass sein Herrchen da ist, denn Herrchensein ist keine direkt wahrnehmbare Eigenschaft. Aber Argos kann via Sehen, Hören und Riechen *feststellen*, dass sein Herrchen zurück ist. Oder das Erdhörnchen kann die durch eine Klapperschlange drohende Gefahr mittels mehrerer Sinneskanäle verfolgen, sogar durch verschiedene Verhaltensweisen testen und flexibel darauf reagieren.

Bedürfnisse und Wünsche – Der eigentliche Witz der vorgestellten Version der Teleosemantik besteht darin, dass sie Verhalten durch innere Zustände erklärt. Alltagspsychologische Erklärungen gehen aber im Minimum davon aus, dass jemand X tut, weil er das *Bedürfnis* oder den *Wunsch* hat, X zu tun. So trinkt Odysseus Milch, weil er Durst hat und Milch trinken will. Freilich muss Odysseus auch denken, dass das, was er trinkt, Milch ist. Der Wunsch allein wäre blind, er muss informiert werden. Der Gedanke allein wäre lahm, er muss motiviert werden. Erst beide zusammen lösen ein Verhalten aus. Zu einer Auslösung (und davon abhängig zu einer Erklärung) von Verhalten gehören also sowohl Gedanken (genauer: Überzeugungen, vgl. IV.1) als auch Triebe, Bedürfnisse oder Wünsche. Wir brauchen deswegen zumindest eine Theorieskizze der motivierenden Zustände.

Hier ist sie, wiederum ausgehend von Beispielen: Sieht ein Vogel eine Made, wird er nicht nach ihr picken, wenn er keinen Hunger hat. Odysseus' Erkenntnis, dass dort Ithaka liegt, erklärt noch nicht seine Landung auf der Insel, er muss dort auch landen wollen, er muss den Wunsch haben, auf Ithaka zu landen. Allgemein kann man sagen, dass Verhalten Veränderungen hervorbringt. Frisst der Vogel, verschwindet sein Hunger (aber auch die Made). Fährt Odysseus nach Ithaka, verändert er seinen Aufenthaltsort (auch seinen Gefühlszustand). Zustände, die die Funktion haben, veränderndes Verhalten hervorzubringen, kann man »motivierende Zustände« nennen. Allerdings gibt es unterschiedliche motivierende Zustände. Wir können grob unterscheiden zwischen Veränderungen, die sich in erster Linie auf Körperzustände eines Lebewesens beziehen, und Veränderungen, die sich in erster Linie auf seine Umwelt beziehen. Ein Beispiel für zu verändernde Körperzustände sind Hunger oder Durst. Nennen wir die Antriebe für Verhalten, das auf die Veränderung von Körperzuständen zielt, »Bedürfnisse«. Zu verändernde Zustände sind bedürftige Zustände. Beispiele für eine Veränderung in der Umwelt sind die Idee, ein Nest für die kommende Nacht zu bauen (was Orang-Utans tun) oder die Idee, nach Ithaka zu kommen (was Odysseus tut). Natürlich verändert Odysseus auch die Lage seines Körpers und dessen Zustände, wenn er auf Ithaka landet, aber es ist nicht sein Ziel, Zustände in seinem Körper zu ändern (es sei denn, er möchte einfach nach Ithaka kommen, um durch die damit verbundenen Mühen Hunger zu kriegen). Nennen wir die Antriebe für Verhalten, das auf Veränderungen in der Umwelt zielt, »Wünsche«. Die Zustände, die ein Wünschender hat, wenn er etwas wünscht, sind Wünsche, die herbeizuführenden Zustände in der Umwelt jedoch können wir »Wunschzustände« nennen.

Es gibt also mindestens zwei Arten motivierender Zustände: Bedürfnisse und Wünsche. Bei simplen Lebewesen wie Fröschen sind informierende und motivierende Zustände nicht getrennt. Die Information »Froschfutter« ist sozusagen immer auch das Motiv zuzuschnappen, sie lautet eigentlich: »Froschfutter!« Jede Information ist ein Befehl. Unter anderem deshalb sprechen wir bei der Futterrepräsentation des Froschs nicht von einem Gedanken. Gedanken treten bei einem Lebewesen also erst auf, wenn es unabhängige, motivierende Zustände ausbildet. Die Verhaltenssteuerung unseres Vogels erfolgt durch das Zusammenspiel von informierenden und motivierenden Zuständen, genauer: bedürftigen Zuständen. Ein Gedanke, so sagten wir, hat die Funktion, bestimmte Umweltbedingungen anzuzeigen. Des Vogels Gedanke, dass vor ihm etwas Essbares sitzt (eine Made), ist wahr, wenn dort tatsächlich etwas Essbares sitzt, und falsch, wenn nicht (ein Wachsstück, das wie eine Made aussieht). Wenn der

Gedanke wahr ist, wird er das Bedürfnis des Vogels (Hunger!) erfolgreich befriedigen helfen, sonst nicht. Deshalb kommen dem Vogel wahre Repräsentationen natürlich zupass. Vögel mit allzu häufigen Fehlrepräsentationen bringen es nicht weit im Leben. Wenn der Vogel also Hunger hat und fressen möchte, so motiviert ihn ein bedürftiger Zustand. Wir brauchen jedoch nicht zu sagen, dass der Vogel etwas in der Umwelt verändern möchte. Er möchte nicht die Made aus der Welt schaffen, sondern seinen Hunger befriedigen. Er wünscht sich nichts, er ist bedürftig.

Wie kann man hingegen Wünsche verstehen? Nun, in Analogie zu Gedanken. Während Gedanken Repräsentationen sind, die die Funktion haben, bestimmte Umweltbedingungen *anzuzeigen*, sind Wünsche Repräsentationen, die die Funktion haben, bestimmte Umweltbedingungen (den Wunschzustand) *herbeizuführen*. Liegt eine bestimmte Umweltbedingung vor, ist der Gedanke wahr, andernfalls falsch. Wie kann die Umweltbedingung aber zu einer Wahrheitsbedingung für die Repräsentation eines Lebewesens werden? Man kann Wahrheitsbedingungen einfach als Erfolgsbedingungen für ein bestimmtes Verhalten verstehen. Die Wahrheitsbedingung für einen Gedanken ist jene Umweltbedingung, die garantiert, dass das durch den Gedanken veranlasste Verhalten Erfolg in der Erfüllung des Wunsches haben wird, der zusammen mit dem Gedanken zum entsprechenden Verhalten geführt hat. Allgemein gesprochen: Gedanken und Wünsche müssen zusammenspielen, wenn sie das Verhalten eines Lebewesens lenken sollen. Wenn Odysseus denkt, dass vor ihm Ithaka liegt, wird er den Strand ansteuern und landen. Hat er Ithaka tatsächlich erreicht, so ist sein Wunsch erfüllt. Er hat nämlich in seiner Umwelt eine für ihn wichtige Veränderung herbeigeführt: Er ist auf Ithaka. Bei Argos sind motivierende und informierende Zustände getrennt: Hat Argos genug gefressen, lässt er das Essen stehen. Aber hat Argos Wünsche? Argos' Gedanke, dass dort eine

Katze rennt, wird ihn nicht dazu bringen, die Katze zu jagen, es braucht noch eine Art Impuls, dies zu tun. Er möchte die Katze jagen, d.h., er möchte einen Zustand in der Welt ändern, nämlich denjenigen der Katze. So gesehen hat Argos Wünsche.

Entkoppelte Repräsentationen – Zum Glück führt nicht jeder Gedanke unmittelbar zur Tat. Gedanken zeichnen sich auch dadurch aus, dass sie eine gewisse Distanz zu Handlungen und Dingen erlauben. Wir können eine weitere Anforderung an Repräsentationen *alias* Gedanken stellen: Sie müssen entkoppelt sein, und zwar entkoppelt in einem doppelten Sinne: Sie müssen entkoppelt sowohl von unmittelbar auf die Bildung oder Aktualisierung der Repräsentation erfolgendem Verhalten als auch von der Anwesenheit des repräsentierten Objekts in der unmittelbaren Umgebung sein. Diese Anforderung sollten wir aber nicht als definierend, sondern als verfeinernd verstehen. Lebewesen, die entkoppelte Repräsentationen bilden, können sich flexibler verhalten, sich neue Verhaltensweisen aneignen und zusätzliche Verhaltensbereiche erschließen. Eine entkoppelte Repräsentation führt nicht unmittelbar zu einem Verhalten. Die Entkoppelung führt dazu, dass zwischen Input und Output gleichsam ein Aufschub eintritt. Durch diesen Aufschub wird die Repräsentation für andere Outputs (Verhaltensweisen) verfügbar und sie kann mit anderen Inputs (repräsentierten Objekten) oder sogar mit anderen Repräsentationen verbunden werden. Durch die Entkoppelung werden Repräsentationen für zusätzliche Funktionen verfügbar. Dadurch werden sie allgemeiner, können potenziell auf eine größere Bandbreite von Verhaltensweisen Einfluss nehmen, mit einer größeren Bandbreite von Objekten oder sogar mit anderen Repräsentationen verknüpft werden.

Die Entkoppelung ist insbesondere für das Zweck-Mittel-Denken wichtig. Stellen wir uns ein Eichhörnchen vor, das im

Winter ein unter einem Verandadach hängendes Vogelhäuschen sieht. Aus irgendwelchen Gründen weiß es, dass solche Häuschen Futter enthalten. Es rennt auf dem Verandageländer hin und her und betrachtet das Futterhäuschen von allen Seiten. Der erste Weg über die Dachrinne schlägt fehl. Was tun? Das Eichhörnchen springt zum Abdeckgitter der Verandatür, springt von dort weiter in Richtung des Vogelhäuschens und verfehlt es. Der erneute Versuch jedoch klappt. In diesem Beispiel wurde die Repräsentation des Ziels von einem bestimmten Verhalten abgelöst. So können Tiere auf anspruchsvolle Weise durch Versuch und Irrtum Mittel zur Erreichung von Zielen erlernen.

Die Ratten aus Abschnitt III.2 bieten ein weiteres Beispiel für entkoppelte Repräsentation. Zur Erinnerung: Ratten, die Hunger aber keinen Durst haben, lernen, durch das Drücken eines Hebels Futter und durch das Ziehen einer Kette Zuckerlösung zu bekommen. In der Lernsituation hat die Zuckerlösung den Hunger gestillt und nicht den Durst gelöscht. Die Ratten haben also gleichsam nebenbei gelernt, wie sie ihren Durst löschen könnten. Bietet man dann den durstigen Ratten die Wahl zwischen Hebel und Kette, ziehen sie unverzüglich an der Kette. Die Repräsentation, dass das Ziehen an der Kette die Zuckerlösung verfügbar macht, hat in der Lernsituation dazu geführt, dass die Ratte ihren Hunger stillt, in der Wiederholung führt es dazu, dass der Durst gelöscht wird. Hier wird man vielleicht entgegnen wollen, dass es sich zwei Mal um dasselbe Verhalten handelt, nämlich um ein Ziehen an der Kette. Erinnern wir uns aber daran, dass Verhalten durch seine Funktion individuiert wird (vgl. II.2). In der Lernsituation bestand die Funktion im Stillen des Hungers, in der Wiederholung jedoch im Löschen des Dursts, und das sind sicher zwei verschiedene Dinge. Es ist der bedürftige Zustand (Hunger!), der die Funktion des Verhaltens bestimmt. Auf analoge Weise hatten wir im Falle des Froschs das

Zungenschleudern benutzt, um den »Inhalt« der Repräsentation des Froschauges bestimmen zu können: Die Froschzunge führte den Vorfahren des Frosches Nahrung zu, nicht kleine schwarze Punkte, andernfalls wäre der Frosch heute nicht da (vgl. IV.2).

Entkoppelte Repräsentationen sind natürlich wichtig im Hinblick auf Wünsche. Die Herbeiführung eines gewünschten Zustandes kann auf vielerlei Wegen und durch mannigfaltige Mittel erfolgen. Wer Wünsche hat, aber keine entkoppelten Repräsentationen, wird stets dieselben Mittel der Erfüllung wählen. Wer zwar entkoppelte Repräsentationen bilden, aber keine Wünsche hegen kann, wird einen beschränkten Anwendungsbereich für diese multifunktionalen Repräsentationen vorfinden, nämlich lediglich (körperliche) Bedürfnisse. Schließlich kann eine Repräsentation auch in diesem Sinne entkoppelt sein, dass sie in Verbindung mit unterschiedlichen Wünschen unterschiedliches Verhalten erzeugt. Widerspricht nun aber die Idee von entkoppelten Repräsentationen nicht unserer Theorie, der zufolge Repräsentationen Zustände mit der Funktion sind, Informationen zu tragen und – in Zusammenarbeit mit motivierenden Zuständen – Verhalten zu steuern? Denn entkoppelte Repräsentationen sind multifunktional und *per definitionem* nicht direkt an Verhalten gebunden. Hier besteht kein Widerspruch. Ein und dasselbe Ding kann unterschiedliche Funktionen erfüllen. So schützen Kleider nicht nur vor Kälte, sondern auch vor der Sonneneinstrahlung, sie verdecken nicht nur Körperregionen, sondern zeigen auch Stoff und Muster her. Die Flossen von Meeresschildkröten werden nicht nur zum Schwimmen benutzt, sondern auch zum Graben von Löchern zur Eierablage. Multifunktionalität ist kein Problem. Aber, so könnte man weiter einwenden, die Funktion soll doch auch den Inhalt der Repräsentation bestimmen; sobald mehrere Funktionen vorhanden sind, wird der Inhalt unbestimmt. Auch dieser Einwand ist nicht gravierend.

Entkoppelte Repräsentationen werden nicht als entkoppelte erworben, sondern als Zustände mit der Funktion, bestimmte Informationen zu tragen und bestimmtes Verhalten zu steuern. Sobald diese Repräsentationen in neue funktionale Kontexte eintreten (in Form der Verbindung mit einem anderen Verhalten oder mit anderen Repräsentationen), legen diese funktionalen Kontexte den Gehalt mit fest.

Häher – So viel zum Ausbau der teleosemantischen Theorie. Wir haben gesagt, dass der Vogel, der Schmetterlinge bestimmten Aussehens zu meiden lernt, eine Repräsentation bildet, die man als einen Gedanken ansprechen darf. Vielleicht hat dieses Bild noch nicht überzeugt. Ist diese Repräsentation nicht zu sehr an ein Verhalten gekoppelt, nicht zu sehr von Bedürfnissen geleitet, nicht zu stark auf sensorische Reize bezogen? Ein Vogel, der entkoppelte Repräsentationen bildet, Wünsche hegt, und nicht-sensorische Informationen einbezieht, um sein Verhalten zu lenken, wäre doch ein überzeugenderer Kandidat für Denken. Solche Vögel gibt es: Häher. Häher sammeln und verstecken Futter an zahlreichen Stellen, die sie Monate später mit großer Sicherheit wiederfinden. Diesen Umstand hat sich eine Cambridger Forschergruppe zunutze gemacht, um eine Reihe von Versuchen mit Buschhähern durchzuführen. Bei wild lebenden Hähern lässt sich beobachten, dass sie eher Pflanzensamen (wie etwa Nüsse) als Tiere (wie etwa Würmer) verstecken und vergrabene Tiere früher suchen und verzehren als vergrabene Samen. Erinnnern sich Häher also nicht nur daran, *wo* sie etwas versteckt haben, sondern auch *was* (Nüsse oder Würmer) und *wann*? Die Frage nach dem Wann ergibt sich aus dem Umstand, dass die Häher vergrabene Würmer scheinbar früher wieder ausgraben und fressen als Nüsse. Repräsentieren Häher also Ort, Art und Zeitpunkt?

Die Resultate der Versuche, die sich dieser Frage angenommen haben, sind positiv. Sehen wir uns den Versuch – stark vereinfacht dargestellt – an. Eine Gruppe von Hähern, die im Labor aufgezogen wurden, lernen, dass Würmer im Unterschied zu Nüssen nach einer bestimmten Zeit ungenießbar werden, wie Lebensmittel haben sie ein Verfallsdatum. Einer zweiten Gruppe wird dieser Lernprozess vorenthalten. Der Witz der Auswahl dieser beiden Nahrungsmittel besteht darin, dass Häher eine natürliche Vorliebe für Würmer haben. Nun lässt man beide Gruppen sowohl Nüsse als auch Würmer an zwei verschiedenen Orten verstecken (links bzw. rechts in einem mit Sand gefüllten Gefäß). Kehren die Häher nach *kurzer* Zeit (vier Stunden nach dem Verstecken) zu ihren Futterverstecken zurück, so graben sie zuerst die Würmer aus, für die sie ja eine natürliche Vorliebe haben. Spannend wird es, wenn den Hähern erst nach *längerer* Zeit (124 Stunden später) wieder Zugang zu ihren Verstecken gewährt wird. Für diesen Versuch werden die Nüsse und Würmer heimlich aus den Verstecken entfernt, damit sich die Häher weder auf ihren Gesichts- noch auf ihren Geruchssinn, sondern nur auf ihre Erinnerung (Repräsentation) verlassen können. Die Häher der zweiten Gruppe graben nach Würmern und stellen fest: ungenießbar. Die Häher der ersten Gruppe aber ignorieren ihre natürliche Präferenz für Würmer von Anfang an und graben gleich die Nüsse aus. Diese Häher haben den anderen natürlich etwas voraus: Sie haben gelernt, dass Würmer ungenießbar werden. Das Resultat lautet, dass die Häher (der ersten Gruppe) repräsentieren, *was* sie versteckt haben (nämlich Würmer oder Nüsse), *wo* sie es versteckt haben (nämlich links oder rechts im Gefäß) und *wann* sie es versteckt haben (nämlich vor vier Stunden oder vor 124 Stunden).

Vor dem Hintergrund unserer Theorie mentaler Repräsentationen können wir sagen: Die Häher haben aufgrund eines Lernprozesses eine Repräsentation gebildet, die die Funktion hat anzuzeigen, dass Würmer nach Ablauf einer bestimmten Zeit ungenießbar werden. Nennen wir diese Repräsentation »R«. Die Häher denken, dass Würmer ungenießbar werden. R spielt aber für das Verhalten der Häher nach Ablauf des *kurzen* Zeitraums keine Rolle, denn sie suchen zuerst ebenso wie ihre unwissenden Artgenossen nach den Würmern. Dies bedeutet, dass R von einem direkten Verhalten entkoppelt ist. R ist eine entkoppelte Repräsentation. Das Verhalten der Häher (der ersten Gruppe) nach Ablauf des größeren Zeitraums lässt sich wie folgt deuten: Sie haben Repräsentationen gebildet, die die Funktion haben, sowohl die Art des Futters (Was) als auch den Ort (Wo) und den Zeitpunkt (Wann) der Futterlagerung anzuzeigen. Nennen wir diese Repräsentation »3WR«. Die Häher denken nun, dass *diese* Würmer ungenießbar *geworden sind*. Der Unterschied zu den unwissenden Artgenossen zeigt, dass 3WR ohne R offenbar nicht zustande gekommen wäre. Das bedeutet, dass R einen Einfluss auf die Bildung von 3WR genommen haben muss. Auch dies weist R als eine entkoppelte Repräsentation aus. Denn offenbar lenkt R nicht nur das Verhalten, sondern trägt auch zur Bildung anderer Repräsentationen bei. Darüber hinaus kann das Verhalten der Häher nicht allein durch sinnliche Reize erklärt werden, denn die Würmer und Nüsse wurden ja entfernt. Ihr Verhalten wird also zu einem entscheidenden Teil durch Repräsentationen gelenkt. In diesem Versuch haben die Häher aber lediglich ein Bedürfnis befriedigt (Hunger!), keinen Wunsch erfüllt, d.h., es ging ihnen nicht darum, einen Zustand in der Welt zu verändern.

Wir wollten aber ein Tier, das entkoppelte Repräsentationen bildet, nicht-sensorische Informationen einbezieht *und* Wünsche hegt. Ein zweiter Versuch – wiederum stark vereinfacht dargestellt – hilft weiter. Man lasse die Häher einer ersten Gruppe Futterverstecke von Artgenossen plündern, die sie zuvor durch eine Glasscheibe hindurch beim Verstecken beobachtet haben. Hähern einer zweiten Gruppe sind solche Plündergelegenheiten verwehrt geblieben. Nun verstecken die Häher beider Gruppen große Mengen an Futter, werden dabei aber von einem für sie sichtbaren Artgenossen durch das Glas beobachtet. Was tun die Häher, wenn sie zu ihren Verstecken zurückkehren und dabei nicht (zumindest nicht für sie erkennbar) beobachtet werden? Häher der zweiten Gruppe fressen etwas von ihrem großen Vorrat. Häher der ersten Gruppe hingegen verstecken den Vorrat neu. Der Unterschied im Verhalten rührt offenbar von der Erfahrung her, geplündert zu haben.

Der Versuch hat viele interessante Facetten. Offenbar merken sich Häher, wer sie wann beobachtet hat, und können, mit der richtigen Lerngeschichte im Hintergrund, auch Konsequenzen daraus ziehen. In unserem Zusammenhang ist aber von Interesse, dass die Häher der zweiten Gruppe einen Zustand in der Welt ändern: Sie verstecken ihr Futter neu. Wir können dieses Verhalten wie folgt erklären: Der Häher repräsentiert, dass er beim Futterverstecken von einem Artgenossen beobachtet wird, er weiß, dass dieser danach geplündert hat, er folgert, dass auch der Beobachter ein Plünderer und das Futter sein Beuteobjekt sein wird. Wie kann der Häher dieser unliebsamen Konsequenz entgehen? Er verändert etwas am Beobachter oder am Futterversteck. An den Beobachter kommt der Häher nicht heran, also versteckt er das Futter neu. Wir können sein tatsächliches Verhalten somit als Ausdruck des Wunsches verstehen, das Futter zu behalten. Häher bilden entkoppelte Repräsentationen, hegen Wünsche und sind nicht der sinnlichen Präsenz verhaftet. Alltagspsychologische Beschreibungen und Erklärungen dessen, was diese Häher tun, sind nicht nur *prima facie* berechtigt (vgl. II.1), sondern halten auch genauerer Prüfung stand. Darüber hinaus verfügen Häher über ein höchst leistungsfähiges kognitives Vermögen, das ihnen zuverlässig Informationen über ihre Futterverstecke zur Verfügung stellt: das Gedächtnis. Die Erinnerung ist eine Quelle von Wissen, ein gutes Erinnerungsvermögen eine verlässliche Quelle von Wissen. Und in diesem Sinne *wissen* Häher, wo und wann sie was versteckt haben. Die Häher verknüpfen also ihre informierenden und motivierenden Zustände, um ihr Verhalten zu lenken. Sie wissen und denken. Zum Denken gehört das logische Verbinden von Gedanken. Wir haben bereits an Beispielen gesehen, dass man Tieren wie Affen, Ratten oder Wachteln Fähigkeiten zur Verknüpfung von Gedanken zuschreiben kann, die nicht ohne Weiteres unter eine assoziationistische Erklärung fallen (vgl. III.2). Bei diesen Hähern haben wir es im Vergleich zu erwachsenen Menschen mit bescheidenen, doch beachtlichen Denkern zu tun. Auch ein bescheidener Denker ist ein Denker.[14]

3. Haben Tiere Bewusstsein?

Wir haben bislang über Gedanken und Wünsche gesprochen, nicht aber über das bewusste Erleben (das Bewusstsein) von Tieren. Vermutlich hat sich beim Lesen immer wieder die Frage aufgedrängt, wie sich für ein Tier bestimmte Dinge anfühlen. Wie ist es für Argos, eine Katze zu riechen? Wie schmeckt der giftige Schmetterling für den Vogel, Aas für eine Hyäne? Ethologen trennen die Frage nach der Tierkognition häufig von der Frage nach dem bewussten Erleben. Das hat seinen Grund darin, dass man nicht weiß, wie man das Vorhandensein von bewusstem Erleben bei sprachlosen Lebewesen nachweisen soll. Wie wir gesehen haben, verfügen Häher über eine Erinnerung an das Was, Wann und Wo ihrer eigenen Tätigkeiten. Solche Erinnerungen werden als »episodisches Gedächtnis« bezeichnet. Zur Definition dieses Begriffs gehört jedoch auch Bewusstsein, und zwar eine besondere Form des Bewusstseins, denn das erinnerte Bewusstsein eigener Erlebnisepisoden unterscheidet sich ja im Normalfall vom Traum- oder Wahrnehmungsbewusstsein. Diese Form des Bewusstseins wird »autonoetisches Bewusstsein« genannt. Wie steht es damit bei den Hähern? Mit verhaltensspezifischen Tests kann zwar eruiert werden, ob sich die Häher an das Was, Wo und Wann erinnern, nicht aber, ob sie ein Bewusstsein haben. Deshalb schreiben Clayton et al. über die Erinnerung der Häher:

»Die große Lücke besteht darin, dass es keine Belege dafür gibt, dass die Vögel autonoetisches Bewusstein zum Aufruf ihrer Erlebnisse in der Vergangenheit verwenden. Dies ist bei Tieren wahrscheinlich nicht testbar, denn dieser Zustand äußert sich nicht in offenkundiger Weise im nichtsprachlichen Verhalten. Dieser Zug macht das ›episodische‹ Gedächtnis momentan zu einer einzigartig menschlichen Erscheinung, und das wird wahrscheinlich immer so bleiben.«

Gibt es tatsächlich keine nicht-sprachliche Manifestation subjektiver Erlebnisse? Existiert keine ausgearbeitete Theorie des Bewusstseins, die es uns ermöglichen würde, den Hähern aufgrund der von ihnen an den Tag gelegten kognitiven Leistungen Bewusstsein zuzuschreiben? Aber welche Art von Bewusstsein? Der Begriff des Bewusstseins gehört zu den schwierigsten und umstrittensten in der zeitgenössischen Psychologie und Philosophie.

In einem berühmt gewordenen Artikel hat sich der amerikanische Philosoph Thomas Nagel die Frage gestellt, ob wir wissen können, wie es ist, eine Fledermaus zu sein. Er hat diese Frage verneint. Sein Argument ist simpel: Wenn ich kein fledermausartiges Wesen bin, dann verfüge ich nicht über die Perspektive einer Fledermaus. Wenn ich nicht über die Perspektive einer Fledermaus verfüge, dann kann ich nicht wissen, wie es ist, eine Fledermaus zu sein. Selbst Batman erlebt das Fledermaussein nur als Mensch. Nagel hat das Beispiel der Fledermaus gewählt, weil er Donald Griffins Forschungen dazu kennengelernt hat (vgl. II.4) und weil die Fledermaus mit ihrem außergewöhnlichen Wahrnehmungssystem uns sehr fremd erscheinen muss. Er hätte aber auch den Delfin oder den Maulwurf nehmen können. Der springende Punkt besteht darin festzuhalten, was unter »Bewusstsein« zu verstehen ist. Bewusste Erlebnisse sind Erlebnisse aus einer subjektiven Perspektive. Nagels Formel dafür lautet, dass ein Lebewesen nur dann bewusste Zustände hat, *wenn es sich für dieses Lebewesen irgendwie anfühlt,* in seiner Haut zu stecken. Nagel glaubt jedoch darüber hinaus, dass die subjektive Perspektive für Bewusstsein charakteristisch ist. Die Moral von der Geschichte lautet, dass man nur aus einer subjektiven Perspektive (der Perspektive der Ersten Person) des jeweiligen Lebewesens heraus wissen kann, wie es ist, dieses Lebewesen zu sein. Aus einer objektiven Perspektive (der Perspektive der Dritten Person) ist dies nicht möglich. Die Naturwissenschaft nimmt eine objektive Perspektive auf das Bewusstsein ein. Da dieses aber wesentlich subjektiver Natur ist, muss sie das Bewusstsein notwendigerweise verfehlen. Nun wird auch deutlich, warum es von außen schwierig ist, etwas über das Bewusstsein der Häher in Erfahrung zu bringen.

Wir haben bereits gesehen, dass man *intentionale* geistige Zustände (Gedanken, Wünsche oder Wissen) von *qualitativen* geistigen Zuständen (Nervosität, Hochstimmung oder Schmerz) unterscheiden kann (vgl. I.2). Nagel definiert Letztere mit seiner Formel des »Anfühlens«, denn qualitative (manche sagen: »phänomenale«) Zustände fühlen sich irgendwie an. Man kann sich dasjenige, was mit dem qualitativen Bewusstsein gemeint ist, verdeutlichen, wenn man an neuartige, sinnliche Erlebisse denkt. Wer noch nie ein Alphorn gehört hat, kann beim ersten Hören denken: »*So* klingt also ein Alphorn!« Wer noch nie den Schmerz einer Verbrennung gespürt hat, kann bei der ersten Verbrennung seufzen: »*So* fühlt sich also Verbrennungsschmerz an!« Und wer noch nie einen Orgasmus gehabt hat, kann zu sich sagen: »*So* fühlt sich das also an!« Das Wörtchen »so« ist der erste, etwas hilflose Versuch, dem qualitativen Bewusstsein sprachlich Ausdruck zu geben.

Wie ist das nun, wenn Argos ein Alphorn hört, sich verbrennt oder kopuliert: Fühlt sich das für ihn irgendwie an? Manche geistigen Zustände fühlen sich jedoch gar nicht nach etwas an. Wissen fühlt sich nicht *so* an, auch Meinungen nicht. Solche Zustände sind uns in einem anderen, nicht-qualitativen Sinne bewusst. Sie sind für unser Denken und Handeln *verfügbar*. Wenn ich bewusst denke, dass Argos der Hund des Odysseus ist, kann ich verschiedene Dinge tun: Ich kann das jemandem erzählen, ich kann darüber ins Grübeln geraten oder ich kann nachschlagen, wo dies geschrieben steht. Mein Wissen, dass Argos der Hund von Odysseus war, ist mir natürlich nicht immer bewusst. Man kann sagen, dass dieses Wissen ein *unbewusster* geistiger Zustand ist. Wir müssen also drei Bedeutungen von Bewusstsein sorgfältig unterscheiden, obschon sie gleichsam ineinandergeschachtelt sind. In seiner umfassendsten Bedeutung ist mit Bewusstsein das Haben einer *subjektiven Perspektive* gemeint. In einer zweiten Bedeutung unterscheidet der Begriff *bewusste* von *unbewussten* Zuständen. Die dritte Bedeutung ist diejenige des *qualitativen Bewusstseins*, des nagelschen »Anfühlens«. Die bewussten, qualitativen Zustände können in vier Klassen unterteilt werden, nämlich Sinneswahrnehmungen (Sehen, Hören, Schmecken usw.), Körperwahrnehmungen (Jucken, Schmerz, Lust usw.), Emotionen (Wut, Eifersucht, Freude usw.) und Stimmungen (Beschwingtheit, Niedergeschlagenheit usw.). In diesen bewussten, qualitativen Zuständen kommen alle drei Bedeutungen zusammen: *Bewusste Zustände fühlen sich für ein Erlebnissubjekt irgendwie an.* Das ist die Verschachtelung der drei Bedeutungen.

Zurück zur Fledermaus! Nagel behauptet, dass wir nicht wissen können, wie es ist, eine Fledermaus zu sein. Dagegen hat etwa Daniel Dennett ins Feld geführt, dass wir uns an diesem Punkt nicht auf unsere Intuitionen verlassen dürfen, weil sie sich leicht zum Narren halten lassen. Wie leicht anthropomorphisieren wir unbelebte und bewusstseinslose Dinge (vgl. III.1)! Man kann nämlich einwenden, dass Nagels Argument auf einer Pseudoaufgabe beruht: Was folgt schon aus der Unmöglichkeit, etwas tun zu können? Ich kann nicht wissen, wie es ist, eine Fledermaus zu sein, weil ich keine Fledermaus bin. Schön und gut. Ich kann auch nicht wissen, wie es ist, ein Gänseblümchen oder ein Ziegelstein zu sein. Aber daraus folgt nicht, dass es für eine Fledermaus (oder für Häher) *überhaupt* irgendwie ist, eine Fledermaus (oder ein Häher) zu sein. Warum ist sich Nagel der Zuschreibung von bewussten Erlebnissen gegenüber Fledermäusen so sicher? Wie kommen wir überhaupt zu der Annahme, dass ein Lebewesen bestimmte bewusste, und zwar qualitativ bewusste Zustände hat? Haben Tiere überhaupt bewusste, und zwar qualitativ bewusste Zustände? Gehen wir diesen Fragen nach.

Nicht nur Kompasse und Bakterien mit Magnetosomen orientieren sich am geomagnetischen Feld (vgl. IV.2), sondern auch Zugvögel. Das ist ein *Verhalten* von Zugvögeln. Es ist jedoch unklar, wie diese Orientierung tatsächlich funktioniert. Neurologische Untersuchungen an Grasmücken (eine Zugvogelart) geben einen Hinweis. Grasmücken haben wie andere Tiere auch ein visuelles System. Dieses System besteht nicht nur aus den Augen, sondern auch aus neuronalen Strukturen wie etwa den Sehbahnen, der Sehbahnenkreuzung oder dem visuellen Kortex. Ein bestimmter Teil des Vogelhirns (Cluster N) ist immer dann aktiv, wenn Zugvögel sich an Magnetfeldern orientieren. Man konnte nun nachweisen, dass es zwischen dem Cluster N und Teilen des visuellen Systems funktional-neuronale Verbindungen gibt. Das ist Teil der *Körperbeschaffenheit* der Grasmücke. Das Forschungsergebnis lässt folgende Hypothese zu: Grasmücken sehen buchstäblich das geomagnetische Feld. Man mag darüber spekulieren, wie das für eine Grasmücke aus der Vogelperspektive ausschaut. Vielleicht sieht sie graue Linien über der Landschaft, vielleicht ist die Landschaft entlang bestimmter Stellen verschwommen, verwackelt oder flimmernd. Wie auch immer, wir gehen davon aus, dass Tiere mit einem komplexen visuellen System und mit zielgerichtetem Verhalten auch bewusste qualitative Wahrnehmungen haben. Warum? Nun, in Analogie zu uns. Auch wenn wir uns nicht genau vorstellen können, wie die Landschaft für die Grasmücke ausschaut, so liegt der Gedanke doch nahe, dass es sich für die Grasmücke irgendwie anfühlt, die Landschaft *so* zu sehen.

Solche ethologischen (Verhalten) und neurologischen (Körperbeschaffenheit) Befunde können zusätzlich *theoretisch* untermauert werden. Der teleosemantischen Theorie zufolge sind mentale Repräsentationen Zustände, die die Funktion haben, bestimmte Informationen zu tragen (vgl. IV.2). Auch visuelle Wahrnehmungen können als Repräsentationen in diesem Sinne verstanden werden. Die allgemeine Biofunktion – die Generalfunktion – des visuellen Systems ist das Sehen. Zu den Subfunktionen des visuellen Systems gehört es, Informationen über Formen, Farben, Kontraste usw. zu tragen. Mit zum visuellen System der Grasmücke gehört möglicherweise Cluster N, dessen Funktion es ist, Informationen über das Magnetfeld in das visuelle System einzuspeisen. Die Subfunktionen dienen der Generalfunktion, die Generalfunktion dient dem Vogel. Also ist der Cluster N ein

Teil des Systems, dessen Generalfunktion das Sehen ist. Die visuellen Repräsentationen der Grasmücke haben u.a. auch die Funktion, Informationen über den Verlauf von Magnetlinien zu tragen.

Nun kann man eine Theorie bilden, die Argos gefällt: Wenn man Tieren eine bestimmte Art von Repräsentationen zuschreiben kann, dann kann man ihnen auch bewusste, qualitative Zustände zuschreiben. Entweder sagt man, dass bewusste qualitative Zustände mit einer bestimmten Art von Repräsentation *identisch* sind oder doch mit ihnen *korrelieren*. Wie sieht eine solche Theorie aus? Wir haben bewusste qualitative Zustände zuvor in vier Klassen unterteilt: Sinneswahrnehmungen, Körperwahrnehmungen, Emotionen und Stimmungen. Nehmen wir an, diese vier Klassen entsprechen angeborenen Vermögen mit bestimmten Biofunktionen. Nun können wir sagen: Jene Art von Repräsentationen, die aufgrund solcher angeborener Vermögen gebildet werden, sind qualitativ bewusste Zustände. Argos und Odysseus sehen Dinge, leiden Schmerzen, fühlen Zorn oder sind unruhig. Die Möglichkeit, solche Zustände zu haben, ist beiden angeboren, und diese Zustände fühlen sich für Argos und Odysseus auf bestimmte Weise an.

Das Beispiel der Grasmücke lehrt uns aber, dass sich entsprechend der unterschiedlichen Körperbeschaffenheit von Argos und Odysseus auch die bewussten Zustände unterschiedlich anfühlen. Der amerikanische Philosoph Michael Tye nennt diese Arten von Repräsentationen PANIC-Zustände. Das Akronym steht nicht für völlig erschreckte Tiere, sondern für: verfügbarer (*poised*), abstrakter (*abstract*), nicht-begrifflicher (*nonconceptual*) intentionaler (*intentional*) Inhalt (*content*). Die Repräsentationen des Magnetfelds durch die Grasmücke beispielsweise handeln von diesem Feld, das ist ihr *intentionaler* Inhalt. Um das Magnetfeld wahrzunehmen, brauchen Grasmücken keine Begriffe für dieses

Feld, der Inhalt ist also *nicht-begrifflich*. Grasmücken orientieren sich mithilfe des Magnetfelds, vielleicht können sie sogar Neues darüber lernen, d.h., der intentionale Inhalt ist *verfügbar* für die Verhaltenssteuerung oder für weitere kognitive Prozesse wie das Lernen. Wir haben oben bereits gesehen, dass man bewusste von unbewussten Zuständen durch die Verfügbarkeit der bewussten Zustände charakterisieren kann. (Der noch verbleibende Bestandteil des Akronyms – abstrakt – ist etwas schwerer zu fassen. Er bezieht sich auf Folgendes: Zwei Einzeldinge, die völlig gleich aussehen, können aufgrund visueller Diskrimination allein nicht unterschieden werden, sie sehen ja genau gleich aus. Also ist der Inhalt der visuellen Repräsentation auf einen abstrakten Inhalt bezogen, nämlich das Aussehen, und nicht auf ein konkretes Einzelding.) Falls nun PANIC-Zustände mit dem bewussten, qualitativen Erleben identisch oder zumindest korreliert sind, dann haben beispielsweise Grasmücken Bewusstsein.

Die PANIC-Theorie ist elegant, denn sie erlaubt es, das Bewusstsein an Verhaltensweisen und anatomische Strukturen zu binden. Darüber hinaus stärkt sie Analogieargumente, denn sie bezieht sich nicht nur auf das Verhalten und die Körperbeschaffenheit von Tieren, sondern stellt eine Theorie über das Bewusstsein zur Verfügung. Analogieargumente haben, wie wir gesehen haben, zwei Schwachstellen (vgl. III.4): Ähnlichkeiten sind nicht vollständig, und Alternativen sind möglich. Diese Schwachstellen können also mithilfe von theoretischen Überlegungen abgedichtet werden! Dies lässt sich am Beispiel des *Schmerzes* gut zeigen. Ein Analogieargument für Schmerzbewusstsein bei Tieren geht wie folgt:

(1) Bestimmte Arten von Tieren (z.B. Säugetiere) sind anatomisch und physiologisch gebaut wie Menschen.

(2) Gewisse Arten von Verletzungen bei Menschen bewirken gewisse Ereignisse im zentralen Nervensystem, und diese Ereignisse verursachen bewusste Schmerzen.

(3) Also ist es wahrscheinlich: Eine ähnliche Art von Verletzung bei bestimmten Arten von Tieren verursacht ähnliche Ereignisse im zentralen Nervensystem, und diese Ereignisse verursachen bewusste Schmerzen.

(4) Eine Ausschaltung des Schmerzverhaltens wird (in der veterinären Praxis) durch eine ähnliche Menge von Drogen bei Menschen und Säugetieren erreicht (durch Opiate oder Gasinhalation).

(5) Der Schmerzoutput bei nicht-menschlichen Tieren (Schmerzverhalten) ist ähnlich für bestimmte Schmerzinputs (Verbrennungen, Schnitte, Prellungen etc.) wie bei uns.

Wie steht es nun mit der ersten Schwäche des Analogiearguments, der mangelnden Ähnlichkeit? Was das Erleben von Schmerzen betrifft, sind sechs Kriterien besonders wichtig: Menschen verfügen über (a) Schmerzrezeptoren, (b) ein Zentralnervensystem (Hirn) und (c) eine Verbindung zwischen beiden: Verletzungen bewirken Ereignisse im zentralen Nervensystem, und diese wiederum verursachen bewusste Schmerzerlebnisse. (d) Man kann diese Erlebnisse durch Analgetika lindern. (e) Es gibt körpereigene Stoffe (sogenannte »endogene Opioide«) zur Schmerzlinderung. (f) Verletzungen lösen ein spezifisches Schmerzverhalten aus, d.h., wir versuchen den schädigenden Stimulus zu fliehen, versuchen die Schmerzen loszuwerden und versorgen die Verletzung. Wenn eine Tierart nun alle diese Kriterien erfüllt, so ist die Ähnlichkeit zwischen ihr und uns hinreichend groß.

Man stelle sich vor, ein Stier würde auf eine starke Verletzung hin keinerlei Schmerzverhalten zeigen. Etwas später jedoch ist der Stier allein und wähnt sich unbeobachtet. Er beginnt zu schwitzen, legt sich hin und leckt seine Wunde. Hatte er zuvor auch schon Schmerzen? Dem Argument zufolge schon. Was erklärt den Aufschub? Es könnte sein, dass der Stier in Gegenwart von Artgenossen keine Schmerzen zeigt, weil die Anzeige einer Verletzung seine Position in der Herde gefährden könnte. Natürlich lässt das Argument Spielraum für die Frage, wie es um das Schmerzbewusstsein von Tierarten (Kraken oder Regenbogenforellen) steht, die eines oder mehrere der genannten Kriterien nicht erfüllen. Schlangen transportiert man in Säcken, weil sie sich in Kisten wund scheuern würden. Man sollte Schlangenterrarien, über denen Wärmelampen hängen, abdecken, sonst kriecht die Schlange auf die Lampe und verbrennt sich. Das alles scheint ihr nichts auszumachen. Vermutlich kennt sie wirklich keinen Schmerz. Viele Tiere können Schmerzbewusstsein jedoch gut gebrauchen. Denken wir nur an die Lernfähigkeit. Objekte und Verhaltensweisen, die Schmerzen bereiten, werden vermieden oder unterlassen. Das Schmerzbewusstsein scheint eine Voraussetzung für diese relativ simple Form des Lernens zu sein.

Das Lernen hat für die Tierphilosophie eine ähnliche Funktion wie die Sprache für viele Differentialisten. Lernen ermöglicht es Tieren, Verhalten auszuweiten und zu verändern. Wir haben behauptet, dass mit dem Lernen in Tieren Repräsentationen (Zustände, die die Biofunktion haben, bestimmte Informationen zu tragen) auftreten, die wir »Gedanken« nennen dürfen. Mit Gedanken richten sich Tiere auf bestimmte Aspekte von Objekten, die sie richtig oder falsch repräsentieren. Unser Vogel denkt, einen übelschmeckenden Monarchschmetterling vor sich zu haben, Argos denkt, dass die Katze auf diesem Baum ist, und der Häher denkt, dass sein Artgenosse ihn berauben will. Gedanken sind

Bestandteile von Repräsentationssystemen und lenken als solche das Verhalten von Tieren – zusammen mit anderen motivierenden Zuständen. Gedanken handeln von einer objektiven Welt, sobald ein Tier Dinge oder Ereignisse in der Umwelt sozusagen über mehrere Sinneskanäle verfolgen kann. Dieser Ansatz kann auf andere Merkmale wie Wissen, Emotionen, Handeln, Selbstbewusstsein, Personalität und Moralität ausgedehnt werden. Schließlich können wir Tieren mit guten Gründen Bewusstsein zuschreiben, sobald wir sowohl ihr Verhalten als auch ihre Körperbeschaffenheit in Analogie zu uns und vor dem Hintergrund einer Bewusstseinstheorie wie etwa der PANIC-Theorie betrachten. Diese Überlegungen sollen die zweite These der Tierphilosophie stützen, der zufolge Tiere einen Geist haben (vgl. I.3). Argos denkt, wünscht, weiß, und das alles bei Bewusstsein. Der dritten These der Tierphilosophie zufolge hat der Mensch schon als Tier einen Geist (vgl. I.3). Nicht anders als Argos denkt, wünscht und weiß Odysseus, und das alles bei Bewusstsein. Das Lernen ist eine Art Angelpunkt im assimilationistischen Universum der Tierphilosophie. Darwins Theorie der Natürlichen Selektion ist die Schwerkraft, die kognitive Ethologie die Entdeckerin in diesem Universum (vgl. II.3-4).[15]

4. Welches Modell des Tiers? Welches Modell des Geistes?

Wo stehen wir? Vielleicht hat sich gegenüber den bisherigen Überlegungen ein Verdacht eingestellt: Wird hier nicht ein reichlich cartesianisches Bild der geistigen Fähigkeiten von Lebewesen einfach aufgepeppt durch ein wenig Darwinismus und Kognition? Wir haben uns im vorangegangenen Kapitel doch gleichsam einen Gedanken zusammengebaut, wie man eine kleine Maschine baut, und zwar in ausdrücklicher Analogie zu technischen Geräten wie Kompass oder Thermostat. Sind Tiere denn Automaten? Nun könnte man den Verdacht hegen, dass diese Analogie tatsächlich tiefer reicht und in Wahrheit nicht das Tier nachträglich in Analogie zur Maschine gesetzt wird, sondern umgekehrt das Tier *als Organismus* in Analogie zur Maschine überhaupt erst konstituiert wird: Wir fassen Tiere konstitutiv in Analogie zu Maschinen auf, wenn wir sie als Organismen betrachten. Schon der Begriff der Funktion, so kann man argumentieren, ist ein Hinweis auf das Maschinenmodell. Ein Organismus ist ein selbstregulierendes, selbstproduzierendes System, in dem sich alle Teile aufeinander beziehen. Der Begriff des Organismus ist ideen- oder diskursgeschichtlich jüngeren Datums. Er ist ein Ausdruck des umfassenden Wandels des Naturverständnisses. Die Naturwissenschaften begannen im 17. Jahrhundert, die Natur als große Maschine zu betrachten. Sie strebten nach einer Theorie, die alle Naturphänomene durch die Bewegung kleiner Materieteilchen und ihr zugrunde liegende Naturgesetze erklärbar machen sollte. Das angestrebte Erklärungsmodell sollte der mechanistischen Erklärung der Operationen von Maschinen gleichen. Wie wir bei Descartes gesehen haben (vgl. II.2), werden innerhalb dieses Bildes auch Lebewesen als Maschinen aufgefasst, die wiederum aus vielen kleinen Maschinen zusammengesetzt sind. Die hier vorgestellte Tierphilosophie scheint also lediglich Ausdruck einer bestimmten, historisch gewachsenen Auffassung von Lebewesen als Organismen nach dem Modell der Maschine zu sein. Wir sind es also, die Tiere aufgrund unserer Wissensgeschichte auf diese Weise auffassen, und die Auffassung ist Ausdruck eines historischen wissenschaftlichen Paradigmas oder Diskurses.

Wir sollten ein Missverständnis ausräumen. Die Tierphilosophie ist naturalistisch, d.h., ihre Erklärungen berufen sich auf Erfahrungen, Konzepte, Theorien und Resultate, die auch respektable Naturwissenschaften verwenden (vgl. I.3). Wir haben insbesondere von der Ethologie und der Evolutionsbiologie Erkenntnisse übernommen. Nun muss man aber sehen, dass der Begriff des »Organismus« nicht mehr der zentrale Gegenstand der Biologie ist. Vielmehr steht die Evolution des *Lebens* im Zentrum der Biologie. Dem könnte man nun entgegenhalten, dass die Evolutionstheorie ihrerseits Ausdruck bestimmter historischer Paradigmen und Diskurse sei. Das braucht man nicht abzustreiten. Dennoch sollte man hier den Kontext der *Entstehung* einer Theorie von ihrer wissenschaftlichen *Geltung* unterscheiden. Und was die Geltung der Evolutionstheorie anbelangt, so kann man erstens darauf verweisen, dass sie für die Erklärung der Naturphänomene die beste Theorie darstellt, die wir kennen, und zweitens, dass es sich bei der Evolution um einen objektiven Prozess handelt, den nicht *wir* aufgrund unserer historischen Betrachtungsweise gleichsam hervorbringen, sondern der vielmehr die Voraussetzungen unserer Betrachtungsweise hervorbringt. Vielleicht können wir Lebewesen und die Entwicklung des Lebens auf keine andere Weise fassen denn als Prozess, in dem Mutter Natur als Supermechanikerin immer neue Maschinen hervorbringt, die die Probleme des Lebens immer besser bewältigen. Die Betrachtung der belebten Natur in Analogie zu unserer kulturellen Produktion wäre dann weniger Ausdruck einer historischen Perspektive als eine anthropologische Notwendigkeit: Wir haben keine anderen Denkformen zur Verfügung. Das scheint eine gewisse Richtigkeit zu haben. Wir werden sehen, warum das so ist: Die Welt des Menschen ist strukturiert als Welt von Artefakten (vgl. V.3).

Man muss aber darauf hinweisen, dass die Entwicklung des Lebens aus der Sicht der Evolutionstheorie keineswegs als eine aufsteigende Reihe von immer besseren Lösungen für die Probleme des Lebens aufgefasst wird. Vielmehr ist die Evolution ein sich verzweigender Baum, dessen Äste zwar aus einem gemeinsamen

Stamm hervorgehen, jedoch auf unvorhersehbare Weise weiter wachsen. Kognitive Vermögen gehören zu einer Tierart und stellen Lösungen für besondere ökologische Probleme dar, die sich dieser Art in ihrer Entstehung und Entwicklung gestellt haben. Diese Lösungen sind keineswegs optimal und entstehen durch einen verschwenderischen Umgang mit »Versuchsexemplaren«. Eine Supermechanikerin könnte idealerweise neue Entwürfe anfertigen und wieder von vorne anfangen. Nicht die Evolution: Was vorhanden ist, ist Grundlage für Neues, und das Neue folgt der Strategie der Diversifikation, nicht der stetigen Meliorisation.

Kommen wir zu einem zweiten Verdachtsmoment. Man könnte einwenden, dass der Tierphilosophie ein veraltetes cartesisches Bild des Geistes zugrunde liege. Denn es macht den Anschein, als würde die Tierphilosophie ein Theoriedesign wiederbeleben, das in der Philosophie des 20. Jahrhunderts verabschiedet worden ist: Es handelt sich um das Modell eines Subjekts (das Tier), das sich mittels innerer Stellvertreter (mentale Repräsentationen) auf Objekte (die Umwelt) bezieht, und zwar gleichsam von Natur aus, ohne die Vermittlung intersubjektiver Praktiken und ohne die Vermittlung sprachlicher Fähigkeiten. Nennen wir es das »Subjekt-Objekt-Modell« (SO-Modell) – ohne dabei zu vergessen, dass zu diesem Modell die Vermittlung durch innere, geistige Stellvertreter und die Natürlichkeit gehören. Im SO-Modell bezieht sich ein isoliertes Subjekt auf ein von ihm unterschiedenes Objekt. Diese Beziehung wird unbeeinflusst durch praktische, historische, soziale und sprachliche Interaktionen mittels innerer, geistiger Stellvertreter unterhalten.

Verschiedene philosophische Strömungen wie der Marxismus, der Existentialismus und der Pragmatismus haben das SO-Modell kritisiert und eine Wende zur Praxis gefordert. Denker wie John Dewey, Martin Heidegger und Ludwig Wittgenstein haben das SO-Modell angegriffen und kritisiert. Sie haben dem Modell vorgeworfen zu trennen, was zusammengehört. Das Selbst, das Denken und eine Welt, über die wir nachdenken, sind Momente, die eingebettet sind in eine intersubjektive und eminent sprachliche Praxis und erst vor diesem Hintergrund auseinandertreten. Man mag noch zugeben, dass das SO-Modell vielleicht für die bescheidenen mentalen Ansprüche der Tiere ausreicht, nicht aber für das komplexe mentale und kulturelle Leben des Menschen. Tiere beziehen sich aufgrund einfacher Vermögen und Lernmechanismen auf Dinge und Umstände in ihrer Umwelt, Menschen hingegen bewegen sich in einer komplexen sozialen, kulturell und sprachlich strukturierten Welt. Diese Unterscheidung widerspricht jedoch dem Geist der Tierphilosophie. Wir sollten also prüfen, ob der Verdacht überhaupt berechtigt ist. Das traditionelle SO-Modell beruht auf einer Voraussetzung. Sobald wir diese Voraussetzung an den Tag gebracht und gezeigt haben, dass sie von der Tierphilosophie nicht geteilt wird, stellt sich der Verdacht als unberechtigt heraus.

Das erkenntnistheoretische Hauptproblem des SO-Modells besteht in der folgenden skeptischen Herausforderung: Es könnte sein, dass sich das Subjekt in Gedanken niemals auf die Welt beziehen kann, denn alles, was es vor sich hat, sind schließlich die inneren, geistigen Stellvertreter der äußeren Objekte. Wie kann das Subjekt sicher sein, dass es sich tatsächlich auf eine Welt bezieht und nicht nur auf die Stellvertreter vor seinem Geist? Allgemeiner gesagt besteht für das Subjekt im SO-Modell die konstante Gefahr, den Kontakt zur Welt zu verlieren. Dieses skeptische Problem enthüllt nun die angesprochene Voraussetzung des SO-Modells. Das Modell geht davon aus, dass das Subjekt und seine Gedanken (die inneren Stellvertreter) theoretisch auch völlig unabhängig von der Welt bestehen könnten. Gedanken und ihre Inhalte sind »im« Subjekt, unabhängig davon, ob sie sich tatsächlich auf eine Welt beziehen oder nicht. Diese Voraussetzung wird als »Internalismus« bezeichnet.

Man muss diese Voraussetzung nicht teilen. Viele moderne Theoretiker vertreten einen »Externalismus«. Externalisten positionieren das Subjekt von Anfang an in einer Welt und machen externe Umstände direkt verantwortlich für das Haben von Gedanken mit Inhalt. Dabei können die externen Umstände synchron die materielle *Umwelt* betreffen (ohne Dinge keine Gedanken über Dinge) oder diachron die historische *Vorwelt* (ohne Geschichte keine Gedanken) oder diachron-synchron die sprachlich-soziale *Mitwelt* (ohne Sprachgemeinschaft keine Gedanken). Man kann dementsprechend drei Spielarten des Externalismus unterscheiden: Umwelt-, Vorwelt- und Mitwelt-Externalismus. Der Internalismus ist also eine wichtige Voraussetzung für das SO-Modell. Wer, wie die Externalistin, diese Voraussetzung nicht teilt, ist keine Anhängerin des SO-Modells.

Die Tierphilosophie teilt diese Voraussetzung nicht, sie ist externalistisch. Bereits die assimilationistische Auffassung von Gedanken positioniert das Tier von Anfang an in einer Welt. Erstens werden die Evolution und die Lerngeschichte als Bedingungen für Gedanken verstanden. Das sind historische Bedingungen. Damit vertritt die Tierphilosophie einen *Vorwelt-Externalismus*. Zweitens haben wir Repräsentationen als etwas bestimmt, das (wenn wahr!) Informationen über die Umwelt trägt. Nun können Repräsentationen natürlich auch falsch sein, dann tragen sie keine Informationen über die Umwelt. Aber sie haben die Funktion, über die Umwelt Informationen zu tragen. Um dies tun zu können, müssen sie zumindest einmal Informationen über die Umwelt getragen haben, sonst hätten sie die fragliche Funktion gar nicht erwerben können (weder im Verlauf der Evolution noch der Lerngeschichte). Somit gilt für Repräsentationen, dass die synchrone materielle Umwelt ebenfalls eine Rolle für das Haben von Gedanken spielt. Die Tierphilosophie vertritt also einen *Umwelt-Externalismus*. Sie weist jedoch den *Mitwelt-Externalismus* zurück: Für das Haben von Gedanken spielen die soziale und die sprachliche Umwelt (zunächst) keine Rolle. (Wie werden im folgenden Kapitel auf die Mitwelt stoßen.)

Es ist wichtig zu sehen, dass man Repräsentationen nicht als innere, geistige Stellvertreter auffassen muss. Die Tierphilosophie weist Repräsentationen ja in erster Linie die Rolle zu, Verhalten zu lenken. Etwas »im« Tier lenkt sein Verhalten. Wie wir beim Vogel gesehen haben, der den eigentlich leckeren Schmetterling meidet (vgl. IV.2), wird das Verhalten aufgrund des Inhalts der Repräsentation gelenkt. Damit löst sich die Repräsentation aus der (synchronen) Umwelt des Vogels und lenkt sein Verhalten aufgrund von Erfahrungen (mit schlecht schmeckenden Schmetterlingen) in der (diachronen) Vorwelt des Vogels. Der Inhalt des Vogelgedankens steht also nicht als geistiger Stellvertreter vor dem inneren Auge des Vogels. Zwar findet sich etwas im Kopf oder im Gehirn des Vogels. Irgendeine Struktur hat die Funktion erworben, übelschmeckende Schmetterlinge zu repräsentieren und lenkt dadurch das Verhalten des Vogels. Wir können solche Strukturen als repräsentationale »Vehikel« bezeichnen und deren repräsentationalen »Inhalt« unterscheiden, indem wir sagen, die Relation zwischen Vehikel (dem Repräsentierenden) und Inhalt (dem Repräsentierten) müsse asymmetrisch sein (vgl. IV.2). Das Vehikel ist zwar im Kopf, doch der Inhalt nicht, er ist draußen in der Welt, und mit dem Vehikel aufgrund einer Lerngeschichte verbunden.

Repräsentationen sind wie Wörter und Sätze in einem Kochbuch: Die Vehikel (Wörter und Sätze) selbst sind im Kochbuch, doch der Inhalt, das, was sie beschreiben (Kartoffeln, Mohn, Mehl und Eier), liegt draußen auf dem Tisch. Der Koch versteht den Inhalt der Wörter und Sätze, wenn er weiß, welche Verhaltensanweisungen gegeben werden. Die Wörter und Sätze weisen den Koch an, bestimmte Dinge zu tun (»Mehl und Ei gut verkneten!«), sie steuern sein Verhalten. Das Kochbuch enthält die Kochanweisungen, aber nicht den Kochvorgang, der findet draußen statt. Der Geist von Tier und Mensch ist darum auch nicht identisch mit dem Gehirn, denn es gibt keine Repräsentation ohne Vor- und Umwelt. In diesem Sinne ist der Geist das repräsentationalistische Beziehungsgeflecht zwischen dem Lebewesen und seiner Vor- und Umwelt.[16] Ein so verstandener Tiergeist ist nicht internalistisch aufzufassen und deshalb auch nicht auf das SO-Modell festgelegt. Somit haben wir eine weitere These, die die Tierphilosophie charakterisiert: Sie ist externalistisch verfasst, und zwar im Sinne eines Umwelt- und Vorwelt-Externalismus. Wir werden im nächsten Kapitel darauf (und auch auf den Mitwelt-Externalismus) zurückkommen (vgl. V.3).

V. Der Mensch als Tier, das eine Welt hat

Die kognitive Ethologie, die Primatologie, der Darwinismus oder die Tierrechtsbewegung stellen Herausforderungen an das menschliche Selbstverständnis dar, haben sie doch die Tendenz, Grenzen zwischen Mensch und Tier aufzulösen. Diese Tendenz zeigt sich in natur- und vor allem in kulturwissenschaftlichen Arbeiten, die sich mit dem Tier befassen, häufig. In den Kulturwissenschaften finden sich häufig grundsätzliche Überlegungen der folgenden Art: Die Mensch-Tier-Unterscheidung stellt keine natürliche Grenze dar, vielmehr wird sie immer neu sozial konstruiert. Es gelte deshalb, die historischen Diskursformationen, die solche Grenzen aufbauen, und die Strategien, die sie überschreiten, zu beschreiben. In den Naturwissenschaften wiederum werden mithilfe neuer experimenteller Paradigmen aufregende Untersuchungen zur Tierkognition und zum tierlichen Sozialleben vorgenommen. Hier wird versucht, die sozialen und kognitiven Fähigkeiten unterschiedlicher Tierarten – darunter auch der Mensch – vergleichend und in evolutionstheoretischer Perspektive zu behandeln. Solche Untersuchungen aus den Geistes- und Naturwissenschaften stellen die anthropologische Differenz zur Debatte (vgl. I.2). In diesem Kapitel werden wir uns der anthropologischen Differenz von der Seite der Naturwissenschaften nähern, allerdings nicht, um sie in Frage zu stellen, sondern um einen entscheidenden Mensch-Tier-Unterschied zu benennen: Der Mensch ist das Tier, das eine Welt hat. Den Begriff »Welt«

übernehmen wir (mit einigen Abstrichen) von Martin Heidegger; auch ihm zufolge ist der Mensch das Tier, das eine Welt hat. Anschließend soll diese These, sicher etwas überraschend, in einen evolutionstheoretischen Rahmen gespannt werden. Das folgende Kapitel nähert sich der anthropologischen Differenz von der Seite eines in den Kulturwissenschaften stark rezipierten Autors, nämlich Jacques Derrida. Derrida schließt direkt an Heideggers Überlegungen an. Er ist der einzige der hier vorgestellten Autoren, dem es nicht darum geht, eine anthropologische Differenz zu finden, zu setzen, zu verschieben oder aufzulösen, vielmehr stellt er die Opposition von Mensch und Tier selbst infrage.

1. Heideggers »Welt«

In seiner Vorlesung *Grundbegriffe der Metaphysik* (1929/30) diskutiert Martin Heidegger die folgende These: »Der Stein ist weltlos, das Tier ist weltarm, der Mensch ist weltbildend.« Dies ist Heideggers Interpretation der anthropologischen Differenz. Betrachten wir zuerst die anthropologische Differenz bei Heidegger und dann sein Verständnis von Welt. Wir werden uns dabei auf den frühen Heidegger stützen. Der Stein ist weltlos, das Tier weltarm, der Mensch weltbildend: Was ist gemeint? Es ist dem Stein egal, ob er auf der Erde, im Wasser oder in der Sonne liegt. Zwar wird er je nachdem kalt, nass oder warm, doch das macht für den Stein keinen Unterschied. Anders die Eidechse, die auf einer warmen Felsplatte liegt. Allein das Wort »liegen« wird hier bereits anders verwendet als im Falle des Steins. Es macht für die Eidechse sehr wohl einen Unterschied, ob sie auf einer warmen, einer nassen oder einer kalten Felsplatte liegt. Nun liegt sie zwar, wie das Eidechsen meistens so tun, auf einer warmen

Platte, aber sie erfasst sie nicht *als* etwas, das man benutzen kann, *um* auf ihm zu liegen, *um* sich aufzuwärmen, *um* ausgeruht zu sein, *um* einen besseren Überblick zu haben, *um* darauf Faustkeile zu schlagen oder *um* seine Mineralstruktur zu erforschen. Erst dem Menschen sei der Stein als Stein oder die Platte als Platte und als Teil einer Welt gegeben. Anders als der Stein ist das Tier zwar offen für eine Welt, aber nur dem Menschen ist die Welt offen. Das Tier ist offen für seine Welt, nämlich seine arteigene ökologische Nische. Darin kann es angemessen auf Geschlechtspartner, Gefahren und bestimmte Gelegenheiten reagieren. Dem Menschen aber, so werden wir Heideggers These deuten (vgl. V.3), ist als ökologische Nische eine ganze Welt offen. Offensichtlich verwendet Heidegger das Wort »Welt« in einem besonderen Sinne. Was meint er mit »Welt«? Und geht er wie Gadamer davon aus, dass erst »die sprachliche Verständigung die Welt selbst offen« hält?

Heideggers Philosophie wird häufig als eine Form der Hermeneutik aufgefasst. Hermeneutik, das ist die Lehre vom Verstehen von Texten und anderen kulturellen Artefakten. Heideggers Hauptwerk *Sein und Zeit* (1927) und die Vorlesungen der 1920er und 1930er Jahre deuten diesen methodischen Ansatz jedoch um. Es geht nun nicht allein darum, Texte oder andere kulturelle Artfakte zu verstehen und entsprechende Methoden zu reflektieren, sondern um das Verstehen als Grundzug des menschlichen Daseins. Dieser Umdeutung der Hermeneutik zufolge ist das Verstehen nicht ein besonderer Vollzug unter anderen (neben Erklären, Forschen, Experimentieren, Schreiben usw.), sondern ein Grundvollzug, den Heidegger das »In-der-Welt-sein« nennt.

Heidegger unterscheidet verschiedene Bedeutungen von »Welt«. Es gibt erstens die Welt als die Summe dessen, was es so gibt, und darin Unterscheidungen in Regionen (die Welt der Primzahlen, der Musik, der Azteken, des Atomphysikers usw.). Zweitens gibt es die Welt als unsere alltägliche Umwelt. Schließlich die Welt als Inbegriff eines Ganzen. In der Welt im ersten Sinne sind die Dinge. Heidegger spricht hier von »Innerweltlichkeit«. Auf die dritte Bedeutung kommen wir weiter unten kurz zurück. Für das In-der-Welt-sein nun ist die zweite Bedeutung entscheidend. Der Satz »Der Mensch ist *weltbildend*« meint zunächst einfach, dass er in einer von ihm gebauten Welt wohnt und wirkt. Dies zeigt sich in den alltäglichen Verrichtungen. Wir öffnen eine Tür und gehen hindurch. Wir öffnen die Tür, ohne die Tür, deren Griff oder Rahmen irgendwie zu vergegenständlichen oder uns zu fragen, wer sie hierhin gestellt hat. Alles an der Tür ist auf bestimmte Weise für uns da: Die Tür ist da, um geöffnet (um eintreten zu können) oder geschlossen (um die Wärme zu speichern) zu werden, der Türrahmen, um die Tür zu halten usw. Wir begegnen den Dingen unserer Umgebung nicht wie beliebigen Objekten und finden dann heraus, wozu sie gut sein mögen, sondern wir finden uns in einer Welt, die aus *Um-zu*-Strukturen besteht. Die Dinge, so Heidegger, sind uns zuerst »zuhanden«, und dieses Zuhandene nennt er »Zeug«.

Man kann diese Zuhandenheit ruhig in einem wörtlichen Sinne verstehen: Wir hantieren mit den Dingen, wir haben sie zur Hand. Es gibt vielerlei Arten von Zeug, nicht nur Türen, sondern auch Werkzeug, Schuhzeug, Schreibzeug, Flugzeug, Schleckzeug, Flickzeug, Fahrzeug, Schlagzeug, Häkelzeug, Esswaren, Hausrat, Operationsbesteck, Schminkutensilien usw. Dinge sind da, um zu schreiben (der Laptop), zu fliegen (der Gleitschirm), zu häkeln (die Nadel), zu gehen (der Stiefel) usw. Andere Dinge sind da, um das Schreiben (die Tastatur), das Fliegen (das Ticket) oder das Häkeln (das Wollschaf) zu gewährleisten. Dieses Zeug ist strukturiert, jeder Bestandteil verweist auf einen anderen im Sinne der *Um-zu*-Struktur. Diesen strukturierten Zusammenhang nennt Heidegger »Zeugzusammenhang«. Zuhandenheit und Zusammenhang zeichnen Zeug aus. Unsere Welt besteht aus praktischen Zeugzusammenhängen. Die Welt ist also die Summe unserer Praktiken – und weniger der verständigten Sachverhalte, wie Gadamer sagt. Heidegger meint, dass wir uns zunächst von diesen Praktiken her verstehen. Wir verstehen uns (unser Tun und Lassen), indem wir uns in einer Welt bewegen, die aus diesen Bezügen besteht. Wir verstehen uns in dieser Welt, sobald wir etwas können, sobald wir uns auf etwas verstehen. Darum ist das Verstehen ein Grundvollzug. Das Verstehen der Welt ist vor-sprachlich. Die Sprache ist ein weiteres Zeug, mit dem wir praktisch umzugehen lernen.

Nun können wir auch erkennen, dass das »in« im In-der-Welt-sein keine nur räumliche Bedeutung haben kann. Wir sind nicht *in* der Welt wie ein Schuh im Schrank oder ein Käfer in einer Schachtel. Es gibt verschiedene Bedeutungen von »in«, die man auseinanderhalten muss. In der räumlichen Bedeutung ist etwa ein Kittel im Schrank. Obschon aber das Loch *im* Kittel ist und der Kittel *im* Schrank, sagen wir nicht, das Loch sei *im* Schrank. Ein Loch ist kein Ding, das neben dem Kittel auch noch im Schrank wäre, sondern es ist nur Loch des Kittels und nicht von ihm trennbar. Ein Loch ist eine Strukturveränderung des Kittels. Oder: Obschon der Schmerz *in* meinem Fuß ist und der Fuß *im* Schuh, sagen wir nicht, der Schmerz sei *im* Schuh. Der Schmerz ist nur als etwas, das ich im Fuß *spüre*, im Fuß. Ich spüre den Schmerz aber nicht im Schuh, auch dann nicht, wenn es der Schuh ist, der drückt. Es gibt also ein räumliches »in« (der Schuh in der Schachtel, der Fuß im Schuh), ein strukturelles »in« (das Loch im Kittel, Hans in der SPD) und ein intentionales »in« (der Schmerz im Fuß, der Gedanke im Kopf, die Person in meinen Gedanken).

Das In-der-Welt-sein nun entspricht eher dem strukturellen und dem intentionalen In-sein. Der Mensch ist strukturell in der Welt. Er kommt nicht wie ein Ding unter Dingen in der Welt vor, sondern er *hat* eine Welt. Diese Welt ist sozusagen auf ihn zugerichtet, d.h., sie ist der Inbegriff seiner Praktiken. Der Mensch ist aber auch intentional in der Welt. Er kommt nicht nur nicht wie ein Ding unter Dingen in der Welt vor, sondern er ist *bei* den Dingen, d.h., er versteht sich vom Zeug her, indem er mit ihm umgeht. Der Mensch bezieht sich auch auf Dinge, die räumlich in der Welt sind (Dinge und Zeug), und auf Wesen, die strukturell in der Welt sind (Mitmenschen). Wir verstehen uns also nicht als etwas, das der Welt gegenübersteht, sondern das mitten in der Welt ist. Damit setzt sich Heidegger, wie wir bereits gesehen haben, deutlich vom Subjekt-Objekt-Modell ab (vgl. IV.5). Es geht nicht darum, ein Subjekt mit den Objekten einer Welt in Verbindung zu bringen, vielmehr sind wir immer schon mitten in einer Welt. Die Welt, verstanden als Summe unserer Praktiken, stellt einen zentralen Knoten in Heideggers Philosophie dar.

Erst vor dem Hintergrund der *Um-zu*-Struktur der Welt können uns diese Dinge überhaupt als Objekte erscheinen. Wir erfassen den Hammer als Hammer, den Laptop als Laptop, oder allgemeiner, Werkzeug als Werkzeug, Schreibzeug als Schreibzeug. Aus Zuhandenem, so Heidegger, wird »Vorhandenes«. Auch dies kann man wörtlich nehmen: Ein Werkzeug ist nicht mehr handlich und handhabbar, es ist vor unseren Händen. Dies geschieht etwa dann, wenn etwas seine Funktion nicht oder nur schlecht erfüllt. Der Schuh hat ein Loch, der Laptop reagiert nicht auf die Tastatur. Wir können nicht ins regennasse Freie treten und keine Mails versenden. Wenn wir solches merken, steht uns auch mit einem Mal die ganze Um-zu-Struktur des Zeugs vor Augen. Aber weil Laptop und Schuh nicht verwendet werden können, drängen sie sich als widerständige Gegenstände auf. Sie sind nun nicht mehr zuhanden, sondern vorhanden. Das können sie aber nur vor dem Hintergrund ihrer sonst gar nicht thematischen Zuhandenheit.

Die Sprache können wir verwenden, um Zuhandenes oder Vorhandenes thematisch zu machen. So betrachtet ist die Sprache Zeug, das wir auf anderes Zeug anwenden, wenn wir über den Laptop oder die Schuhe sprechen. Dies trifft aber auch für anderes Zeug zu. So verwenden wir Werkzeuge, um anderes Zeug zu bearbeiten, oder Fahrzeug, um anderes Zeug zu transportieren. Die Sprache ist aber ohne Einschränkung auf alles Zeug anwendbar und nicht nur auf Zuhandenes, sondern auch auf Vorhandenes. Wir können nun drei Aspekte des In-der-Welt-seins unterscheiden. *Zuhandenheit*: Menschen verstehen sich in und aus einer intersubjektiv geschaffenen und praktisch in Zeugzusammenhängen erschlossenen und entdeckten Welt. *Vorhandenheit*: Die zuhandene Welt wird thematisch, sobald der praktische Zeugzusammenhang gestört ist. *Sprachlichkeit*: Die Sprache ist ein Zeug unter anderem Zeug, in der die zuhandene und vorhandene Welt thematisch wird. Durch das In-der-Welt-sein ist dem Menschen die Welt offen. In dieser Welt tauchen Dinge auf, sobald sie in einen Zusammenhang mit anderen Dingen treten. Diese Dinge sind innerweltlich. Der Mensch jedoch ist nicht innerweltlich, er ist in der Welt. Er wäre nicht, was er ist, ohne seine Welt, d.h. die Summe seiner Praktiken. Die Welt ist jedoch nicht identisch mit der Natur, wie Heidegger betont:

»Zur entdeckten Natur, d.h. zum Seienden, sofern wir uns zu ihm als enthülltem verhalten, gehört es, <u>dass</u> es je schon in einer Welt ist, aber zum Sein der Natur gehört nicht Innerweltlichkeit. [...] Es gibt noch ein Seiendes, zu dessen Sein in gewisser Weise Innerweltlichkeit gehört. Dieses Seiende ist alles das, was wir das geschichtliche Seiende nennen, [...] Dinge, die der Mensch, der im eigentlichen Sinne geschichtlich ist und existiert, schafft, bildet, pflegt, die Kultur und die Werke. Dergleichen Innerweltliches ist nur, genauer *entsteht* nur und kommt nur zum Sein als Innerweltliches. Kultur ist nicht so wie Natur. [...] Welt ist nur, wenn und solange ein Dasein existiert. Natur kann auch sein, wenn kein Dasein existiert. [...] Als Grundbestimmung der Existenz fixierten wir das In-der-Welt-sein. Diese Struktur ist gegen die Innerweltlichkeit abzugrenzen, die eine mögliche Bestimmung der Natur ist. Es ist aber nicht notwendig, <u>dass</u> Natur entdeckt ist, d.h. innerhalb der Welt eines Daseins vorkommt.«

Heidegger führt also noch weitere Unterscheidungen ein, die wir wie folgt festhalten können:

Mensch	In-der-Welt-sein	erschlossen (Zuhandenheit, Vorhandenheit, Sprachlichkeit)
Kultur	Innerweltlichkeit	geschaffen
Dinge	Innerweltlichkeit	entdeckt
Natur		

Die beispielsweise im Alltag, durch Entdeckungsreisen oder Wissenschaft entdeckten Naturdinge werden zu etwas Innerweltlichem, sobald sie in den Gesamtzusammenhang unserer Welt treten. Würden wir Menschen jedoch infolge einer Katastrophe verschwinden, hörten die Sonne, die »Behringstraße« genannte Meerenge oder das Wasser natürlich nicht einfach auf zu bestehen, sondern blieben Naturdinge. Aber sie verlören ihre Innerweltlichkeit, denn sie würden nicht mehr angebetet, befahren oder gesammelt. Kulturdinge hingegen wie Werkzeuge, Institutionen oder Gemälde würden zu sein aufhören, was sie sind, denn sie wurden durch uns geschaffen. Stiefel, Laptops und Stifte mögen als materielle Naturdinge noch vorhanden sein, nicht aber als innerweltliches Schuh-, Schreib- und Fahrzeug.

Wie steht es nun mit der dritten Bedeutung von »Welt«, der Welt als Ganzes? Heidegger hat stets versucht, auch diese Bedeutung in den Griff zu bekommen. Dass der Mensch *weltbildend* ist, meint hier: Er erfährt und erschafft (s)eine Welt. Wir werden das später so verstehen, dass der Mensch jenes Tier ist, das sich seine ökologische Nische selbst erschafft. Heidegger möchte jedoch mehr. So wird die Welt als Ganzes in besonders tiefen Stimmungen erfahren (Angst oder Langeweile). Für den späten Heidegger wird eine Welt geschaffen durch Sprache. Er vertritt die These, dass die Welt nur sprachlich erschlossen ist, d.h., unser Zugang zur Welt und alles, was in der Welt überhaupt auftauchen kann, ist durch die Sprache konstituiert und strukturiert. Unser sprachlich geprägtes Verständnis von Dingen ist konstitutiv dafür, was diese Dinge sind, d.h., es legt fest, wie wir Dinge wahrnehmen, erfahren und erkennen, worauf wir uns letztlich überhaupt beziehen können. Kein Ding sei, wo das Wort gebricht.

Diese Konstitutions-These räumt der Sprache einen bedeutenderen Stellenwert ein als die Zeug-Auffassung. Die Voraussetzungen der Konstitutions-These lauten, erstens, dass unsere Alltagserfahrung durch ein vorgängiges, implizites Verständnis ihrer Seinsweise bestimmt ist, und zweitens, dass dieses Verständnis durch die Sprache gestiftet wird. Dieses Verständnis bildet einen Gesamtzusammenhang, der zwar historisch gewachsen ist, den wir aber nicht einfach ablegen können, er muss sich im geschichtlichen Prozess wandeln. Der späte Heidegger glaubt, dass wir uns in einer ziemlich dunklen und gefährlichen Phase des geschichtlichen Prozesses befinden. In den späten Aufsätzen klingt die Rede von der Welt eher merkwürdig: »Wenn die Gefahr als die Gefahr ist, ereignet sich mit der Kehre der Vergessenheit die Wahrnis des Seins, ereignet sich Welt. *Daß* Welt sich ereigne als Welt, *daß* dinge das Ding, dies ist die ferne Ankunft des Wesens des Seins selbst.« Argos kann sich darauf keinen Reim machen. Wir werden mit Derrida auf »X *als* X« (Welt ereignet sich *als* Welt) zurückkommen. Auch kann sich die Tierphilosophie der These, wonach die sprachliche Welterschließung der Erfahrung vorausgeht, auch gar nicht anschließen, behauptet sie doch, dass der Mensch schon als Tier Erfahrungen machen kann. Dazu braucht es keine Sprache. Wir wollen die Konstitutions-These und das Welten der Welt außer Acht lassen.

Wie steht es mit den Tieren? Sie haben, so Heideggers These, keine Welt, sie sind weltarm. Offenbar kommen sie aber in unserer Welt als Dinge und Kulturdinge vor, etwa als Haustiere. Sollten dereinst alle Menschen verschwinden, würden Wachhunde oder Wollschafe als Kulturdinge zu existieren aufhören wie Geld oder Autos. Das Tier gehört aber auch in den Bereich der entdeckten Dinge, die gejagt, beobachtet oder erforscht werden. Aus dieser Perspektive erscheint es uns als weltarm. Ihm ist zwar keine Welt offen, doch meint Heidegger, dass das Tier für seine Welt (seine ökologische Nische) offen ist. Das Tier gehört auch zum Bereich der Natur. Dann muss es bereits im Bereich der Natur so etwas wie eine Welt geben, für die das Tier offen ist, eine Art Vorstufe für das In-der-Welt-sein des Menschen. Wenn wir diese Spur weiterverfolgen, dann können wir mit Heideggers Hilfe die Tierphilosophie vorantreiben und uns jenen Thesen zuwenden, wonach die Tierphilosophie den Menschen soweit wie möglich als Tier betrachtet und dennoch die anthropologische Differenz nicht zu leugnen braucht (vgl. I.3). Wir werden behaupten, dass der Mensch das Tier ist, das eine Welt hat, und dass diese Welt die vom ihm erschaffene ökologische Nische ist. Kein anderes Tier hat eine Welt in diesem Sinne. Gemäß unserem assimilationistischen *Bottom-up*-Verfahren beginnen wir im nächsten Abschnitt (V.2) bei Tieren, die in einer sozialen und kulturellen Welt leben, nämlich Menschenaffen, und gehen dann im übernächsten Abschnitt (V.3) zum Menschen über.[17]

2. Soziales Lernen und kulturelle Evolution

Man könnte Heideggers Welt nun einfach als Kultur verstehen. Und wenn man sagt, der Mensch sei das Tier, das eine Welt hat, so meint man damit eben, er habe im Unterschied zu allen anderen Tieren eine Kultur. Haben andere Tiere tatsächlich keine Kultur? Denkt man dabei zuerst an Mythos, Religion, Kunst, Recht, Mode oder Wissenschaft, so scheint es auf der Hand zu liegen, dass nur Menschen Kultur haben, denn diese Institutionen finden sich (soweit wir wissen) nur bei uns. Man kann Kultur jedoch auch unabhängig von Institutionen definieren, und zwar als gruppenspezifische Präferenzen, Verhaltensmuster oder Erzeugnisse in einer bestimmten Population, die auf sozialem Lernen beruhen und auf diese Weise weitergegeben werden. Kultur in diesem Sinne findet sich auch bei Tieren. Wiederum spielt das Lernen eine entscheidende Rolle. Während das individuelle Lernen als eine (normalerweise) adaptive, durch Erfahrung herbeigeführte Verhaltensänderung betrachtet werden kann (vgl. IV.2), bezeichnet das soziale Lernen eine Verhaltensänderung, die das Resultat der Interaktion mit Gruppenmitgliedern ist. Solche Verhaltensänderungen können an nachfolgende Generationen weitergegeben werden. Dies bedeutet, dass sich bei Tieren nicht nur ein genetisches System der Vererbung findet, sondern auch ein nicht-genetisches Vererbungssystem für Verhaltensmuster (*Behavioural Inheritance System*). Ein entscheidender Vererbungsmechanismus ist das soziale, oder genauer: das sozial vermittelte Lernen.

Betrachten wir ein Beispiel. In Japan gibt es eine Affenart, die Japanmakaken. Seit den 1950er Jahren studieren japanische Forscher eine Gruppe von Japanmakaken auf der Insel Koshima. Natürlich waren die Affen leichter im offenen Gelände zu beobachten, und um sie aus dem Wald zu locken, legten die Forscher

Süßkartoffeln am Strand aus. Eine offenbar besonders begabte junge Makakin, die den Namen Imo erhielt, begann die Kartoffeln in einem Fluss zu waschen. Das befreite die Knollen von Sand und Schmutz. Imos Verfahren der Reinigung machte Schule. Wenig später begannen die anderen Makaken auf Koshima die Kartoffeln im Fluss zu waschen, und bald auch im Meer. Dabei bissen sie die Knollen an, vermutlich um sie zu salzen. Imo fand eine Lösung für ein weiteres Problem. Neben Süßkartoffeln wurde auch Weizen ausgestreut. Der am Strand gestreute Weizen vermengte sich mit Sand. Imo warf den Mix aus Weizen und Sand ins Wasser, der Sand versank, der Weizen schwamm obenauf und konnte leicht eingesammelt werden. Wiederum verbreitete sich dieses Verhalten, zuerst von den Jüngeren auf die Älteren, dann von den Müttern auf die Jungtiere. Der Umstand, dass Mütter mit ihren Kindern zur Nahrungsgewinnung nun häufiger ins Wasser und ans Meer gingen, hatte eine weitere Folge. Die Makaken gewöhnten sich ans Wasser und begannen das Meer als Ort des Spiels und als Nahrungsquelle zu behandeln. Die Makaken fingen weiterhin an zu schwimmen und zu tauchen; und wenn es nichts Besseres zu beißen gibt, sammeln sie Fische, Schnecken oder Tintenfische.

Makaken sind wie die meisten Affenarten in einem hohen Maße soziale Tiere. Erinnern wir uns an die Tiere aus dem ersten Kapitel (vgl. I.1). Dort sahen wir Tiere meistens in Auseinandersetzung mit ihrer materiellen Umwelt (Grabwespe, Seehase, Häher, Rabe, der Schimpanse Sultan), mit Raubfeinden (Regenpfeifer, Erdhörnchen, Vervetaffen) oder im Kontakt mit Menschen (Rico, Koko und Alex). Als »intelligent« erscheinen uns jene Tiere, die auf flexible Art Nahrung beschaffen (der Rabe), Feinden ausweichen (die Vervetaffen) oder mit der Ausübung scheinbar spezifisch menschlicher Fähigkeiten brillieren (der Gorilla Koko). Doch ähnlich wie in der Philosophie im 20. Jahrhundert eine Wende zur Intersubjektivität stattgefunden hat (vgl. IV.5), hat in der Psychologie und Ethologie eine Wende zum Sozialen stattgefunden.

Das soziale Wissen der Affen (und anderer Tiere) betrifft zunächst soziale Strukturen. Dorothy Cheney und Robert Seyfarth etwa haben ein hohes Maß an sozialem Wissen bei Grünen Meerkatzen und Pavianen in freier Wildbahn beobachtet, belegt, getestet, theoretisch interpretiert und in zwei höchst lesenswerten Büchern beschrieben: *Wie Affen die Welt sehen* (1994) und *Baboon Metaphysics* (2007). Viele Affen leben in großen, hierarchisch strukturierten und daher komplexen Sozialverbänden. In großen Gruppen muss man sich zurechtfinden. Doch wie? Betrachten wir einige allgemeine Punkte. Viele Affen können Gruppenmitglieder anhand ihrer Stimme identifizieren. Um sich in der Gruppe behaupten zu können, müssen Affen auch Individuen identifizieren. Sozialverbände sind stark hierarchisch strukturiert. Paviangruppen beispielsweise bestehen einerseits aus relativ stabilen, durch Verwandtschaft gebildeten Weibchenhierarchien und andererseits aus sehr schnell sich ändernden, aggressiven Männchenhierarchien. Paviane wissen über die Beziehungen zwischen sich und anderen (über sekundäre Relationen) Bescheid, d.h., sie kennen ihre hierarchische Position im Sozialverband. Offenbar wissen sie auch über Beziehungen zwischen Dritten (tertiäre Relationen) Bescheid, d.h., sie kennen die hierarchischen und verwandtschaftlichen Beziehungen zwischen Gruppenmitgliedern und verfolgen Veränderungen in der Hierarchie und Erweiterungen der Verwandtschaft. Die Komplexität der Sozialverbände ergibt sich schlicht aus ihrer schieren Größe und natürlich aus ihrer sich teilweise rasch ändernden hierarchischen Struktur.

Das damit verbundene Wissen ist für diese Affen wichtig, denn es betrifft wertvolle Ressourcen wie Futter, Schlafstellen, Partner für die Fortpflanzung, das Grooming (»Lausen«), Allianzen,

Koalitionen usw. Die für das möglichst erfolgreiche kompetitive und kooperative Verhalten erforderliche Intelligenz wird als »soziale Intelligenz« bezeichnet. Diese Form der Intelligenz hat der Psychologe Nicholas Humphrey in einem wichtigen Aufsatz mit dem Schachspiel verglichen: Jeder Zug im Spiel verändert die Relationen und Optionen der Spielfiguren. Und genauso wirkt sich eine Veränderung in der Umgebung der Sozialgruppe (neue Futterressourcen) oder in deren sozialer Hierarchie (neues Alphamännchen) auf die Mitglieder der Gruppe aus. Die Anforderungen des Lebens in Sozialverbänden haben offenbar den Selektionsdruck für Fähigkeiten erhöht, die nicht nur dazu dienen, sich in einer physischen, sondern vor allem auch in einer komplexen sozialen Umwelt durchsetzen zu können. Nun korreliert mit der Zunahme der Gruppengröße und folglich mit der Komplexität der sozialen Umwelt bei Affen eine Zunahme des relativen Hirnvolumens. Die *Hypothese der sozialen Intelligenz* lautet nun, dass die komplexe soziale Umwelt den Selektionsdruck auf das Hirnvolumen bei Affen verstärkt hat. Dies bedeutet umgekehrt: Wenn die Hypothese zutreffen sollte, dann werden soziale Wesen mit großem Hirn über ein reichhaltiges soziales Wissen verfügen und sich komplexer sozialer Strategien (wie etwa der Koalitionsbildung) bedienen. Wir haben hier eine recht abstrakte Darstellung der sozialen Intelligenz, die zugleich mit einem hervorstechenden Merkmal korreliert, dem Hirnvolumen. Dadurch wird die soziale Intelligenz auch biologisch spezifizierbar.

Vor dem Hintergrund dieser hohen sozialen Kompetenz scheint es auf der Hand zu liegen, dass Affen zugleich auch über eine ausgeprägte Fähigkeit zu sozialem Lernen verfügen. Bei den Japanmakaken haben wir es mit sozialen Tieren zu tun, die über ein hohes Maß an sozial vermitteltem Lernen verfügen. Eine Folge davon ist kulturelle Evolution. Die Makaken auf Koshima haben in kurzer Zeit gruppenspezifische Präferenzen (Baden im Meer), Verhaltensmuster (Kartoffelwaschen) und Erzeugnisse (gesalzene Kartoffeln) ausgebildet, die auf die Innovation eines Gruppenmitglieds (Imo) zurückgehen. Gemäß der zuvor gegebenen Definition haben die Makaken eine Kultur. Der Prozess des sozialen Lernens und der Weitergabe ist also nicht notwendig an symbolische oder sprachliche Kommunikation gebunden. Die kulturelle Entwicklung der Makaken kann als Ausfluss sowohl ihres Vermögens, entkoppelte Repräsentationen und Wünsche auszubilden (vgl. IV.2), als auch ihrer sozialen Intelligenz und ihrer Fähigkeit zu sozialem Lernen gesehen werden.

Dennoch haben wir es bei den Makaken noch nicht mit einer heideggerschen Welt zu tun. Deren wichtigste Zutat ist das Zeug, dessen Struktur wiederum der Zeugzusammenhang. Die Makaken jedoch hantieren nicht mit Zeug. Sie haben einen Weg zur Behandlung von Lebensmitteln gefunden und als Folge davon einen neuen, wasserorientierten Lebensstil entdeckt. Aber sie umgeben sich nicht mit Zeugzusammenhängen. Findet man bei nicht-menschlichen Tieren Zeug? Nun, man kann reichhaltigere, materielle Kulturen bei Menschenaffen finden. Bislang wurden beispielsweise bei Schimpansen etwa vierzig Verhaltensweisen in den Bereichen Futterbearbeitung, Futterbeschaffung, Komfort und Sozialleben als kulturelle Verhaltensweisen gedeutet. Dabei erfährt die oben gegebene Definition (Weitergabe gruppenspezifischer Präferenzen, Verhaltensmuster oder Erzeugnisse in einer bestimmten Population durch soziales Lernen) eine methodische Präzisierung: Die kulturellen Verhaltensweisen treten nicht bei allen Schimpansen auf, sondern nur in bestimmten Populationen, und sie dürfen sich nicht allein durch Umweltbedingungen erklären lassen, sondern sollen das Resultat sozialen Lernens sein.

Konzentrieren wir uns auf die Weitergabe von Verhaltensweisen zur Herstellung von Werkzeug, denn dabei handelt es sich um eine Form des Zeugs, und denken wir an das Beispiel von Jane Goodall zurück, die beobachtet, wie der Schimpanse David Greybeard ein Werkzeug herstellt, indem er einen Ast bearbeitet, um mit ihm Termiten zu angeln. Schimpansen tun dies häufig, jedoch auf unterschiedliche Weise. Einige Populationen streifen die am Stöckchen krabbelnden Termiten mit der Hand ab, andere hingegen ziehen das Stöckchen durch den Mund. Die Schimpansen stellen Werkzeuge her, benutzen sie aber lokal auf unterschiedliche Weise, d.h., es gibt Unterschiede zwischen Populationen.

Stellen wir uns nun vor, dass in einer Schimpansenwohngegend keine Termiten vorkommen. In diesem Fall ist das Fehlen der Angeltechnik natürlich kein Hinweis auf eine kulturelle Differenz, sondern ist durch eine Umweltbedingung erklärbar. Findet man zwischen Populationen einer Art Unterschiede im Werkzeuggebrauch, die sich nicht allein auf bestimmte Umweltbedingungen zurückführen lassen (wie das Fehlen der Termiten), so liegt es nahe, diese Differenzen als Resultat kultureller Transmission zu betrachten. In der Werkstatt der Schimpansen finden sich nicht nur zurechtgestutzte Grashalme und Stöckchen für das Angeln von Termiten, sondern beispielsweise auch Bohrstöcke für Termitenhaufen, für Honig, Harz oder Knochenmark, Astharken, um fruchttragende Zweige heranzuziehen, Blatttupfer zur Wundbehandlung, Zahnstocher und sogar eine Art Hammer und Amboss aus Stein, um Nüsse zu knacken. Geeignete Hämmer und Nüsse werden bisweilen über längere Strecken zu den Nussbäumen bzw. zur Werkstatt getragen. Nicht nur stellen Schimpansen Werkzeuge her, es existieren auch unterschiedliche Werkzeugkulturen innerhalb isolierter Schimpansenpopulationen in West-, Zentral- und Ostafrika. Techniken von Werkzeugherstellung und -gebrauch werden an die nächste Generation weitergegeben. Der kombinierte Gebrauch von Hammer und Amboss beispielsweise ist den ostafrikanischen Schimpansen im Taï-Nationalpark unbekannt.

Schimpansen stellen also Werkzeug her, gebrauchen es und vererben die entsprechenden Techniken durch soziales Lernen. Reicht dies schon aus für eine heideggersche Welt? Offenbar nicht, denn eine solche Welt ist wesentlich dichter. Denken wir nur daran, was man mit Werkzeugen alles machen kann. Man stellt sie nicht nur her und verwendet sie, man bewahrt sie auf, nimmt sie mit, leiht sie aus, verbessert und benutzt sie, um andere Werkzeuge herzustellen. Zwar gibt es Anzeichen dafür, dass Menschenaffen unter experimentellen Bedingungen Werkzeuge für den späteren Gebrauch aufbewahren, doch die ganze Dichte des Umgangs mit Werkzeug, wie der Mensch sie kennt, scheint ihnen nicht offenzustehen. Insbesondere werden Werkzeuge nicht mitgenommen, geteilt, ausgebessert oder verbessert. Erst durch diesen potenzierten Umgang entsteht eine Welt. Eine Welt ist die Summe der Praktiken und als ganze strukturiert durch Zeugzusammenhänge. Der Mensch lebt in einer Welt, in der Werkzeug und anderes Zeug nicht unter anderen natürlichen Dingen auch vorkommen mögen, vielmehr besteht diese Welt ganz und gar aus Zeug. Auch unsere Begegnung mit Naturdingen ist geprägt durch die Um-zu-Struktur des Zeugs.

Wo hat sich der entscheidende Sprung vollzogen? Könnte es nicht sein, dass *die Art und Weise des sozialen Lernens und der Weitergabe* einen entscheidenden Unterschied macht? Betrachten wir eine viel beachtete These des Psychologen Michael Tomasello etwas ausführlicher. Wir werden sie nur mit Vorbehalten akzeptieren, um in einem nächsten Schritt die heideggersche Welt biologisch zu charakterisieren. Tomasello zufolge ist die Imitation eine für die menschliche Kulturentwicklung entscheidende Form des sozialen Lernens. Denn die Imitation ist eine scheinbar einfache, aber sehr zuverlässige Lernform. Aber, so möchte man einwenden, sind denn nicht Affen Meister im Nachäffen? Eben nicht, so Tomasello, die wahren Nachäffer sind wir Menschen. Was sich zunächst wie eine banale motorische Fähigkeit ausnimmt, erweist sich möglicherweise als basaler Motor der Kulturentwicklung.

Was ist Imitation? Unter Imitation kann man die Kopie bestimmter Charakteristika der Körperbewegungen eines Modells durch einen Beobachter verstehen. Davon unterschieden wird die Emulation. Sowohl Imitation als auch Emulation sind Formen sozialen Lernens. Worin besteht der Unterschied? Nehmen wir wiederum das Beispiel der Makaken. Diese lernten ursprünglich von Imo, dass man Kartoffeln vor dem Verzehr waschen kann. Nun konzentrierten sich die anderen Makaken jedoch in erster Linie auf die Kartoffeln und das Wasser und lernten, dass man die Nahrung durch diese Technik vor dem Verzehr von Schmutz und Sand befreien kann. Sie imitieren also nicht die Körperbewegungen der innovativen Imo, sondern zeigen einfach großes Interesse für bestimmte Objekte, die sie so lange manipulieren, bis sich sozusagen ein Aha-Erlebnis einstellt. Im Unterschied zur Imitation ist die Emulation also nicht auf das *Modell* und dessen Verhalten gerichtet, sondern auf das manipulierte *Objekt*. Hätten die Makaken die Körperbewegungen von Imo kopiert, um an das Ziel zu gelangen, so hätten sie imitiert. Um nun eine Körperbewegung kopieren zu können, so kann man weiter argumentieren, muss der Beobachter dem Modell *Ziele und Absichten* zuschreiben. Wir haben ja gesagt, dass eine Reihe von Körperbewegungen erst dann zu einem Verhalten wird, wenn man das Wozu (die Funktion) bestimmen kann (vgl. II.4).

Eine besonders elaborierte Form, das Wozu einer Serie von Körperbewegungen zu erkennen, besteht darin, die damit verfolgten Ziele und Absichten zu erkennen. Um imitieren zu können, muss man also gleichsam die Gedanken eines anderen lesen können. Solches Gedankenlesen wird »Theorie des Geistes« genannt. Wir haben bereits erläutert, dass wir ganz selbstverständlich sowohl menschliches als auch tierliches Verhalten durch das erklären, was die Subjekte glauben oder wünschen: Warum sagt Odysseus zu sich »Halt aus, Herz!«? Weil er seinen Zorn zu besänftigen wünscht. Warum geht Argos zum Fressnapf? Weil er hungrig ist und glaubt, es sei etwas darin. Wir haben sozusagen eine Theorie über die geistigen Ursachen von Handlungen. Und weil wir diese Theorie haben, können wir oft voraussagen, was andere tun werden, oder verstehen, warum sie etwas getan haben. Lebewesen mit einer Theorie des Geistes haben eine Art Theorie darüber, wie geistige Zustände auf der einen und Verhalten auf der anderen Seite zueinander in Beziehung stehen. So schreibt C. Heyes: »[E]in Lebewesen mit einer Theorie des Geistes glaubt, dass geistige Zustände eine kausale Rolle in der Erzeugung von Verhalten spielen, und es leitet das Vorhandensein geistiger Zustände bei anderen durch die Beobachtung ihrer Erscheinung und ihres Verhaltens unter sich verändernden Umständen ab.«

Wer eine Theorie des Geistes beherrscht, ist ein »Gedankenleser« (*mindreader*). Kinder lernen das Gedankenlesen schon früh. Das zeigt ein einfaches Experiment (der *false belief task*). Einem Kind wird folgende Geschichte erzählt: Sarah legt ihren Ball in einen Korb und verlässt das Zimmer. Anna versteckt den Ball in einer Schachtel. Sarah kommt zurück. Wo wird sie den Ball suchen? Argos denkt, dass die Leserinnen und Leser nun denken, dass Sarah denkt, der Ball liege im Korb. Wenn wir die Geschichte einem Kleinkind erzählen und fragen, wo Sarah den Ball suchen wird, antwortet es: »In der Schachtel.« Das Kind berichtet, was es selbst denkt. Es ist (noch) nicht in der Lage zu berichten, was *Sarah* denkt, d.h., es ist noch kein Leser fremder Gedanken. Erst mit ca. vier Jahren wird es das. Weil wir Gedanken lesen, können wir voraussagen, was jemand als nächstes tun wird (Sarah geht zum Korb) und erklären, warum jemand bestimmte Dinge tut (Sarah wundert sich). Wir machen uns also Gedanken *über* Gedanken.

Gedankenleser haben auch die Fähigkeit zur Metarepräsentation, denn sie können sich nicht nur Gedanken über die Gedanken anderer machen, sondern auch über ihre eigenen. Das Gedankenlesen ist ein besonderes kognitives Vermögen, so dass viele Psychologen, Philosophen und Anthropologen denken, es unterscheide uns von anderen Tieren. Möglicherweise handelt es sich um ein angeborenes Vermögen, das sich erst im Laufe der kindlichen Entwicklung ausprägt, ähnlich wie das Sprachvermögen. Das Gedankenlesen vollzieht sich nach dem vierten Lebensjahr routinemäßig und ohne viel Nachdenken. Wir haben bereits davon gesprochen, dass manche Kognitionspsychologen solche spezialisierten, angeborenen Vermögen als »Module« bezeichnen (vgl. II.4). Der menschliche Geist wird hier mit einem Schweizer Taschenmesser verglichen, das aus unterschiedlichen Instrumenten (Modulen) besteht, die für die kompetente und schnelle Bewältigung spezialisierter Aufgaben gemacht sind. Auch das Gedankenlesen, d.h. die Theorie des Geistes, könnte ein solches Modul sein. Für Tomasello besteht die Theorie des Geistes eines Lebewesens wesentlich darin, dass es Artgenossen (aber auch andere Wesen) als Inhaber von Absichten, Plänen, Wünschen und Gedanken aller Art verstehen kann.

Es liegt auf der Hand, dass die Beherrschung einer solchen Theorie des Geistes einen beträchtlichen Zuwachs an Möglichkeiten für die soziale Intelligenz bedeuten würde. Denn durch eine solche Theorie des Geistes werden Gruppenmitglieder und Artgenossen zu intentionalen Agenten. Man kann nun ihre Wünsche und Absichten erkennen und sich entsprechend verhalten. Menschenaffen, so scheint es, üben sich aber nicht in Imitation oder anderen anspruchsvollen Formen sozialen Lernens, sondern in Emulation. Darüber hinaus zeigen sie wenig Verständnis für die inneren Zustände von Artgenossen. Tomasello hat deshalb die These vertreten, dass sich Menschen *biologisch* dadurch von Menschenaffen unterscheiden, dass sie über eine Theorie des Geistes verfügen. Wir haben unsere soziale Primatenintelligenz um diese entscheidende Zutat ergänzt. Die Theorie des Geistes unterscheidet den Menschen folglich auch von allen anderen Tieren, denn die Menschenaffen sind genetisch betrachtet seine nächsten Verwandten. Damit haben wir eine anthropologische Differenz und eine Erklärung für den großen Sprung auf dem Baum des Lebens. Doch der eigentliche Punkt der anthropologischen Differenz, wie sie Tomasello veranschlagt, ist nicht der biologische, sondern der *kulturelle* Aspekt. Denn das Vermögen, Gedanken zu lesen, ist zwar die Grundlage für zwei spezifisch menschliche Errungenschaften, nämlich für die Evolution einer komplexen, materiellen Kultur und eines komplexen Kommunikationssystems, doch erst diese beiden Prozesse machen den Menschen zu einer außergewöhnlichen Tierart, nämlich zu einer Tierart, die sich eine kulturelle Welt erschafft.

Durch die Imitation können sich nämlich die Fertigkeiten zur Herstellung von Werkzeugen und anderen Artefakten mit großer Zuverlässigkeit und Geschwindigkeit transgenerational verbreiten. Beim Emulationslernen (und anderen Formen sozial vermittelten Lernens) hingegen muss eine Fähigkeit immer wieder durch Manipulation der interessierenden Objekte gleichsam neu erworben werden. Die Gefahr des Verlusts einer Innovation ist deshalb größer.

Menschen sind nicht darauf angewiesen, jedes Mal durch mühseliges »Emulieren« zum Zufallserfolg zu kommen, sondern erkennen die Absicht, imitieren das Verhalten und gelangen zum Erfolg. Aufgrund dieser Art sozialen Lernens können Fähigkeiten mit großer Genauigkeit weitergegeben werden. Ebenso können Veränderungen von Fähigkeiten und Modifikationen an Artefakten weitergegeben werden. Erst dadurch wird die kulturelle Evolution *kumulativ* und infolgedessen reichhaltig. Tomasello spricht von einem »Rätscheneffekt« (*ratchet effect*). Wie bei einer Rätsche ein kleiner Anstoß genügt, um das Gerät in kreisender Bewegung zu halten, so genügt auch ein kleiner Anstoß, damit die kulturelle Entwicklung kumulativ wird. Die Kumulation ist das Ergebnis einer Form sozialen Lernens, diese Form wiederum ist das Ergebnis einer einzigen biologischen Adaptation, nämlich der Theorie des Geistes. Sprachliche Kommunikation wiederum setzt voraus, dass man den Kommunikationspartnern Absichten unterstellt, nämlich die Absicht etwas mitzuteilen. Sprachliche Zeichen lösen sich ja von unmittelbaren Reizen in der Umgebung. Weder sieht das Wort »Tiger« einem Tiger ähnlich, noch besagt es bei Gebrauch, dass Tiger in der Nähe sind. Der Empfänger muss vielmehr erkennen, was der Sender ihm mitteilen möchte. Hat er verstanden, was der Sender ihm mitzuteilen die Absicht hat, ist die sprachliche Kommunikation erfolgreich. Und natürlich können durch die sprachliche Kommunikation Informationen transgenerational schnell weitergegeben werden. Imitation und Kommunikation wirken als Beschleuniger der Kulturentwicklung. Die These lautet also, dass aufgrund einer einzigen biologischen Anpassung, der Theorie des Geistes, neuartige Formen des sozialen Lernens entstanden sind, die wiederum kumulative kulturelle Evolution ermöglichen. Schimpansen und andere Menschenaffen verfügen zwar über eine biologisch spezifizierbare soziale Intelligenz, aber ihnen fehlt eine Theorie des Geistes. Sie haben ihr soziales Leben noch nicht um Imitation und sprachliche Kommunikation bereichert. Und deshalb haben sie keine reichhaltige Kultur.

Menschenkinder imitieren und kommunizieren schon außerordentlich früh. Eine wichtige Fähigkeit stellt in diesem Zusammenhang die geteilte Aufmerksamkeit dar. (In seinen neueren Arbeiten konzentriert sich Tomasello besonders auf dieses Phänomen). Schon sehr früh sind Kleinkinder in der Lage, in Richtung von Dingen zu blicken, auf die Erwachsene blicken oder zeigen, oder selbst die Aufmerksamkeit auf angeblickte Dinge zu ziehen, etwa durch Zeigen. Durch Zeigen teilen sie die Aufmerksamkeit für etwas in ihrer Umwelt. Auch Heidegger meint: »Und zwar ist der Mensch nicht zunächst Mensch und dann noch außerdem und vielleicht gelegentlich ein Zeigender [...]. Sein Wesen beruht darin, ein solcher Zeigender zu sein.« Affen hingegen scheinen außerstande, auf Dinge zu merken, die man ihnen zeigt, sie blicken höchstens den Zeigenden an. Argos ist erstaunt: Affen können so etwas nicht? Für Hunde und andere Haustiere ist das doch ein Kinderspiel. Etwas scheint an der Theorie nicht ganz zu stimmen.

Stimmt es, dass Tiere nicht imitieren? Wir haben oben ein Experiment mit Wachteln angeführt (vgl. III.2). Um an Futter zu gelangen, betätigen sie im Versuch entweder mit dem Schnabel oder mit dem Fuß einen Hebel. Gibt man anschließend den Beobachtern dieser Modelle die Gelegenheit, selbst an Futter zu kommen, imitieren sie die Technik ihres Modells, d.h., sie benutzen den Fuß oder Schnabel. Sollten Wachteln können, was Schimpansen nicht können? Tatsächlich haben neuere Versuche gezeigt, dass nicht nur Vögel, sondern auch Schimpansen zur Imitation im oben definierten Sinne fähig sind, ja sie bemerken es sogar, wenn sie imitiert werden. Die Imitation ist also kein eindeutiges Anzeichen für eine konstitutive anthropologische Differenz.

Komplexer ist die Frage nach dem Gedankenlesen. Der Umstand, dass Hunde Zeigegesten zu verstehen scheinen und vielleicht etwas über die Absicht des Herrchens wissen, kann möglicherweise auf die Ko-Evolution von Mensch und Hund zurückgeführt werden. Es ist jedoch auch umstritten, ob Schimpansen und andere Primaten nicht doch über eine Theorie des Geistes verfügen. Tomasello selbst und andere Forscherinnen und Forscher rücken in jüngeren experimentellen Arbeiten von einem negativen Standpunkt ab. Sie glauben nun, dass Schimpansen beispielsweise *Blickrichtungen* verfolgen können. Schimpansen verstehen, was es heißt, dass jemand etwas sieht oder nicht sieht, etwa weil es aus seiner Perspektive verdeckt ist. Sie können daraus Schlüsse über das Wissen und Nichtwissen oder die Absichten von Artgenossen (aber auch von Menschen) ziehen.

Schwierig hingegen ist die Zuschreibung von Gedanken und Wünschen. Es geht also nicht um die Frage, *ob* Menschenaffen psychische Zustände lesen können, sondern *welche*. Es scheint, als handle es sich bei der Theorie des Geistes um kein einheitliches, in sich geschlossenes Vermögen, sondern um ein aus mehreren verschiedenen Fähigkeiten zusammengesetztes Vermögen. Dies widerspricht natürlich auch der These, dass das Gedankenlesen ein Modul sein soll (vgl. IV.4). Vor dem Hintergrund der These der sozialen Intelligenz scheint es auch durchaus plausibel, dass Primaten gewisse Fähigkeiten erworben haben, die Teile einer Theorie des Geistes sind, denn diese Fähigkeiten stellen einen evolutionären Vorteil für Tiere dar, die in komplexen sozialen Umwelten leben.

Umstritten ist auch der Gedanke, dass die Theorie des Geistes eine Voraussetzung für die Imitation sei. Folgt man der Hypothese, dass Kinder mit etwa vier Jahren über eine Theorie des Geistes verfügen, und zieht man in Betracht, dass Imitation und Kommunikation schon vorher zutage treten, so stellt sich die Frage, warum die Theorie des Geistes eine Bedingung für Imitation und Kommunikation sein sollte. Vielleicht setzt die Imitation gar keine Theorie des Geistes voraus, sondern durch das Imitieren wird umgekehrt eine solche Theorie (oder Teile von ihr) erst erworben. Man kann sich dies wie folgt vorstellen: Ein Kind möchte ein Modell (einen Erwachsenen) kopieren, d.h., das Kind hat die Absicht, eine bestimmte Folge von Körperbewegungen auszuführen. Es ist sich dieser Absicht bewusst. Bei der Imitation erkennt es die Ähnlichkeit zwischen seinen Körperbewegungen und denjenigen des Modells. Daraus schließt es nun, dass auch das Modell die Absicht gehabt hat, diese Körperbewegungen auszuführen. Aufgrund solcher Schlüsse lernt das Kind, Verhalten als Ausdruck von Absichten, Wünschen und Meinungen zu verstehen.

Die Theorie des Geistes wird dieser Theorie zufolge durch Imitation erworben. Doch diese Erwerbsgeschichte setzt eine andere Art des Gedankenlesens voraus, nämlich die Kenntnis der eigenen Absicht. Diese Art des Gedankenlesens, die Kenntnis der eignen Absichten, wird als »Metarepräsentation« bezeichnet. Dass das Kind sich seiner Absicht *bewusst* ist, die Körperbewegungen des Modells zu kopieren, kann man so verstehen, dass es seine eigene Absicht repräsentiert. Es stellen sich einige Fragen: Was für ein Vermögen soll das Gedankenlesen sein? Wie wiederum hängen die verschiedenen Subvermögen einer Theorie des Geistes (Blickrichtungen, Absichten, Wünsche, Gedanken erkennen) zusammen? Verfügen wir über so etwas wie eine ausgebaute Theorie darüber, wie die Gedanken, Absichten, Wünsche und Verhaltensweisen von anderen Personen und anderen Lebewesen kausal zusammenhängen? Oder versetzen wir uns einfach in der Art einer Simulation in die Haut einer anderen Person oder eines anderen Lebewesens? Was wäre ein gültiger Test dafür, ob ein Lebewesen sich wirklich Gedanken über die Gedanken und nicht über das Verhalten eines Artgenossen macht? Gibt es dafür überhaupt einen gültigen Test, oder handelt es sich nicht vielmehr um ein graduelles Vermögen? Fragen dieser Art haben einen gemeinsamen Kern. Sie problematisieren die Annahme, dass das

Gedankenlesen tatsächlich ein isoliertes und klar umrissenes Vermögen (oder gar ein kognitives Modul) sei, und nicht vielmehr ein hybrides Konglomerat unterschiedlicher Fähigkeiten.

Ein Beispiel mag diesen Verdacht illustrieren. Stellen wir uns vor, ein kleines Äffchen stößt einen bestimmten Schrei aus, während ein erwachsenes Gruppenmitglied friedlich eine Frucht frisst. Es handelt sich um einen Schrei, der der Mutter signalisiert, dass das Junge bedroht wird. Die Mutter rangiert in der sozialen Ordnung höher als der Früchtefreund. Sie eilt herbei und schlägt den Früchtefreund in die Flucht, das Äffchen schnappt sich die aus Furcht fallen gelassene Frucht. Was tut das Äffchen? Hat es die *Absicht*, die Mutter *glauben* zu machen, es werde bedroht, um an die Frucht zu gelangen? Das wäre ein anspruchsvoller Akt des Gedankenlesens. Eine alternative Erklärung könnte lauten, dass das Äffchen zufällig einmal auf diese Weise an etwas Essbares gekommen ist. Nun wiederholt es dieses Verhalten, um an Essbares zu kommen. Dabei muss es diese Erfahrung nicht nur auf neue Situationen übertragen können, es muss auch wissen, ob sein Opfer hierarchisch unter der Mutter rangiert (soziale Intelligenz), es muss die Mutter in ausreichender Nähe wissen und es muss seinen Schrei instrumentell einsetzen können. Das Äffchen verknüpft die mentalen Repräsentationen dieser Elemente und steuert dadurch sein Verhalten. Wir können sagen, dass es denkt (vgl. IV.2). Aber wir brauchen nicht zu sagen, dass es über eine Theorie des Geistes verfügt, obschon sich sein Verhalten so ausnimmt, als ob es Ausdruck des Gedankenlesens wäre. Vielleicht sind auch ganz allgemein Verhaltensweisen, die man auf eine Theorie des Geistes zurückführt, hybride Fähigkeiten.

Tomasellos Theorie der kumulativen kulturellen Evolution hat eine große Kraft, vor allem der ihr zugrunde liegende Rätscheneffekt. Sie gerät jedoch an jener Stelle ins Schleudern, wo sie ihre größte Stärke vermutet, nämlich bei der Eindeutigkeit der anthropologischen Differenz. Das Gedankenlesen (die Theorie des Geistes) scheint kein eindeutiges Vermögen zu sein. Zwischen dem Menschen und anderen Tieren gibt es viele Unterschiede. Warum sind nicht andere einschlägig? Menschen verfügen nicht nur über eine Alltagspsychologie, sondern auch über eine alle Kulturkreise umfassende Alltagsbiologie; Menschen sprechen, sie durchlaufen eine lange Entwicklungszeit, sie verfügen über ein hohes Maß neuronaler Plastizität, sie bilden komplexe Kooperationen aus, sie folgen moralischen Normen, sie verfügen über die Fähigkeit zu weitreichendem deduktiven, induktiven oder analogen Denken, sie können weit in die Zukunft planen, sie klatschen und lachen, sie erzählen Geschichten und spielen Theater, sie negieren, vermuten und fantasieren. Warum aber kommen Tomasello und andere Forscher überhaupt auf den Gedanken, bloß *eine* anthropologische Differenz festmachen zu wollen?

Sie gehen von zwei etablierten Tatsachen aus: Erstens sind Mensch und Schimpanse erst vor rund sechs Millionen Jahren getrennte Wege gegangen, wobei die Fossilienfunde vermuten lassen, dass die »kulturelle Explosion« sogar noch einige Millionen Jahre hat auf sich warten lassen. Zweitens ist der genetische Unterschied zwischen Mensch und Schimpanse sehr klein; es scheint, als wären das Genom des Menschen und dasjenige des Schimpansen zu 98,4 Prozent identisch. Aus diesen beiden Tatsachen wird geschlossen, dass die biologische Grundlage der kumulativen kulturellen Evolution von knappen zeitlichen und genetischen Ressourcen zehren muss. Die Zeit war einfach zu kurz, um in einem solch kleinen Unterschied mehrere genetische Adaptationen unterzubringen. So scheint die Vermutung plausibel, es könne sich nur um eine einzige Differenz handeln. Diese Vermutung lässt erstens außer Acht, dass evolutionäre Veränderungen sich in relativ kurzen Zeiträumen vollziehen können und dass auch kleine genetische Differenzen sich in vielen Unterschieden auszudrücken vermögen. Vor allem jedoch geht sie von einer in erster Linie gen-zentrierten Evolution aus. Die Zahl »98,4 %« hat beeindruckt. Der naheliegende Schluss aber, der sich aus ihr ziehen lässt, lautet, dass das Genom so wichtig nicht sein kann. Wir haben im Zusammenhang mit der Kultur der Japanmakaken bereits gesehen, dass evolutionäre Prozesse auch Vererbungssysteme für Verhaltensweisen umfassen. Es besteht also die Möglichkeit, dass eine Gruppe von Unterschieden zwischen Mensch und Tier existiert und dass diese Unterschiede nicht absolut sein müssen, sondern auch graduell sein können. Verfolgen wir diese Möglichkeit weiter. Dabei haben wir das Ziel vor Augen zu verstehen, dass der Mensch ein Tier ist, das eine Welt hat.[18]

3. Nischenbau: Der Mensch als Tier, das eine Welt hat

Wir haben gesagt, Heideggers Welt sei die von uns selbst erschaffene ökologische Nische (vgl. V.1). Was ist eine ökologische Nische? Eine solche Nische ist nicht identisch mit der räumlichen Umwelt, in der ein Tier lebt. Vielmehr umfasst eine Nische die funktionalen Zusammenhänge zwischen einer biologischen Art und bestimmten Faktoren der Umwelt. Zu diesen Faktoren gehören etwa Nahrungsquellen oder Fressfeinde, Temperatur oder Luftfeuchtigkeit. Sie ermöglichen das Überleben und den Fortbestand der Art. Reh und Haselmaus im selben Wald fressen nicht dasselbe und werden nicht von denselben Feinden gefressen; Birken oder Palmen können nicht in jedem Klima und in jedem Boden gedeihen. Man kann eine Nische auch als Gesamtmenge des selektiven Drucks auf eine Art (oder besser: Population) beschreiben.

Wie wir gesehen haben, ist die Natürliche Selektion eine aktive Kraft, wenn wir sie aus der Perspektive der Umwelt betrachten (vgl. II.3). Nun wird die Evolution oft als ein Prozess der Anpassung einer Art an eine Umwelt aufgefasst. Die Umwelt stellt das Problem, die Anpassung ist die Lösung. Der Biologe Richard Lewontin hat dies als »Schloss-Schlüssel-Modell« der Evolution bezeichnet und kritisiert. In diesem Modell sind Nischen der stabile Faktor, der von den Organismen einer Art unbeeinflusst bleibt. Es trifft freilich nicht zu, dass die Nische stabil bleibt, vielmehr verändern Organismen ihre Nischen, nämlich durch ihren Metabolismus, ihr Verhalten oder ihre Präferenzen. Erdwürmer beispielsweise müssen das Erdreich, in dem sie wohnen, beträchtlich umgestalten, damit es zu ihrer physiologischen Beschaffenheit passt. Sie bauen Gänge, sondern Schleim ab, eliminieren Kalcit, ziehen abgestorbene Gräser unter den Boden usw. Dadurch wird die Erde durchlässiger und nährstoffreicher. Biber bauen Dämme, wodurch sie einen Fluss in eine Art Teich verwandeln. Als Folge davon bleibt der Wasserstand stabil, vergrößert sich das Aufenthaltsgebiet der Biber, können Wasserpflanzen, die Bibern als Nahrung dienen, wachsen und sicher durch das Wasser transportiert werden. Viehzüchter beginnen Nahrungsmittel und andere Ressourcen zu halten. Sie gewinnen Milch von Kühen und stellen neuartige Produkte daraus her. Auch sie verändern dadurch ihre Nische. Die Lebensweise des Viehzüchters wird in der Generationenfolge Nachkommen mit Laktosetoleranz bevorteilen. Der Erdwurm verändert seine Umgebung, der Biber baut sie um, der Viehzüchter schafft sie neu.

Prozesse dieser Art hat man als »Nischenkonstruktion« bezeichnet. Eine durch Konstruktion modifizierte Nische hat, wie das Beispiel des Viehzüchters zeigt, Rückwirkungen auf die sie besetzende Art (und auch auf andere Arten), so dass Nischenkonstruktion ein Bestandteil der Evolution sein kann. Durch Nischenkonstruktion ändern Lebewesen nämlich den Selektionsdruck ihrer Umwelt. Wie ist dies gemeint? Ein wichtiges Moment der Nischenkonstruktion besteht darin, dass umgebaute Nischen weitergegeben werden können, denn die von einer Generation vorgenommenen Umweltveränderungen kommen auch der folgenden Generation zugute. So können spätere Bibergenerationen von dem umgebauten Fluss profitieren. Nischen bilden somit eine Art ökologisches Vererbungssystem. Ebenso wie Verhaltensweisen werden sie auf nicht-genetische Weise weitergegeben, und ebenso wie vererbte Verhaltensweisen beeinflussen sie den Lebensstil und die Entwicklung einer Art. Die Theorie der Nischenkonstruktion erlaubt es Organismen, einen direkten Einfluss auf die Umwelt und die Evolution zu nehmen. Dieses erweiterte Verständnis der Evolution steht dem nur gen-zentrierten Ansatz entgegen. Sowohl die Idee eines ökologischen als auch diejenige eines behavioralen Vererbungssystems erleichtert die Anwendung evolutionärer Erklärungen auf den Menschen. Einerseits sind solche Erklärungen nicht nur auf die Gene beschränkt, andererseits kann man über jene adaptionistischen Erklärungsansätze menschlicher Verhaltensweisen und Institutionen hinwegsehen, die ihren Gegenstand oftmals eher verzerren als erhellen.

Auch der Mensch baut sich eine Nische, und diese Nische nimmt Einfluss auf seine Evolution und Entwicklung. Er ist an diese selbst gebaute Nische angepasst, er bewohnt sie. Betrachten wir einige generelle Züge dieser Nische. Im Unterschied etwa zur Kultur der Japanmakaken zeichnet sich die Nische des Menschen durch eine hohe Dichte an Artefakten aus, ja sie besteht nur aus Artefakten, d.h. zu bestimmten Zwecken hergestellten Objekten und Institutionen. Im Falle des Menschen sind sämtliche Umweltfaktoren seiner Nische entweder Artefakte oder durch Artefakte modifiziert. Feuchtigkeit oder Temperatur werden beispielsweise durch Häuser und Kleider modifiziert, Nahrung durch Zerlegung, Zubereitung, Viehzucht, Ackerbau, Kontrolle und Transport, Feinde durch Waffen, Fallen oder Forschung.

Die Nischenkonstruktion ist *total*. In den Werkzeugkulturen der Schimpansen werden in erster Linie bestimmte Fertigkeiten zur Herstellung von Werkzeugen durch sozial vermitteltes Lernen weitergegeben. Demgegenüber werden beim Menschen sowohl die Werkzeuge (und andere Artefakte) als auch die Techniken ihrer Herstellung und Verwendung weitergegeben. Die Weitergabe von Artefakten und den Techniken ihrer Herstellung und Verwendung erfolgt *kumulativ*: Modifikationen gehen nicht verloren, sondern bleiben (zumindest teilweise) erhalten (vgl. V.2). Die Modifikationen an einem Werkzeug wie etwa dem Hammer haben zu einer großen Anzahl unterschiedlicher Typen von Hämmern geführt, die unterschiedlichen Zwecken dienen, ebenso die Modifikationen von Kleidern, Möbeln, Lebensmitteln, Häusern oder Haustieren. Wir haben es also mit totaler *und* mit kumulativer Nischenkonstruktion zu tun.

Die beiden Elemente der Kumulation und der Totalität scheinen sich zusammen in der Nischenkonstruktion anderer Tiere nicht zu finden. Die Nische des Menschen ist, so die These, die heideggersche »Welt«. Unsere ökologische Nische ist die Summe unserer Praktiken. Sie besteht, wie die heideggersche Welt, aus strukturiertem Zeug, aus Werkzeug, Schuhzeug, Schreibzeug, Nähzeug, Esswaren, Hausrat usw. (vgl. V.1). Zeug ist strukturiert, da jeder Bestandteil auf einen anderen im Sinne der Um-zu-Struktur verweist. Die Strukturiertheit des Zeugs ist Bestandteil der kumulativen Weitergabe, denn es werden nicht nur Artefakte, sondern mit den Artefakten Techniken ihrer Herstellung und Verwendung kumulativ weitergegeben. Diesen strukturierten Zusammenhang nennt Heidegger »Zeugzusammenhang«. Zeug kommt nicht nur unter anderen Dingen auch in der menschlichen Welt vor, denn aufgrund der Totalität des Nischenbaus besteht unsere Welt aus praktischen Zeugzusammenhängen. Die Welt und die sie strukturierenden Artefakte werden oder wurden normalerweise gemeinsam hergestellt und benutzt. Sie sind nicht das Produkt eines Einzelnen, sondern das Ergebnis fortlaufender Modifikationen und das Produkt gemeinsamer Arbeitsanstrengung. Diese Artefakte existieren in einem öffentlichen Raum. Sie gehören zur Kultur in Heideggers Sinne, d.h., sie sind Geschaffenes. Würden wir Menschen infolge einer Katastrophe verschwinden, hörten Kulturdinge wie Werkzeuge, Institutionen oder Gemälde auf zu sein, was sie sind (vgl. V.1).

Wir haben von der Weitergabe von Zeug und den Techniken seiner Herstellung und Verwendung gesprochen. Diese Aspekte hängen nun eng miteinander zusammen. Wer eine Herstellungs- und Verwendungstechnik für X vermittelt, der vermittelt auch die Fähigkeit, X zu bauen und zu benutzen. Wenn Odysseus seinem Sohn Telemachos beibringt, wie man eine Flöte herstellt und benutzt, befähigt er ihn damit indirekt auch dazu, die Flöte zu bauen. Findet hingegen Telemachos eine Flöte, dann findet er damit zugleich auch eine implizite Anleitung zur Herstellung und Verwendung. Durch Ausprobieren kann er Funktion und Verwendung der Flöte erkunden, und infolge seiner sorgfältigen Untersuchung des Instruments selbst eines herstellen. Die Artefakte einer Welt sind also gleichsam doppelt kodiert. Sie dienen einem bestimmten Zweck, sie haben eine Um-zu-Struktur – das ist ihre *pragmatische* Kodierung – und sie können als Anleitungen aufgefasst werden – dies ist ihre *epistemische* Kodierung. Die epistemische Kodierung betrifft nicht nur Herstellung und Verwendung. Häufiger betrifft sie Unterhalt (Instandhaltung und Reparatur) von Zeug. Wer ein Messer benutzen kann, kann auch lernen, dass es vor Feuchtigkeit geschützt werden muss, die Klinge geschliffen werden will und der defekte Schaft ersetzt werden kann. Schließlich betrifft die epistemische Kodierung auch die Verbesserung von Zeug, denn die Um-zu-Struktur gibt Möglichkeiten der Modifikation vor.

Die epistemische Komponente betrifft nicht nur das Zeug, sondern auch den Zeugzusammenhang. Wie der australische Philosoph Kim Sterelny sagt: Menschen sind nicht nur ökologische Nischenbauer, sondern spezifischer auch »epistemische Nischenbauer«. Sie verändern ihre Umwelt, um die Lösung kognitiver Aufgaben entweder zu erleichtern oder überhaupt erst zu ermöglichen. Einige Beispiele sollen diesen Aspekt veranschaulichen: Wir verändern unsere Umwelt, um das Gedächtnis zu entlasten, etwa indem wir Informationen in der Umwelt speichern. Schon das häufige Begehen eines Weges ist eine Art Externalisierung einer Gedächtnisleistung. Auch Markierung und Positionierung entlasten das Gedächtnis. Schrift und Bild, Erzählung und Gesang sind externe Speichermedien, die ebenfalls diesem Zweck dienen oder die Memorisierung erleichtern. Die moderne Welt ist voller Notizbücher, Tagebücher, Kalender, Laptops und anderer Informationsmedien. Weiter richten wir unsere Umgebung bei vielen Verrichtungen so ein, dass sie uns Nachdenken und Suchen erspart. Die Einrichtung einer Küche erspart dem Koch das Nachdenken über Geräte, ebenso die Einrichtung einer Schreinerei. Der Koch arrangiert die Zutaten in der Reihenfolge ihrer Verwendung. Die epistemische Zurichtung des Arbeitsplatzes trägt entscheidend dazu bei, dass Tätigkeiten leicht, schnell und fehlerfrei ausgeübt werden können. Weiterhin können wir komplizierte Aufgaben in einfache Wahrnehmungsprobleme umwandeln, etwa indem wir Figuren vor uns aufstellen, Figuren in den Sand oder auf eine Tafel zeichnen. Wir können komplizierte Wahrnehmungsprobleme in einfachere verwandeln: Wer ein Feld überblicken muss, löst diese Aufgabe besser von erhöhter Stellung; wer an einer bestimmten Stelle einen Nagel einschlagen will, markiert die Stelle. Anspruchsvolle Lernaufgaben schließlich können in einfachere verwandelt werden. Katzen bringen ihren Jungen lebende Beutetiere, damit sie das Jagen und Töten erlernen.

Wir arrangieren die Umgebung von Kindern auf eine Weise, die Lernprozesse ermöglicht, anregt und erleichtert. Nicht nur Erwachsene instruieren dabei Kinder, sondern die arrangierte Umwelt tut desgleichen.

Diese Beispiele sollen veranschaulichen, dass zum menschlichen Nischenbauen eine epistemische Komponente gehört. Wir haben es also mit epistemischer, totaler, kumulativer Nischenkonstruktion zu tun. Es ist nun auch die epistemische Komponente, die aus Zuhandenem (Zeug) etwas Vorhandenes (Dinge mit Eigenschaften) macht. Wie wir gesehen haben, wird die zuhandene Welt thematisch, wenn der praktische Zeugzusammenhang gestört ist oder als solcher auffällig wird (vgl. V.1). Dies ist ein Resultat der Um-zu-Struktur des Zeugs. Birst der Hammer oder bricht die Klinge, muss man in seiner Tätigkeit innehalten, weil man diese Werkzeuge nicht mehr benutzen kann, um zu hämmern oder um zu schneiden. Auf diese Weise werden Eigenschaften des Zeugs für die Benutzer auffällig. Dass beispielsweise der Hammer schwer ist, kann einfach bedeuten, dass der Umgang mit ihm Kraft erfordert, oder aber zur Folge haben, dass man einen leichteren zur Hand nimmt. Heidegger beschreibt eine weitere Möglichkeit wie folgt: »[D]as vorliegende Seiende, das wir umsichtig schon als Hammer kennen, hat ein Gewicht, das heißt, die ‚Eigenschaft' der Schwere.« Das Auffälligwerden eines Zeugs (Hammer) bringt Eigenschaften (Schwere) an einem Vorhandenen zum Vorschein.

Eine weitere Form des Auffälligwerdens ergibt sich aus der impliziten epistemischen Kodierung des Zeugs und der epistemischen Organisation des Zeugzusammenhangs. Diese beiden Formen können zusammenhängen: Im Hinblick auf die Funktion des Hammers und seine epistemische Kodierung wird eher seine Schwere ins Gewicht fallen als beispielsweise seine Farbe. Eigenschaften von Vorhandenem können wir durch Verhalten oder durch Sprache klassifizieren. Auch die Sprache (und andere Zeichen) sind Zeug. Das besondere Zeug, das Zeichen sind, kann in einem engen Zusammenhang mit der Herstellung der Welt, insbesondere mit dem epistemischen Aspekt des Nischenbaus, gesehen werden. Dies könnte sich aus einem sehr einfachen Unterschied zwischen Schimpansen und frühen Menschen ergeben haben. Die ältesten bekannten Steinwerkzeuge stammen aus der Zeit vor 2,7-2,4 Millionen Jahren (die sogenannte »Oldowan-Industrie«). Unsere Vorfahren bearbeiteten Steine und stellten primitive Steinwerkzeuge her. Diese Werkzeuge wurden an bestimmten Orten hergestellt. Dort blieben Überreste dieser Arbeit liegen: Hausteine, behauene Steine und Splitter. Solche Werkstätten und Werkzeuglager wurden möglicherweise wieder aufgesucht. Das vorgefundene Material war nicht nur »Zuhandenes«, sondern auch eine implizite Anleitung zur Herstellung. Zugleich handelte es sich um Anzeichen der ausgeführten Arbeit, um »Vorhandenes«. Sie verweisen, als Zeichen, auf die getane Arbeit. Solche Orte sind der erste Vorschein von Heideggers Welt.

Eine weitere Möglichkeit für einen Zusammenhang zwischen Nischenbau und Sprache ist folgende: Die Psychologin Patricia Greenfield vermutet, dass Sprache und Werkzeuggebrauch eine kognitive Basis teilen. Diese bestehe in der Fähigkeit, hierarchisch strukturierte Aufgaben der Objektmanipulation zu vervollständigen, Aufgaben beispielsweise, die die Fertigstellung von Untergruppen für eine Kombination zu größeren Objekten umfassen. Die Syntax der menschlichen Sprachen kann sehr gut durch hierarchische Relationen zwischen Untergruppen (wie etwa Nominal- oder Verbalphrasen) begriffen werden, die zu höherstufigen Strukturen kombiniert werden können. Greenfield legt nahe, dass das Vermögen, eine hierarchisch strukturierte Syntax zu bilden, in der Fähigkeit wurzelt, eine strukturierte Manipulation von Rohmaterial vorzunehmen. Wer ein Werkzeug herstellt, unternimmt Schritte, um zum Ziel zu gelangen. Diese Schritte enthalten wiederum Unterschritte. So ergeben sich hierarchisch strukturierte Untergruppen. Zwar sind Greenfields Thesen umstritten, doch sie stellen einen interessanten Versuch dar, den Ursprung einer wichtigen sprachbezogenen Fähigkeit – der Fähigkeit, hierarchische Strukturen zu zerlegen – im Verhältnis zu hierarchischen Fähigkeiten zu begreifen, die sich auch in der Herstellung von Werkzeug finden. Schließlich fällt in einer Welt, die durch Zeugzusammenhang strukturiert ist, auch das Gedankenlesen leichter, über das Menschenaffen in bescheidenem Maße auch zu verfügen scheinen.

Die Theorie des Geistes geht davon aus, dass man über eine Art Theorie verfügt, wie Körperbewegungen mit den Absichten oder Wünschen anderer zusammenhängen. So können wir Verhalten durch geistige Zustände erklären oder voraussagen und geistige Zustände durch Verhalten erschließen. Wie wir bereits gesehen haben, handelt es sich beim Gedankenlesen möglicherweise um eine hybride Fähigkeit (vgl. V.2). Was wir bislang unberücksichtigt gelassen haben, ist die *Situation*, in der sich ein Handelnder befindet. Häufig müssen wir nicht direkt auf mentale Zustände zurückgreifen, um zu verstehen oder vorherzusehen, was ein anderer tun wird. Es reicht, wenn wir wissen, in welcher Situation er sich befindet. Beim Gehen auf dem Bürgersteig oder im Stadtverkehr übernehmen sowohl die impliziten als auch die expliziten Regeln und die Beschaffenheit der Wege die Rolle von Verhaltenserklärern. Sobald man etwas über die Absichten des anderen herausfinden möchte, kommt der Ablauf ins Stocken. Will man herausfinden, ob der entgegenkommende Passant links oder rechts passieren möchte, findet man sich unversehens im bekannten Links-Rechts-Passanten-Tanz. Situationen sind durch den Zeug- und Zeichenzusammenhang strukturiert. Wer jemandem bei der Arbeit zusieht, verfolgt nicht die mentalen Zustände des Arbeitenden, sondern sein Hantieren mit Geräten. So gibt die Handhabung von Zuhandenem ebenfalls Aufschluss über Absichten.

Der Mensch ist also das Tier, das eine epistemische, totale und kumulative Nische baut. Inwiefern ist aber der Mensch das *Tier*, das eine Welt hat? Welcher Zusammenhang besteht zwischen dem repräsentationalistischen Bild des Geistes, das wir für Tiere entworfen haben (vgl. IV.2), und der menschlichen Welt? Diese Fragen können wir beantworten, indem wir an eine Anforderung zurückdenken, die wir an Repräsentationen *alias* Gedanken gestellt haben. Wir sagten, Gedanken müssen entkoppelt, d.h. losgelöst von einem unmittelbar auf die Bildung oder Aktualisierung der Repräsentation erfolgenden Verhalten sein (vgl. II.2). Wir können hier genauer von »*verhaltensentkoppelten* Repräsentationen« sprechen. Die Entkoppelung wird nun verstärkt, wenn Repräsentationen auch von der Präsenz eines Objekts entkoppelt sind. Damit ist nicht nur gemeint, dass ein vorliegendes Objekt falsch repräsentiert wird (so wie Argos irrtümlich denken kann, dass die Katze auf dem Baum ist). Vielmehr geht es um die Abwesenheit eines Repräsentationsobjekts in der unmittelbaren (d.h. wahrnehmbaren) Umgebung eines Lebewesens, egal ob sich dieses Lebewesen wahre oder falsche Gedanken macht. Kurzum, sobald wir uns Dinge vorstellen oder imaginieren können, haben wir es mit *umweltentkoppelten* Repräsentationen zu tun. Möglich, dass einige Tiere über solche Repräsentationen verfügen. Menschen jedenfalls sind darin ziemlich gut. In einem dritten Sinn schließlich ist eine Repräsentation entkoppelt, wenn sie sich nicht mehr im Subjekt (im Geist oder im Hirn) findet, sondern draußen in der Welt. Nun haben wir es mit *subjektentkoppelten* Repräsentationen zu tun.

Unsere Welt ist voll von solchen Repräsentationen. In erster Linie können wir an Zeichen und Symbole denken. Insbesondere die Sprache macht es möglich, dass wir über einen weiten Bereich von Objekten verfügen, von denen intentionale Zustände handeln können. So gibt es beispielsweise intentionale Zustände, die von Tatsachen handeln, für die die Sprache teilweise konstitutiv ist. Zum Beispiel kann ein Tier nicht denken, dass das Ding, das es vor sich hat, ein Euro-Schein ist oder dass die Frau, die es sieht, die Bundeskanzlerin ist. Diese Objekte sind Bestandteile von Institutionen wie Geld und Staat. Es gibt weiter intentionale Zustände, die Tatsachen darstellen, die allein in Bezug auf ein sprachliches System verortet werden. Argos kann denken, dass die Katze auf dem Baum ist, nicht aber, dass sie sich seit 9.34 Uhr dort aufhält, und zwar am 16. Juli 2007. Das System, das Uhrzeit und Datum repräsentiert, ist sprachlich.

Nicht nur die Sprache, auch anderes Zeug enthält subjektentkoppelte Repräsentationen. Zeug hat eine Um-zu-Struktur, d.h., das Wesen des Zeugs ist das jeweilige Wozu, seine *Funktion*. Durch seine Funktion ist beispielsweise ein Werkzeug mit vielen anderen Werkzeugen und Nutzgegenständen verbunden (Zeugzusammenhang). Das haben wir als pragmatische Kodierung aufgefasst. Zeug kann, wie wir gesehen haben, auch als Anleitung (zum Gebrauch, zur Herstellung, zum Unterhalt, zur Modifikation) aufgefasst werden. Dies ist die epistemische Kodierung. Anders gesagt: Zeug trägt auch *Informationen* über seinen Gebrauch und seine Herstellung. Durch diese Informationen kann Zeug modifiziert werden, es kann aber auch zu Vorhandenem werden, etwa wenn bestimmte Aspekte des Zeugs in praktischen Zusammenhängen auffällig werden (wie die Schwere des Hammers). Wir haben gesagt, S sei eine Repräsentation, wenn S die Funktion hat, Information über X zu tragen (vgl. IV.2). Im Falle des Zeugs haben Dinge nicht die Funktion, Information über X zu tragen, vielmehr haben sie die Funktion X auszuführen. Aber infolge dieser Funktion trägt das Zeug auch Informationen über Herstellung und Gebrauch. Der Hammer etwa ist ein Zeugtyp; er kann, was andere Hämmer auch können, d.h., er steht stellvertretend als Typ für Hämmer. Wenn wir einen Hammer als Anweisung zu Gebrauch, Herstellung, Unterhalt und Modifikation nehmen, so nehmen wir ihn als Typ oder Modell eines Hammers. In diesem Sinne hat auch Zeug eine repräsentationalistische Komponente und gehört zu den subjektentkoppelten Repräsentationen.

Worin besteht nun die Besonderheit subjektentkoppelter Repräsentationen? Wir sagten: Sie befinden sich nicht im Subjekt, sondern »draußen«. Was bedeutet das? Wie wir gesehen haben, kann man bei Repräsentationen zwischen Inhalt (dem Repräsentierten) und Vehikel (dem Repräsentierenden) unterscheiden (vgl. IV.2). Wir haben auch gesehen, dass einer externalistischen Position zufolge der Inhalt nicht ohne die Umwelt und nicht ohne die Vorwelt – die phylogenetische (Evolution) oder ontogenetische (Lernen) Vorgeschichte – bestimmt werden kann (vgl. IV.5). Anders als der Inhalt findet sich das Vehikel jedoch nicht draußen in der Um- oder Vorwelt eines Lebewesens. Im Falle subjektentkoppelter Repräsentationen jedoch liegen Repräsentationen buchstäblich in Form von Zeichen und anderem Zeug als Vehikel draußen (d.h. außerhalb der Körper von Subjekten) herum. Genauer: Sie liegen nicht *in* der Welt herum, sie *bilden* die Welt. Es gibt eine zweite Besonderheit subjektentkoppelter Repräsentationen. Obschon etwa *verhaltensentkoppelte* Repräsentationen losgelöst sind von einem bestimmten, unmittelbaren Verhalten, können sie doch immer nur Verhaltensweisen *eines* Lebewesens lenken, nämlich jenes Lebewesens, das die Repräsentationen hat. Anders im Falle subjektentkoppelter Repräsentationen, denn sie stehen *mehreren* Subjekten zur Verfügung. Subjektentkoppelte Repräsentationen sind ja nicht nur das Produkt individuellen Lernens, sondern sozialen Lernens (vgl. V.2). Sie werden durch soziales Lernen kumulativ weitergegeben. Durch fortgesetzte Modifikation stellen subjektentkoppelte Repräsentationen Mittel zur Verfügung, die *ein* Lebewesen innerhalb einer Lebensspanne gar nicht herstellen könnte. Sie stehen somit nicht nur mehreren Subjekten als Zeug zur Verfügung, sie sind auch Erzeugnis mehrerer Subjekte.

Allmählich können wir eine philosophische Pointe im tierphilosophischen Nachdenken über den Nischenbau erkennen. Diese Pointe läuft auf eine Ausweitung des Externalismus hinaus. Wir haben bereits gesehen (vgl. IV.5): Der Externalist positioniert das Subjekt von Anfang an in einer Welt und macht externe Umstände und Prozesse direkt verantwortlich für den Wissenserwerb (epistemologischer Externalismus) und den Inhalt von Gedanken (semantischer Externalismus). Dabei können die externen Umstände synchron die materielle Umwelt betreffen, diachron die historische Vorwelt oder diachron-synchron die Mitwelt. Man kann dementsprechend drei Spielarten des Externalismus unterscheiden: Umwelt-, Vorwelt- und Mitwelt-Externalismus. Die These nun, dass der Mensch das Tier sei, das eine Welt hat, bringt die Mitwelt ins Spiel. Und zwar in einem doppelten Sinne: Erstens sind nicht nur Inhalte durch externe Umstände bestimmt, sondern auch die Vehikel sind extern. Man spricht hier von einem »Vehikel-Externalismus«. Zweitens ist die Welt und deren Zeugstruktur durch die Mitwelt geschaffen, denn sie ist das Produkt kumulativer Weitergabe und gemeinsamen Gebrauchs. Die externen Vehikel sind wesentlich geteilte Vehikel. Heidegger spricht in *Sein und Zeit* vom »Mitsein«. Die Welt ist etwas, das ich mit anderen teile, und die anderen sind auch in den Dingen, d.h. im Zeug, anwesend, nämlich als Erfinder, Überlieferer, Hersteller, Besitzer oder Mitbenutzer.

Wie wir bereits im Zusammenhang mit dem epistemischen Nischenbau gesehen haben, werden zahlreiche kognitive Prozesse durch Zeug erleichtert oder sogar erst ermöglicht. Wir können uns vorstellen, dass Delfine oder Schimpansen gemeinsam Jagd machen, dass sie dabei bestimmte Techniken einsetzen und in verteilten Rollen agieren. Wir wären aber erstaunt, eine Gruppe von Walen oder Schimpansen bei strategischen Vorbereitungen anzutreffen, etwa indem sie Steine auf dem Boden verteilen und mit Flossen oder Stöckchen Linien ziehen. Der Mensch hingegen denkt mit Zeug, aus dem seine Welt besteht. Wie Daniel Dennett sagt: Der menschliche Geist besteht auch aus externen »Denkwerkzeugen« (*tools for thinking*). Die Umwelt denkt mit. Unter einer generellen evolutionären Perspektive scheint es auch durchaus sinnvoll, das Hirn oder den Rest unseres Körpers nicht mit allen Denkwerkzeugen auszustatten, denn dies wäre eine sehr aufwendige und deshalb kostspielige Ausstattung. Man kann nämlich davon ausgehen, dass kognitive Vermögen sich einen möglichst kostengünstigen evolutionären Pfad bahnen. Aus diesem Grund wird die evolutionäre Entwicklung unserer kognitiven Vermögen eher auf eine hybride Kombination interner und externer Faktoren hinausgelaufen sein.

Unser Geist erstreckt sich also aus der evolutionären Vorwelt über die Grenzen unseres Körpers in die Umwelt und Mitwelt hinaus. Diese Um- und Mitwelt ist die Nische, die Menschen nicht nur bewohnen und bauen, sondern mit der sie auch denken. Das ist die evolutionäre Lesart des In-der-Welt-seins. Der als *epistemischer, totaler, kumulativer Nischenbau* erläuterte Begriff einer heideggerschen Welt vermag also zahlreiche anthropologische Differenzen zu versammeln. Die These, dass der Mensch das Tier sei, das eine Welt hat, hält also nicht nur *eine* anthropologische Differenz fest. Inwiefern ist der Mensch nun ein *Tier*, das eine Welt hat? Wie wir gesehen haben, können wir auch »weltarmen« Tieren aufgrund von individuellem und sozialem Lernen Gedanken, Wünsche, soziales Wissen und Kultur zuschreiben. Diese Fähigkeiten gehen beim Menschen nicht verloren, er hat sie schon als Tier, und sie befähigen ihn zum Umgang mit seiner Welt. Doch das Haben einer Welt potenziert und transformiert diese Fähigkeiten enorm. Der Mensch findet sich als Tier in seiner Welt vor. Aus der Perspektive eines Wesens, das eine Welt hat, erscheint auch noch die Kultur der Menschenaffen als arm. Heidegger hat betont: »[D]ie Weltarmut ist ein Charakter im Vergleich zum Menschen. Nur vom Menschen her gesehen ist das Tier arm um die Welt, aber nicht ist das Tiersein in sich ein Weltentbehren.« Argos hat Glück gehabt: Er ist als Haustier in einem besonderen Sinn Bestandteil der Welt. Argos ist Zeug (Jagdzeug), aber besonderes Zeug, denn er denkt und wünscht und ist bei Bewusstsein, deshalb ist er auch Freund und Begleiter.[19]

4. Derrida und das »Tierwort«: Jenseits der anthropologischen Differenz?

Heidegger zufolge ist der Mensch im Unterschied zum Tier »weltbildend« (vgl. V.1). Wir haben Heideggers »Welt« als biologische Nische des Menschen gedeutet (vgl. V.3). Diese Deutung der anthropologischen Differenz passt mit der Tierphilosophie zusammen und hat den Vorteil, dass sie zahlreiche Mensch-Tier-Unterschiede versammelt. Allerdings fasst Heidegger selbst seine These weiter, denn ihm zufolge bedeutet Welt »die Offenbarkeit des Seienden *als solchen* im Ganzen«. Dies entspricht dem dritten Sinn von »Welt« bei Heidegger, nämlich der Welt als Inbegriff eines Ganzen (vgl. V.1). Der springende Punkt der These ist das »als solches«. An diesem »als solches« hängt bei Heidegger (und nicht nur bei ihm) viel. Derrida setzt mit seiner Dekonstruktion der anthropologischen Differenz, die er exemplarisch an Texten Heideggers durchführt, genau hier an.

Was meint Heidegger mit der Wendung »als solche«? Intentionalität, so haben wir gesehen, ist durch eine Als-Struktur charakterisiert, d.h., wir erfassen, sobald wir einen Gedanken mit Inhalt erfassen, etwas *als* etwas (vgl. I.2). Heidegger setzt diese Als-Struktur nun tiefer an. So schreibt er über die Eidechse auf der Felsplatte: »Wenn wir sagen, die Eidechse liegt auf der Felsplatte, so müßten wir das Wort ›Felsplatte‹ durchstreichen, um anzudeuten, daß das, worauf sie liegt, ihr zwar irgendwie gegeben, gleichwohl nicht *als* Felsplatte bekannt ist.« Das könnten wir auf eine bereits bekannte Weise interpretieren, indem wir sagen: »Die Eidechse glaubt von der Felsplatte, dass __«. Nun füllt man das ein, was wir als Felsplatte bezeichnen, und der Eidechse als __ gegeben ist (vgl. V.1).

Nehmen wir an, eine ihrer Repräsentationen hätte die Funktion, die Felsplatte der Eidechse als warm anzuzeigen, und diese Repräsentation lenkt ihr Verhalten, dann hätte die Eidechse dieses Ding (die Felsplatte) als etwas Warmes erfasst. Heidegger fährt freilich in eine andere Richtung fort: »Die Durchstreichung besagt nicht nur: etwas anderes und als etwas anderes genommen, sondern: überhaupt nicht *als Seiendes* zugänglich.« Das Tier erfasst also deswegen etwas nicht *als* etwas, weil es etwas nicht *als Seiendes* erfasst, nämlich nicht so, wie es sich von ihm selbst her zeigt. Das Tier erfasst die Dinge bloß in Bezug auf tierliche Repräsentationen, Bedürfnisse und Verhaltensweisen.

Dem Menschen hingegen ist Seiendes als solches offen. Dies kann man Heidegger zufolge an Aussagen und Urteilen ablesen (vgl. IV.1). In einem Urteil wird etwas *als* etwas erfasst. Dadurch kann das Urteil entweder wahr oder falsch sein (Heidegger sagt: entbergend oder verbergend). Die Möglichkeit von Wahrheit und Falschheit entsteht durch die Bildung einer Einheit. Man nimmt etwas (z.B. die Felsplatte) *als* etwas (z.B. als warm), d.h., man setzt die Felsplatte und ihre Wärme im Urteil in eine Beziehung und bildet eine Einheit. Dieses »*einheitbildende Vernehmen von etwas als etwas* ist die Bedingung der Möglichkeit für Wahrheit und Falschheit«. Wir erinnern uns: Urteile haben einen Wahrheitswert (vgl. IV.1). Damit etwas wahr oder falsch sein kann, muss Seiendes (Dinge) *als solches* offen sein. Dies geschieht durch das Als. Durch das Als bildet sich eine Welt (»die Offenbarkeit des Seienden als solchen«), denn das Einheitbilden ist das Bilden einer Welt. Diese Struktur, die wir im Unterschied zur Als-Struktur als »Als-solche-Struktur« bezeichnen wollen, trägt bei Heidegger die Welt.

Das Verhalten des Tiers hingegen »ist nie ein Vernehmen von etwas als etwas«. Das Tier ist weltarm, weil ihm die Als-solche-Struktur fehlt. Nun lautet Heideggers These, differentialistisch gelesen, dass es eine intentionale Als-Struktur nur in Abhängigkeit von einer Als-solche-Struktur geben kann. Anders gesagt: Ohne das Weltbilden (d.h. ohne Einheitbilden im Urteil und ohne das davon abhängige Verständnis von Wahrheit und Falschheit) gibt es keine Gedanken mit einem Inhalt (d.h. keine Intentionalität). Es hat den Anschein, als wären wir über einen Umweg wieder bei einem Differentialismus angelangt. Denken wir zurück an Davidson (vgl. IV.1). Ihm zufolge müssen genuine Denker urteilen können, d.h., ein Denker muss ein Begreifer sein, über die Begriffe einer Überzeugung und einer objektiven Wahrheit verfügen. Davidson glaubt, dass nur sprechende Wesen diese Bedingungen erfüllen können. Aus anderen Gründen tendiert auch der späte Heidegger dazu, der Sprache diese Rolle zuzuschreiben.

Nun geht es ihm aber darum zu zeigen, dass es Intentionalität (Als-Struktur) nur in Abhängigkeit von der Bildung der Welt als Offenbarkeit des Seienden als solchem gibt (Als-solche-Struktur). Die Tierphilosophie könnte eine isolierte Als-solche-Struktur akzeptieren. Sie hat zu zeigen versucht, dass Tiere denken (über eine intentionale Als-Struktur verfügen), dass der Mensch schon als Tier denkt (über eine intentionale Als-Struktur verfügt), eine epistemische, totale, kumulative Nische baut und bewohnt (Welt) und dass sich mit und in diesem Prozess seine Fähigkeiten potenzieren und transformieren (zu einer weltbildenden Als-solche-Struktur). Doch die Abhängigkeitsthese kann die Tierphilosophie nicht akzeptieren. Argos, der Haushund unter dem Tisch, möchte wissen, was es heißen soll, nicht nur einen Tisch zu sehen, sondern den Tisch *als solchen*. Was soll dieses »als solches« bedeuten? An dieser Stelle setzt Derrida an.

Derrida hat sich durch seine Arbeiten hindurch immer wieder mit dem Tier befasst. Sein posthumes Buch *L'animal que donc je suis* (2006) versucht eine explizite Öffnung zum Tier hin. Gerade in der Frage nach dem Tier hat sich Derrida am stärksten von Heidegger abgesetzt (aber auch von Emmanuel Lévinas oder Jacques Lacan). Man kann die Motive, die Derrida bei Heidegger infrage stellt, an der folgenden Passage ablesen. Heidegger schreibt:

»Haustiere werden von uns im Haus gehalten, sie ›*leben*‹ mit uns. Aber wir leben nicht mit ihnen, wenn Leben besagt: Sein in der Weise des Tieres. Gleichwohl sind wir mit ihnen. Dieses Mitsein ist aber kein Mitexistieren, sofern ein Hund nicht existiert, sondern nur lebt. Dieses Mitsein mit den Tieren ist so, dass wir die Tiere in unserer Welt sich bewegen lassen. Wir sagen: Der Hund liegt unter dem Tisch, er springt die Treppe herauf. Aber der Hund – verhält er sich zu einem Tisch als Tisch, zur Treppe als Treppe?«

Hier fragt Heidegger noch, aber es sollte deutlich geworden sein, dass er diese Fragen verneinen muss. Das Tier erfasst weder Tisch noch Treppe *als solche*. Das erste relevante Motiv in dieser Passage ist also (1) Seiendes als solches. Zwei weitere Motive tauchen auf: (2) Der Gegensatz des Singulars »Tier« und des Plurals »Tiere« und (3) der Gegensatz von Existenz (Mensch) und Leben (Tier). Gehen wir diesen Motiven, und damit Derridas Kritik an Heidegger, nach. Um diese Kritik verstehen zu können, müssen wir zumindest annäherungsweise ein Verständnis der Dekonstruktion verschaffen.

Dekonstruktion der Als-solche-Struktur – Derrida ist weit über die Grenzen der Philosophie hinaus bekannt und einflussreich als Philosoph der Dekonstruktion. Die dekonstruktive Arbeit besteht zunächst in einer intensiven Lektüre philosophischer, aber auch literarischer Texte, wobei in solchen Lektüren nicht das Wichtige im Gegensatz zum Nebensächlichen im Fokus der Aufmerksamkeit steht, sondern gerade auch das Marginale und scheinbar Unwichtige. Jedem Text haften Momente der Unentscheidbarkeit an: Vieldeutigkeiten und Undeutlichkeiten, Lücken und Sprünge, Bilder und Metaphern lassen die Absichten und Ansichten schillern, die ein Autor seinem Text mutmaßlich gegeben hat. Diese vermeintlichen Schwächen macht die Dekonstruktion stark. Zugespitzt kann man sagen: Dekonstruktion *ist* eine Stärkung von Schwächen.
Die Bezeichnung »Dekonstruktion« schließt an eine Passage in Heideggers *Sein und Zeit* an. Dort beschreibt Heidegger seine philosophische Arbeit als Wiedergewinnung der »ursprünglichen Erfahrungen« mit dem Sein mittels der »*Destruktion* des überlieferten Bestandes der antiken Ontologie«. Heidegger geht es also um eine Kritik der »abendländischen Metaphysik« und zugleich um eine Wiedergewinnung ihrer ursprünglichen Erfahrungen. Derridas Dekonstruktion teilt den Gedanken, Philosophie sei Arbeit an der Überlieferung und Kritik der Metaphysik, widersetzt sich aber der Idee, ursprüngliche Erfahrungen wiederzugewinnen. Dies kann man wie folgt verstehen: Derrida destruiert die

Überlieferung, doch was dabei zum Vorschein kommt, erweist sich nicht als etwas Ursprüngliches, sondern als Konstruktion. Und zwar als Konstruktion in einem doppelten Sinne: Erstens als Konstruktion von *Oppositionen* und zweitens als Konstruktion von *Unmöglichkeiten*. Solche Konstruktionen beherrschen laut Derrida die gesamte Metaphysik, aber als Folge davon auch unser alltägliches Denken durch und durch. Damit ist behauptet, dass unser Denken durch eine einheitliche Strömung namens abendländische Metaphysik imprägniert sei – ein Gedanke, den viele für eine Überschätzung der Philosophie und für eine falsche Vereinheitlichung der philosophischen Tradition halten. Wie dem auch sei, wir wollen uns der Konstruktion von Oppositionen und Unmöglichkeiten zuwenden. Betrachten wir zuerst die Oppositionen.

Was meint Derrida mit »Metaphysik«? Nach Derrrida versucht die Metaphysik auf einen Ursprung, etwas Erstes zu stoßen, das einfach, ganz, rein, selbst-identisch, selbst-genügsam usw. ist. Das ist klassischerweise Gott. Abhängig davon existiert anderes als Ableitung, Abfall, Zufall. Das Gute ist vor dem Bösen, das Reine vor dem Unreinen, das Einfache vor dem Zusammengesetzten, das Wesentliche vor dem Zufälligen usw. Die Metaphysik wird also grundlegend strukturiert durch eine ganze Reihe binärer, hierarchischer Oppositionen (BHO). In der Mensch-Tier-Unterscheidung finden wir eine Opposition, die binär (Mensch versus Tier) und hierarchisch (Mensch über Tier) strukturiert ist. Dazu gehören aber auch BHO wie Einheit/Vielheit, Gott/Schöpfung, Notwendigkeit/Zufall, Sein/Werden, Sein/Erscheinung, Meinen/Wissen, Geist/Körper, Leben/Tod, Gut/Böse usw. Die Metaphysik privilegiert nun stets eine Seite einer BHO und erklärt die andere Seite zum Dunklen, Derivativen, Kontingenten usw. Sie ist dadurch direkt mit einem Anspruch auf Vorrang und Herrschaft verbunden. Sie konstruiert Unterscheidungen, vergisst aber gleichsam diese Konstruktion und nimmt sie als naturgegebene Unterscheidungen. Die Tier-Mensch-Unterscheidung ist der Inbegriff aller BHO, denn in diesem Gegensatz finden sich virtuell alle anderen BHO wieder: Im Tier regieren nur Instinkt, Trieb und Reiz, im Menschen Vernunft, Sprache und freie Entscheidung; das Tier ist nur körperlich und der Erde nahe, der Mensch ist geistig und dem Himmel näher; das Tier frisst, vegetiert und verendet bloß, der Mensch enthält sich, führt ein Leben und bedenkt seinen Tod usw. Die abendländische Metaphysik zeichnet sich gemäß Derrida dadurch aus, dass sie den Logos (die Vernunft, die Sprache) stets privilegiert habe. Diese Privilegierung nennt Derrida »Logozentrismus«. Das Tier als Wesen, das nicht spricht und denkt, ist auch deshalb der Inbegriff der BHO der Metaphysik. Deshalb kann Derrida sagen:

»All die dekonstruktorischen Gesten, die ich philosophischen Texten gegenüber, insbesondere denen von Heidegger, erprobt habe, bestehen darin, die voreingenommene Mißachtung dessen, was man das TIER im allgemeinen nennt, und die Art und Weise, wie diese Texte die Grenze zwischen MENSCH und TIER interpretieren, in Frage zu stellen.«

Derrida versucht in einem ersten Schritt herauszustellen, dass BHO Konstruktionen sind. Es handelt sich freilich um sehr mächtige Konstrukte, die unser Denken beherrschen.

Tatsächlich ist es schwierig, sich ein Denken und Sprechen über die Welt und uns jenseits dieser Gegensätze auch nur vorzustellen. Dies bedeutet, dass auch noch die Kritik an den BHO durch diese beherrscht wird. Der Dekonstruktion genügt deshalb der erste Schritt nicht. Das durch die BHO eröffnete Feld muss von innen her durchkreuzt werden. Am Beispiel des Tiers lässt sich dies an drei weiteren Merkmalen der BHO sehen. Die Entgegensetzung von Mensch und Tier ist nicht nur binär und hierarchisch, sondern auch *vereinheitlichend*: Aus den zahlreichen Tieren wird »das Tier« im Singular; sie ist auch *privativ*: dem Tier fehlt etwas, es hat ein Unvermögen, es ist der Mensch *minus* X; schließlich ist sie *inklusiv-exklusiv*: Der Mensch ist ein Tier *plus* X (etwa ein *animal rationale*), d.h., er ist ein Tier, aber mehr als ein Tier. Es macht ganz den Anschein, als sei in der BHO Mensch/Tier etwas am Werk, das sie durchkreuzt, denn der Mensch ist sozusagen auf das Tier als Gegenteil angewiesen. Mehr noch, er ist ja auch selbst ein Tier. Ist es möglich, dass etwas zugleich es selbst, als solches, und sein Gegenteil ist? Kann der Mensch *als solcher* auch ein Tier sein? Mit diesen Fragen kommen wir zum zweiten Sinn, in dem die Dekonstruktion Konstruktionen offenlegt, zu den *Unmöglichkeiten*.

In gewisser Weise folgt Derridas Dekonstruktion dem deutschen Idealismus. Seit Kants Transzendentalphilosophie können philosophische Fragen als Fragen nach den Bedingungen der Möglichkeit von X gestellt werden. Stark vereinfacht bedeutet dies: Der Philosoph stellt fest, dass es X gibt, und fragt weiter, welche Bedingungen gegeben sein müssen, damit X überhaupt möglich ist. Dabei geht es nicht um irgendwelche Bedingungen, sondern um *notwendige* Bedingungen für X. X könnte ohne diese Bedingungen gar nicht *als solches* gedacht werden. Derrida schließt hier insofern an, als er Fragen nach den Bedingungen der Möglichkeit folgt, dabei aber zu zeigen versucht, dass man auf diesem Weg auf Widersprüche und Unmöglichkeiten trifft. Man trifft sozusagen auf Bedingungen der Möglichkeit *und* der Unmöglichkeit von X.

Illustrieren wir dies am Beispiel elementarer Erfahrungen. Dabei können wie an sinnliche Erfahrung (z.B. eine Wahrnehmung) oder innere Erfahrung (z.B. eine Erinnerung) denken. Empiristische Philosophen setzen bei ganz elementaren Erfahrungen an, etwa der Wahrnehmung von etwas Rotem oder Süßem. Es geht ihnen darum, Erfahrungen *als solche* zu erfassen. Welche Bedingungen müssen erfüllt sein, damit Erfahrung als solche möglich ist? Ausgehend von dieser Frage kann man ein einfaches Argument im Stile Derridas formulieren. Erfahrungen folgen nach- oder aufeinander, d.h., für Erfahrungen scheint Zeit notwendig zu sein. Nehmen wir an, dass mir *jetzt* eine bestimmte einzelne Erfahrung E präsent ist. Dieser Zeitpunkt (das Jetzt) trennt E von anderen einzelnen Erfahrungen. E ist jedoch anderen Erfahrungen vorausgegangen, wiederum andere Erfahrungen werden E folgen, denn man erinnert vergangene und antizipiert kommende Erfahrungen. Dieser zeitliche Bezug gehört wesentlich zu Erfahrungen, und damit gehört es auch wesentlich zu E, dass man E erinnern (sobald E vorbei ist) oder antizipieren (bevor E eintritt) kann, d.h. dass E *wiederholt* werden kann. Also gehört es zu E nicht nur jetzt, sondern immer auch vergangen und zukünftig sein zu können. Es gibt E nur als etwas Wiederholbares, deshalb gehören zu E auch die von ihr unterschiedenen Wiederholungen. Nun kann man sagen: E ist nicht zu einem bestimmten Zeitpunkt, sondern E muss auch zu vielen anderen Zeitpunkten sein. Und weiter: E ist nicht nur ein Einzelereignis, sondern ein *wiederholbares* Ereignis, und damit viele Ereignisse.

Dies gilt nicht nur für E, sondern für alle Erfahrungen. Wir können die Konsequenz so formulieren: Erfahrungen sind in sich gespalten, d.h., sie sind sowohl als Einzelerfahrungen zu *einem* bestimmten Zeitpunkt als auch wiederholbar zu *verschiedenen* Zeitpunkten. Zu den Bedingungen der Möglichkeit einer Einzelerfahrung gehört somit ihre Vielheit. Es scheint also, als würde die Frage nach der Möglichkeit der Erfahrung auf etwas Unmögliches stoßen: E ist zugleich singulär und wiederholt, präsent und aufgeschoben. Allgemein formuliert ist eine gegebene Erfahrung und was durch die Erfahrung gegeben ist, niemals *als solche* gegeben, sondern immer noch *als anderes*, z.B. als etwas

Vergangenes oder Kommendes. Diese in jedes Einzelereignis (etwa durch Zeit und Wiederholung) eingeschriebene Alterität nennt Derrida »Spur« (*trace*). Nichts ist *als solches* gegeben, sondern stets als etwas Anderes. Dies bedeutet, dass es nicht so etwas wie Erfahrung *als solche*, Bedeutung *als solche*, Wissen *als solches*, Wahrheit *als solche* usw. gibt. Die Dekonstruktion verwirft also die Als-solche-Struktur: Ein X kann nicht als solches erfasst werden, weil stets das ihm Entgegengesetzte mit zu X gehört.

Dies bedeutet zweitens auch, dass alles gleichsam Zeichencharakter hat. Zeichen verweisen auf Anderes. Meine Wahrnehmung von Argos (das ist eine Erfahrung) verweist nicht nur auf Argos, sondern *auch auf vergangene und zukünftige davon unterschiedene Wahrnehmungen* von Argos. Die Wahrnehmung ist in einem doppelten Sinn ein Zeichen. Im ersten Sinn ist sie Zeichen für etwas, im zweiten Sinn verweist sie auf ein anderes Zeichen. Auf dieser Ebene verweisen Zeichen auf Zeichen. Diese allgemeine Struktur nennt Derrida »Schrift« (*écriture*). Man kann Spur und Schrift auch wie folgt auffassen: Spur (in Einzelereignisse eingeschriebene Alterität) bedeutet, dass es keine uninterpretierten oder selbstinterpretierenden Inhalte gibt. Der Gedanke oder der Satz, dass Argos ein Hund ist, interpretiert sich nicht von selbst, er muss seinen Inhalt oder seine Bedeutung von irgendwoher (von woanders her) erhalten. Schrift (Zeichen verweisen auf Zeichen) bedeutet, dass jeder einzelne Gebrauch eines Zeichens (z.B. von »Hund«) auf den allgemeinen Gebrauch dieses Zeichens verweist. Mit der Zurückweisung uninterpretierter Inhalte und der Bezugnahme auf eine Praxis des Gebrauchs ist Derrida nicht weit entfernt von anderen sprachphilosophischen Einsichten des 20. Jahrhunderts.

Das Tierwort – Derrida gebraucht die Ausdrücke »Spur« und »Schrift« in einem ungewöhnlichen und erweiterten, ja paradoxen Sinn. Normalerweise ist die Schrift (etwa die Alphabetschrift) von Denken und Sprechen abgeleitet und diesen nachgeordnet. Ich denke etwas, spreche es aus und schreibe es dann auf. Denken ist zuerst, das Sprechen dem Denken noch näher, die Schrift sowohl von Denken und Sprechen entfernt und von ihnen ablösbar. Derridas »Schrift« ist aber dem Denken und dem Sprechen vorgängig. Sie ist ja die allgemeine Struktur des Verweisens von Zeichen auf Zeichen. Sie ist aber paradoxerweise Schrift von nichts. Eine Spur ist normalerweise eine Spur von etwas. Ein Fußabdruck ist eine Spur. Zuerst drückt sich der Fuß ab, daraus ergibt sich eine Spur. Anders bei Derrida: Am Anfang steht die Spur, sie ist sozusagen Spur von nichts. Derridas schillernde Neologismen (»Spur«, »Schrift«, aber auch »Differänz«, »Dissemination«, »Pharmakon«, »Gabe« oder »Gespenst«) versehen Ausdrücke mit zahlreichen neuen Bedeutungen, ja sie sind selbst nichts anderes als »Bedeutungsstreuer« (Disseminationen).

Warum bildet und verwendet Derrida solche Neologismen? Wir haben gesagt, dass Dekonstruktion in einem doppelten Sinne Konstruktionen aufzeigt, erstens als Konstruktion von Oppositionen und zweitens von Unmöglichkeiten. Im ersten Fall reicht es nicht, die BHO offenzulegen, man muss sie durchkreuzen, weil noch die Kritik der Metaphysik von den BHO imprägniert ist. Dazu dient der Aufweis von Unmöglichkeiten. In den Neologismen vereinen sich nun diese beiden dekonstruktiven Gesten, denn es handelt sich bei diesen Neologismen einerseits um *neue* Wörter, die aber der metaphysischen Tradition entlehnt sind, und andererseits in gewisser Weise um *unmögliche* Wörter. Diese Wörter haben nämlich kein binäres Gegenüber, kein hierarchisches Darüber oder Darunter. Sie sind nicht vereinheitlichend, sondern disseminatives Drunter-und-drüber. Sie sind inklusiv-exklusiv, denn sie schließen auch noch widersprechende Bedeutungen ein. Schließlich sind sie in gewisser Weise schwach, weil ihnen etwas Spielerisches und Subjektives anhaftet. Das schließt gerade nicht aus, dass es Derrida mit diesen Worten ernst ist. Die Grundintention ihrer Erschaffung besteht darin, Freiräume des Denkens zu eröffnen, die nicht von starken BHO strukturiert sind.

Auch im Feld der anthropologischen Differenz findet sich bei Derrida ein Neologismus: »animot«. Bevor wir ihn erklären, wollen wir nach seiner Motivation fragen. Im Gegensatz von Mensch und Tier werden alle Tiere *als Tier* zusammengefasst. Die Alssolche-Struktur hat für die Tiere also eine weitere Folge: Man kann Tiere *als Tier* zu erfassen versuchen. Aber was soll das sein, das Tier als solches? Wie sollte man mit einem Wort über Argos, Stabheuschrecken, Gorillas, Sperlinge, Quallen, Ochsenfrösche, Säbelzahntiger, Forellen, Gelbrandkäfer, Okapis, Pterosaurier, Reitpferde und Filzläuse sprechen können? Man könnte die Kategorie »Tier« auch historisch hinterfragen: Sprechen moderne Verhaltensforscherinnen, Naturphilosophen der Renaissance oder griechische Lyriker von derselben Kategorie, wenn sie »Tier« sagen?

Offenbar ist mit dem Tier nicht die tatsächliche, empirische Vielfalt des Lebens gemeint, deren Entstehung etwa die Evolutionstheorie interessiert. Mit dem Singular *das Tier* ist eine begriffliche, metaphysische Einheit angesprochen, nämlich das Tier *als solches*. Es scheint aber kaum möglich, ein Kriterium anzugeben, das alle Tiere unter einen Begriff fasst, es sei denn die Opposition zum Menschen. Derrida zufolge geht es in Diskussionen um die anthropologische Differenz, gleich wie und wo sie stattfinden, nicht um Tiere und Menschen, sondern um *das* Tier und *den* Menschen. In diesem Sinne ist unser Denken von metaphysischen BHO imprägniert. Dies trifft nun auch auf Heidegger zu. Heidegger spricht davon, dass es nicht darum gehe zu untersuchen, wie Tiere und Menschen sich in diesem oder jenem unterscheiden, »sondern was das *Wesen der Tierheit* des Tiers und das *Wesen der Menschheit* des Menschen ausmacht«. Heidegger privilegiert Denkfiguren, die etwas versammeln oder zusammenfügen. So sind Hammer, Nagel, Hobel usw. im Werkzeug vereint, Zuhandenes als Zeugzusammenhang versammelt, Seiendes als solches im Urteil zusammengefügt. Wir haben bereits gesehen, dass Zuhandenes und Vorhandenes auf die Hand verweisen (vgl. V.1). Die Hand ist das versammelnde Organ schlechthin. Aus diesem Grund privilegiert Heidegger die Hand und behauptet, nur der Mensch habe eine Hand, Affen hätten höchstens Greifwerkzeuge. Das ist empirisch offensichtlich falsch. Zwar haben Affen keine beweglichen Daumen, aber sie haben Hände. Und normalerweise haben Menschen nicht eine Hand, sondern zwei Hände. Heidegger kommt es also auf einen nicht-empirischen Unterschied an. Deshalb bedient er sich auch des Singulars und sagt, dass der Mensch *eine* Hand habe. *Dem Menschen* (mit seiner *einen Hand*) steht *das Tier* gegenüber. Der Mensch mag auch ein Tier sein, er ist aber nicht *das Tier*, denn das Tier spricht und denkt der metaphysischen Tradition zufolge nicht.

Durch das Wort, so Derrida, berechtige sich die Philosophie dazu, den Menschen vom Tier abzusetzen, indem sie den Tieren das Wort abspricht, den Menschen das Wort zuspricht und die Tiere unter dem Wort »das Tier« vereint. Das hat Folgen, auch rechtliche und moralische Folgen. Denn im Wort »Tier« sind alle jene Lebewesen abgetrennt und umhegt, die nicht sprechen, die keine Worte haben. Es sind alle Lebewesen, die nicht »zu uns« gehören, die erforscht, gezüchtet, dressiert, gejagt, gefischt, gekauft, getötet, geschlachtet, geopfert und gegessen werden können.

Diese Versammlung aller Tiere hat etwas Monströses, es entsteht eine Chimäre, ein Tier, das aus vielen Tieren besteht und das man benutzen darf. Diese Vereinheitlichung, Abtrennung und Umhegung fasst Derrida in den Neologismus »animot«. Das französische Wort für »Tier« lautet im Singular »animal«, im Plural »animaux«. Sowohl der Plural »animaux« als auch der Neologismus »animot« unterscheiden sich dem Vernehmen nach nicht, d.h., man kann den Unterschied zwischen den beiden gesprochenen Wörtern nicht hören, man kann ihn nur als geschriebene Differenz sehen (oder ertasten). Somit klingt »animot« zwar genau wie der Plural »animaux«, doch der Neologismus ist kein Plural. Die Silbe »mot«, die die Pluralendung »maux« ersetzt, ist das französische Wort für »Wort«. Derrida spielt mit dem Neologismus, etwa indem er ihn wieder in den (unhörbaren) Plural setzt: »animots«. Er meint damit die zahlreichen Tiere, die in philosophischen Texten auftauchen (natürlich als Wörter) und für Unruhe sorgen, auch in Derridas eigenen Texten. Durch diese Unruhe beginnen sie den metaphysischen Singular »Tier« zu vervielfältigen. Der Neologismus zeigt also an, dass die Tiere durch unsere Sprache zu einer Einheit versammelt werden, zum Tier. Er ist darin paradox, dass er zugleich ein (gehörter) Singular und ein (gelesener) Plural ist. Gleichzeitig durchkreuzt der Neologismus die auf der Sprache aufgebaute anthropologische Differenz, da er dem Tier zurückgibt, was den Menschen von ihm unterscheidet: das Wort. Übersetzen wir, dieser Erläuterungen eingedenk, »animot« als »Tierwort«. (Man könnte »animot« auch als »Tierrede« übersetzen, wobei der Plural »Tiere« und der Singular »Rede« ineinanderfließen und das trennende »r« unhörbar bleibt). Da Derrida, wie wir lesen konnten, sagt, dass alle seine »dekonstruktorischen Gesten« die Interpretationen der Grenze zwischen Mensch und Tier infrage stellen, kann man durchaus behaupten, dass das Tierwort nicht nur das letzte, sondern auch das erste Wort der Dekonstruktion ist. So viel zum zweiten Motiv, dem Gegensatz des Singulars »Tier« und des

Plurals »Tiere«. Kommen wir nun zurück zu Derridas Auseinandersetzung mit Heideggers anthropologischer Differenz.

Der Tod – Das dritte Motiv, dem Derrida nachgeht, ist der Gegensatz von Existenz (Mensch) und Leben (Tier). Beide leben, aber nur der Mensch *existiert*. Das Tierwort führt also auch einen Unterschied in das Leben ein, der, wie gesagt, Folgen hat: Ein bestimmter Umgang mit Tieren wird umschrieben, der darauf hinausläuft, dass man Tiere als solche (nicht aber beispielsweise *als* Eigentum) töten darf. Zwar sind sowohl Menschen als auch Tiere Lebewesen, was bedeutet, dass sie sterben können, doch Tiere darf man als solche töten, mit dem Tod des Menschen (wenn auch nicht *der* Menschen) scheint es etwas Eigenes auf sich zu haben.

Worin besteht für Heidegger der eigentliche Unterschied? Heidegger zufolge ist der Tod das dem Menschen Eigene. Dies klingt deutlich in den folgenden Passagen aus der Spätphilosophie an, in denen sich wiederum die Als-solche-Struktur findet: »Die Sterblichen sind jene, die den Tod als Tod erfahren können. Das Tier vermag dies nicht.« Oder: »Sterbenkönnen heißt: den Tod als Tod vermögen. Nur der Mensch stirbt ...« Tiere sterben nicht, sie verenden. Dies bedeutet, dass Tiere von anderer Art sind als der Mensch. Wie ist dies zu verstehen? Den Menschen nennt Heidegger »Dasein«. Das Dasein ist dadurch gekennzeichnet (und vom Tier unterschieden), dass es ihm in seinem Sein um dieses selbst geht und dass es nicht festgelegt ist, sondern einen offenen Horizont an Möglichkeiten hat. Deshalb können Menschen beispielsweise sich selbst in Frage stellen oder Pläne für die Zukunft schmieden. Aufgrund dieser beiden Merkmale sagt Heidegger, dass der Mensch *existiert*. Seine Existenz ist nicht festgelegt, sondern muss sich von Möglichkeiten her verstehen. Heidegger zufolge geht es dem Dasein am ersten und letzten um sich selbst, wenn es seine eigene Endlichkeit begreift. Der Tod ist die äußerste Möglichkeit des Daseins, denn es ist die Möglichkeit des Nicht-mehr-dasein-könnens. Der Tod ist »die *eigenste* [...] *Möglichkeit*« des Daseins. Im Tod also geht es um das Sein des Daseins als solchem. Deshalb sind Menschen nicht einfach sterblich (auch Tiere sterben: sie verenden), sondern sie sind als Sterbliche, sie sind von Anfang an zum Tode. Nun meint Heidegger: »*Die nächste Nähe des Seins zum Tode als Möglichkeit ist einem Wirklichen so fern als möglich.* Je unverhüllter diese Möglichkeit verstanden wird, um so reiner dringt das Verstehen vor in die Möglichkeit als die der Unmöglichkeit der Existenz überhaupt.«

Der Tod ist uns das Nächste, weil wir als Sterbliche sind, aber er ist zugleich das Entfernteste, weil er immer nur bevorsteht und für uns (d.h. für mich) nichts Wirkliches sein kann. Seltsamerweise ist die erste (nächste) und letzte (entfernteste) Möglichkeit des Menschen für ihn eine Unmöglichkeit. Der Tod ist zugleich die Möglichkeit und die Unmöglichkeit für das Dasein, d.h., die eigenste Möglichkeit des Daseins ist eine Unmöglichkeit. Hier haben wir wiederum die Figur der Bedingungen der Möglichkeit und der Unmöglichkeit. Der Mensch vermag zwar etwas, das das Tier nicht vermag (den Tod), doch dieses Vermögen ist ein Unvermögen, denn den Tod *als* Tod vermögen meint, diese »Möglichkeit *als* die der Unmöglichkeit der Existenz überhaupt« vermögen. Wenn aber der Tod die Möglichkeit ist, die das Dasein letztlich zu dem macht, was es ist, und vom Tier unterscheidet, dann scheint mit der Unmöglichkeit auch der Unterschied zu verschwinden.

Es ist Derrida zufolge die Als-solche-Struktur (den Tod *als* Tod vermögen), die diese Aporie erzeugt. Die Aporie zeige eine Schwäche im Menschen, und diese Schwäche erlaube es uns, uns über die Tiere zu stellen. Paradoxerweise stellt uns eine Schwäche, die uns, aber nicht dem Tier, eigen ist, über die Tiere. Diese Schwäche ist die Endlichkeit. Dies ist keine beliebige Schwäche, sondern ein besonderes Unvermögen. Warum soll die Endlichkeit als Unvermögen aber so wichtig sein? Um dies zu verstehen, können wir an die jeweils hierarchisch übergeordnete Seite verschiedener BHO denken wie etwa Wahrheit, Schönheit, das Gute, Bedeutung, Sinn, Glück, Gerechtigkeit usw. Wir *sollen* nach diesen Dingen (und nicht nach deren Gegenteil) streben, aber unsere Endlichkeit hindert uns, sie gültig zu realisieren. Es handelt sich also um normative Desiderata. Sie sind normativ, weil wir nach ihnen streben sollen, sie sind Desiderata, weil wir sie nicht zu realisieren vermögen. Wären wir wie Gott, so handelte es sich nicht um Desiderata, nach denen wir streben sollten. Nun sind wir nicht wie Gott, sondern endlich. Derrida zufolge sind normative Desiderata nie realisiert, sondern stets im Kommen. Und die Endlichkeit des Menschen ist nun jene Schwäche (*une faute, un défaut*), die für sein Unvermögen in der Realisierung der normativen Desiderata (*il faut*) verantwortlich ist. Oder wie Derrida sagt:

»Das dem Menschen Eigene [*le propre*], seine das Tier unterwerfende Überlegenheit [...], und alles, das das Eigene des Menschen konstituiert (d.i. eine nicht endliche Anzahl von Prädikaten), rührt von diesem ursprünglichen Fehlen [*défaut*] her, d.h. diesem Fehlen von Eigentum [*défaut de propriété*], von diesem dem Menschen Eigenen als Fehlen eines Eigentums – und von dort nimmt das ›man muss‹ [›il faut‹] seinen Aufschwung.«

In diesem Sinne macht die Dekonstruktion Schwächen stark: Sie erhebt das Unvermögen zu dem, was dem Menschen eigen ist.

Es scheint also alles andere als klar zu sein, worin die Als-solche-Struktur, die Heidegger stark macht, bestehen soll. In Derridas Augen sind Dinge als solche nie gegeben und muss der Mensch sein eigenes Als-solches verfehlen. Wenn wir diese Kritik akzeptieren, können wir also dabei bleiben: Die Eidechse liegt auf einer warmen Felsplatte, sie erfasst sie *als* warm. Aber sie erfasst sie sicherlich nicht *als* etwas, das man benutzen kann, *um* auf ihm zu liegen, *um* ausgeruht zu sein, *um* einen besseren Überblick zu haben, *um* darauf Faustkeile zu schlagen usw. Erst dem Menschen ist die Eidechse als Eidechse oder die Platte als Platte, d.h. als Teil einer Welt gegeben. Das bedeutet jedoch nicht, dass der Mensch Seiendes *als solches* erfasst, sondern als Bestandteil seiner Welt, als Bestandteil seiner Praktiken. Die Beziehung zum Seienden, so betont Derrida, bleibt immer eine tierliche Beziehung, auch für uns. Wir erfassen nicht Dinge als solche (auch nicht uns), sondern immer unter einem Aspekt, aus einer Perspektive. Derrida spielt hier Nietzsche gegen Heidegger aus:

»Gibt es eine Beziehung zum Seienden ›als solchem‹? [...] so wie es ist, in Abwesenheit jeder Art von lebendiger Absicht? Es ist offensichtlich, dass der Unterschied zwischen Nietzsche und Heidegger darin besteht, dass Nietzsche Nein gesagt hätte: Alles ist Perspektive, die Beziehung zum Seienden, auch die ganz ›wahre‹, ganz ›objektive‹, die dem Wesen dessen gegenüber, was so ist, wie es ist, ganz zurückhaltende, verbleibt in einer Bewegung, die wir hier als lebendig bezeichnen, vom Leben her. Und aus diesem Blickwinkel bleibt sie, worin der Unterschied zwischen den Tieren auch bestehen mag, eine ›tierliche‹ Beziehung.«

Man könnte versucht sein, Derridas Worte als das Rauschen von Wasser auf die Mühle unserer Tierphilosophie zu hören, so als würde er mit »vom Leben her« einem darwinistischen Ansatz das Wort reden. Dies ist aber nicht Derridas Intention. Derrida zufolge ist die Tierphilosophie eingeklemmt zwischen zwei Extrempositionen. Auf der einen Seite gibt es das Bemühen, dem Tier virtuell alle Merkmale zuzusprechen, die traditionell dem Menschen vorbehalten waren, und zwar weil biologische Arten evolutionär kontinuierlich seien. Dieser biologische Reduktionismus ist eine extreme Form des Assimilationismus. Auf der anderen Seite wird der Unterschied möglichst stark betont, denn der Mensch unterscheidet sich wesentlich vom Tier. Dabei werden Tiere gleichsam zu Automaten gemacht.

Diese metaphysische Gegenüberstellung ist eine Form des Differentialismus. Derrida scheint nach einer Stellung der Tiere jenseits des Tierworts und jenseits des Reduktionismus der biologischen Kontinuität und des Separatismus der metaphysischen Oppositionen zu suchen. Er glaubt, dass der Separatismus nur die Gewalt gegen Tiere fortsetzt, der Reduktionismus hingegen menschliches Leben zu tierischem Leben macht und damit Menschen der Gewalt aussetzt. Derridas Versuch geht auf ein Weniger an Gewalt. Dies kann nur gelingen, wenn man den Gegensatz von Assimilationismus und Differentialismus aufgibt. Der Versuch, die Schwächen, das Unvermögen zu stärken und die Fremdheit des Tiers zu betonen, scheinen Derridas Ansätze zu sein, diese anthropologische Differenz hinter sich zu lassen.

Die in diesem Band skizzierte Tierphilosophie gibt den Gegensatz von Mensch und Tier auf andere Weise auf. Sie behandelt, wie wir gesehen haben, sowohl Tiere als auch Menschen assimilationistisch als biologische Maschinen (Repräsentationssysteme) und rekonstruiert auf diesem Wege eine anthropologische Differenz (vgl. IV.2-V.3). Bildlich gesprochen verknotet die Tierphilosophie beide Extrempositionen, schürzt den Knoten aber, indem sie beim assimilationistischen Ende ansetzt. Sie versucht dabei ethischen Fragen gegenüber neutral und offen zu bleiben. Dabei ist Derridas Gedanke, dass Tiere uns fremd sind, wichtig. Auch wenn wir Tieren geistige Vermögen und Unvermögen zuschreiben können, so ist uns ihre Art, da zu sein, ihre Lebensweise doch fremd. Das betrifft nicht nur die Fledermaus und ihre eigenwillige Lebensweise (vgl. IV.3), dies betrifft auch Häher, Grasmücken, Meerkatzen, Katzen oder Argos. Haustiere leben mit uns, wie Heidegger sagt, aber wir leben nicht mit ihnen. Dies kann man als Ausdruck der Fremdheit verstehen.

Schließlich kann die skizzierte Tierphilosophie die Aporie, die Derrida bei Heidegger herausarbeitet, anders interpretieren. Weniger geht es um ein dem Menschen eigenes Unvermögen, vielmehr wird eine naturalistische Einsicht angestrebt: Weder der Mensch noch das Tier vermag den Tod als solchen. Niemand vermag das. Dieses Unvermögen, so könnte man sagen, verbindet Mensch und Tier, sie teilen eine Schwäche. Die Möglichkeit des Todes ist uns nicht als solche, sondern nur über andere zugänglich, auch über Tiere. Ebenso ist dem Tier die Möglichkeit des Todes nur über andere zugänglich. Auch in diesem Sinne teilen sie diese Schwäche: Sie sind endlich und sie erfahren dies nur über andere. Philosophieren, so lautet eine Definition, die Sokrates gegeben und etwa Montaigne wiederholt hat, heiße sterben lernen. Der Versuch des Philosophen, sterben zu lernen, ist der Versuch, gegen die Schwäche der Endlichkeit aufzubegehren, die Endlichkeit zu kontrollieren. Die Schwäche könnte behoben werden, wenn wir nicht sterben würden: Wir würden weiterleben, ewig leben oder wiederkehren. Die Tierphilosophie aber, so haben wir gesagt, sei auch in diesem Sinne naturalistisch, dass sie festhält, dass Tiere und Menschen verletzlich und vergänglich sind, dass sie sterbliche, körperliche Lebewesen sind, Staub sind und zu Staub werden (vgl. I.3). Darin sind sie Teil der natürlichen Ordnung. Wann sterben Gorillas? Koko: »Problem alt.« Auch der Haushund Argos starb, just als Odysseus zurück kehrte. Problem: alt.[20]

Anhang

Anmerkungen

1 Für das Hume-Zitat: *Traktat über die menschliche Natur*, Hamburg 1989, 237. Für das Hegel-Zitat: *Werke in zwanzig Bänden*, Frankfurt a.M. 1969 ff., Bd. 5, 20. Für das James-Zitat: »Brute and Human Intellect«, *The Works of William James*, Cambridge (Mass.)/London 1975 ff., Bd. 13, 1. Zu den Ameisen vgl. C. Allen/M. D. Hauser, »Concept Attribution in Nonhuman Animals: Theoretical and Methodological Problems in Ascribing Complex Mental Processes«, *Readings in Animal Cognition*, hrsg. von M. Bekoff/D. Jamieson, Cambridge (Mass.) 1996, 47-62. Zu den Grabwespen vgl. D. Dennett, *Brainstorms. Essays on Mind and Philosophy*, Brighton 1978, 64 ff. Zu den Seehasen vgl. R.D. Hawkins/E.R. Kandel, »Is There a Cell-Biological Alphabet for Simple Forms of Learning?«, *Psychological Review* 91 (1984), 375-91. Zu den Kiefernhähern vgl. A.C. Kamil/J.E. Jones, »The Seed-storing Corvid Clark's Nutcracker Learns Geometrical Relationships Among Landmarks«, *Nature* 390 (1997), 276-9. Zu den Erdhörnchen vgl. D. H. Owings, »The Cognitive Defender. How Ground Squirrels Assess Their Predators«, *The Cognitive Animal. Empirical and Theoretical Perspectives on Animal Cognition*, hrsg. von M. Bekoff et al., Cambridge (Mass.) 2002, 19-25. Zu den Regenpfeifern vgl. C.A. Ristau, »Aspects of the Cognitive Ethology of an Injury-Feigning Bird, the Piping Plover«, *Readings in Animal Cognition*, op. cit., 79–89. Zu Sultan vgl. W. Köhler, *Intelligenzprüfung an Menschenaffen*, Berlin 1921. Zu den Raben vgl. B. Heinrich, »An Experimental Investigation of Insight in Common Ravens«, *The Auk* 112 (1996), 994-1003. Zu Rico vgl. J. Kaminski et al., »Word Learning in a Domestic Dog: Evidence for ›Fast Mapping‹«, *Science* 304 (2004), 1682-1. Zu Koko vgl. F. Patterson/E. Linden, *The Education of Koko*, New York 1981. Zu Alex vgl. I.M. Pepperberg, *The Alex Studies. Cognitive and Communicative Abilities of Grey Parrots*, Cambridge 1999.

2 Für die Goodall-Anekdote vgl. T. Lüthi/M. Plüss, »Er nahm einfach meine Hand: Interview mit Jane Goodall«, *Weltwoche* 44 (2004). Für das Searle-Zitat: *Intentionalität*, Frankfurt a.M. 1987, 15. Für das Goodall-Zitat über Hyänen: *Unschuldige Mörder*, hrsg. von H. van Lawick-Goodall/J. van Lawick-Goodall, Reinbek b. Hamburg 1972, 192. Für das Condillac-Zitat: *Traité des animaux*, Paris 2004, 13. Zum Geist der Tiere vgl. S. Tietz/M. Wild, »Denken Tiere?«, *Information Philosophie* 34 (2006) 14–26. Zu Dennetts Theorie vgl. D. Dennett, »Intentionale Systeme in der kognitiven Verhaltensforschung«, *Kognitionswissenschaft. Grundlagen, Probleme, Perspektiven*, hrsg. von D. Münch, Frankfurt a.M. 1992, 343-86. Zur Rolle von Frauen in der Primatologie vgl. D. Haraway, »Primatologie ist Politik mit anderen Mitteln«, *Das Geschlecht der Natur*, hrsg. von B. Orland/E. Scheich, Frankfurt a.M. 1995, 136-202. Zum »Great Ape Project" vgl. *Menschenrechte für die Großen Menschenaffen. Das Great Ape Projekt*, hrsg. von P. Cavalieri/P. Singer, München 1994; vgl. auch D. Birnbacher, »Selbstbewusste Tiere und bewusstseinsfähige Maschinen. Grenzgänge am Rand des Personenbegriffs«, *Person. Philosophiegeschichte, theoretische Philosophie praktische Philosophie*, hrsg. von D. Sturma, Paderborn 2001, 301-21. Der umstrittene Vergleich zwischen Holocaust und Tiertötung stammt aus der Erzählung »The Letter Writer« des Literaturnobelpreisträgers Isaac B. Singer; vgl. dazu C. Patterson, ›*Für die Tiere ist jeden Tag Treblinka‹. Über die Ursprünge des industrialisierten Tötens*, Frankfurt a.M. 2004; J.M. Coetzee, *Das Leben der Tiere*, Frankfurt a.M. 2000. Überblicke zur Tierethik geben J. Nida-Rümelin, »Tierethik I: Zu den philosophischen und ethischen Grundlagen des Tierschutzes«, *Angewandte Ethik. Die Bereichsethiken und ihre theoretische Fundierung*, hrsg. von J. Nida-Rümelin, Stuttgart 1996, 458-83; K. Ott, »Das Tötungsproblem in der Tierethik der Gegenwart«, *Biologie und Ethik*, hrsg. von E.-M. Engels, Stuttgart 1999, 127-60; D. DeGrazia, *Animal Rights. A Very Short Introduction*, Oxford 2002. Für das Pro und Contra in der Tierethik vgl. die Aufsätze in *Naturethik. Grundtexte der gegenwärtigen tier- und ökoethischen Diskussion*, hrsg. von A. Krebs, Frankfurt a.M. 1997; *Tierrechte. Eine interdisziplinäre Herausforderung*, hrsg. von der interdisziplinären Arbeitsgemeinschaft Tierethik Heidelberg, Erlangen 2007.

3 Für das Blackburn-Zitat: *Ruling Passions*, Oxford 1998, 28. Für das Dretske-Zitat: *Perception, Knowledge, and Belief. Selected Essays*, Cambridge

2000, x. Für das Begriffspaar »Assimilationismus« und »Differentialismus« vgl. R. Brandom, *Begründen und Begreifen. Eine Einführung in den Inferentialismus*, Frankfurt a.M. 2000, 11 f. Für jedes der sechs geistigen Merkmale (Bewusstsein, Denken, Wissen, Handlung, Personalität, Moralität) kann ein philosophischer Entwurf gefunden werden, der das Merkmal bei Tieren aufweisen kann. Für Bewusstsein vgl. M. Tye, »Das Problem primitiver Bewusstseinformen: Haben Bienen Empfindungen?«, *Bewusstsein und Repräsentation*, hrsg. von F. Esken/D. Heckmann, Paderborn 1998, 91-122. Für Selbstbewusstsein vgl. J.-L. Bermúdez, *The Paradox of Self-consciousness*, Cambridge (Mass.) 1998. Für Denken vgl. J. Proust, *Comment l'esprit vient aux bêtes*, Paris 1997; J.-L. Bermúdez, *Thinking Without Words*, Oxford 2003. Für Wissen vgl. H. Kornblith, »Wissen beim Menschen und anderen Tieren«, *Erkenntnistheorie. Positionen zwischen Tradition und Gegenwart*, hrsg. von Th. Grundmann, Paderborn 2001, 305-27. Für Handlungen vgl. B. Enç, *How We Act*, Oxford 2003. Für Personalität vgl. E.T. Olsen, *The Human Animal*, New York/Oxford 1997. Für die Moralität vgl. A. MacIntyre, *Die Anerkennung der Abhängigkeit. Über menschliche Tugenden*, Hamburg 2001. Zum Naturalismus vgl. die Beiträge in *Naturalismus. Philosophische Beiträge*, hrsg. von G. Keil/H. Schnädelbach, Frankfurt a.M. 2000.

4   Für das Sorabji-Zitat: *Animal Minds and Human Morals*, Oxford 1993, 7. Für das Aristoteles-Zitat: *Nikomachische Ethik*, Kap. VII, 3 1147b 3-5. Zum Tier in der antiken Philosophie vgl. U. Dierauer, *Tier und Mensch im Denken der Antike. Studien zur Tierpsychologie, Anthropologie und Ethik*, Amsterdam 1977; *L'animal dans l'antiquité*, hrsg. von B. Cassin/J.L. Labarrière, Paris 1997; T. Gontier, *L'homme et l'animal. La philosophie antique*, Paris 1999. Zu Aristoteles vgl. J. Barnes, *Aristoteles*, Stuttgart 1992. Zur antiken Skepsis vgl. F. Ricken, *Antike Skeptiker*, München 1994. Zu Chrysipps' Hund vgl. Sextus Empiricus, *Grundriss der pyrrhonischen Skepsis*, Frankfurt a.M. 1968, 109. Zur Geschichte von Chrysippos' Hund vgl. L. Floridi, »Scepticism and Animal Rationality. The Fortune of Chrysippus' Dog in the History of Western Thought«, *Archiv für Geschichte der Philosophie* 79 (1997), 27-57. Zu den Kynikern vgl. *Die Weisheit der Hunde*, hrsg. von G. Luck, Darmstadt 2002.

5   Für die Montaigne-Zitate: *Essais*, Frankfurt a.M. 1998, 212 u. 227. Zu den beiden Tests von Descartes vgl. R. Descartes, *Bericht über die Me-*

thode, die Vernunft richtig zu führen und die Wahrheit in den Wissenschaften zu erforschen, Stuttgart 2001, Kap. V. Wichtig ist auch Descartes' Brief an H. More vom 5. 2. 1649, in: *Oeuvres de Descartes*, ed. Ch. Adam/P. Tannery, Paris 1981 ff., Bd. V, 243-5. Zur Theriophilie vgl. G. Boas, *The Happy Beast in French Thought of the Seventeenth Century*, Baltimore 1933. Zu Montaigne vgl. I. Maclean, *Montaigne als Philosoph*, München 1998. Zu Descartes vgl. D. Perler, *Descartes*, München 2006. Zu Montaigne und Descartes vgl. M. Wild, *Die anthropologische Differenz. Der Geist der Tiere in der frühen Neuzeit bei Montaigne, Descartes und Hume*, Berlin/New York 2006. Zur Veränderung der Sichtweise der Natur in der Neuzeit vgl. K. Thomas, *Man and the Natural World. Changing Attitudes in England 1500-1800*, London 1983. Zum Verhältnis von Maschine und Lebewesen vgl. D. Des Chene, *Spirits and Clocks. Machine and Organism in Descartes*, Ithaca/New York 2001. Zur »wissenschaftlichen Revolution« vgl. S. Shapin, *Die wissenschaftliche Revolution*, Frankfurt a.M. 1998. Zum Tierseelenstreit vgl. L. C. Rosenfield, *From Beast-machine to Man-machine. The Animal Soul in French Letters from Descartes to La Mettrie*, New York 1940; *Die Seele der Tiere*, hrsg. von F. Niewöhner, Wiesbaden 2001.

6   Für die Darwin-Zitate: *Die Entstehung der Arten durch natürliche Zuchtwahl*, Stuttgart 1974, 656; 184. Zu Darwin allgemein vgl. J. Howard, *Darwin. Eine Einführung*, Stuttgart 1996; T. Lewens, *Darwin*, London 2007. Zur Unterteilung der darwinschen Theorie in fünf Elemente vgl. E. Mayr, *Und Darwin hat doch recht. Charles Darwin, seine Lehre und die moderne Evolutionsbiologie*, München 1994. Zur frühen Tierpsychologie in England vgl. J. Romanes, *Animal Intelligence*, London 1882; in Deutschland vgl. W. Wundt, *Vorlesungen über die Menschen- und Thierseele*, Hamburg 1897. Zur Geschichte der Tierpsychologie vgl. R. Boarkes, *From Darwin to Behaviourism. Psychology and the Minds of Animals*, Cambridge 1984. Die Kontinuitätsthese überbetont wird etwa durch J. Rachels, *Created From Animals. The Moral Implications of Darwinism*, Oxford 1990.

7   M. Bekoffs Definition der kognitiven Ethologie findet sich in »Cognitive Ethology«, *A Companion to Cognitive Science*, hrsg. von W. Bechtel/ G. Graham, Oxford 1998, 371-9. Für das Shettleworth-Zitat: *Cognition, Evolution, and Behavior*, New York 1998, 5. Zu D. Griffin vgl. »Prospects for a Cognitive Ethology«, *Behavioral and Brain Sciences* 4

(1978), 527-38. Von Griffins Büchern ist auf Deutsch greifbar: *Wie Tiere denken. Ein Vorstoß ins Bewusstsein der Tiere*, München/Wien/Zürich 1985. Für eine philosophische Verteidigung der kognitiven Ethologie vgl. C. Allen/M. Bekoff, *Species of Mind. The Philosophy and Biology of Cognitive Ethology*, Cambridge (Mass.) 1997. Für gut lesbare Darstellungen der Tierkognition vgl. M.D. Hauser, *Wilde Intelligenz. Was Tiere wirklich denken*, München 2001; S. Budiansky, *Wenn ein Löwe sprechen könnte. Die Intelligenz der Tiere*, Reinbek b. Hamburg 2003. Zum »Gesetz der Wirkung« vgl. E.L. Thorndike, *Animal Intelligence*, New York 1911, 244; für eine Lehrbuchfassung vgl. D. McFarland, *Biologie des Verhaltens. Evolution, Physiologie, Psychobiologie*, Heidelberg/Berlin 1999, 287-8. Zum funktionalen Verhaltensbegriff vgl. R. Millikan, »Verschiedene Arten zweckgerichteten Verhaltens«, *Der Geist der Tiere*, hrsg. von D. Perler/M. Wild, Frankfurt a.M. 2005, 201-12; dies., *White Queen Psychology and Other Essays for Alice*, Cambridge (Mass.) 1993, Kap. 7 u. 8. Zu Chomsky vs. Behaviorismus vgl. N. Chomsky, »Verbal Behavior by B.F. Skinner«, *Language* 35 (1959) 26-58. Zur Idee der Module vgl. J. Fodor, *The Modularity of Mind: An Essay on Faculty Psychology*, Cambridge (Mass.) 1983. Zu den Kognitionswissenschaften vgl. M. Urchs, *Maschine, Körper, Geist. Eine Einführung in die Kognitionswissenschaft*, Frankfurt a.M. 2002. Zu den vier Erklärungsebenen der klassischen Ethologie vgl. N. Tinbergen, »On Aims and Methods in Ethology«, *Zeitschrift für Tierpsychologie* 20 (1963), 410-33. Für die Ergänzung um eine fünfte Erklärungsebene vgl. M. Bekoff/D. Jamieson, »On Aims and Methods of Cognitive Ethology«, *Philosophy of Science Association* 2 (1993) 110-24. Zu den Meerkatzen vgl. D.L. Cheney/R.M. Seyfarth, *Wie Affen die Welt sehen. Das Denken einer anderen Art*, München/Wien 1994; C. Allen/E. Saidel, »Die Evolution der Referenz«, *Der Geist der Tiere*, hrsg. von D. Perler/M. Wild, Frankfurt a.M. 2005, 223-56. Für Quines Sprachforscher vgl. W.V.O. Quine, *Wort und Gegenstand*, Stuttgart 1980, Kap. 1.

8   Zur Kritik an der kognitiven Ethologie vgl. C. Heyes/A. Dickinson, »The Intentionality of Animal Action«, *Mind and Language* 5 (1990), 87-104; S.J. Shettleworth, *Cognition, Evolution, and Behavior*, New York 1998, Kap. 11; M. Bekoff/C. Allen, »Cognitive Ethology: Slayers, Skeptics, and Proponents«, *Anthropomorphism, Anecdotes, and Animals*, hrsg. von R.W. Mitchell et al., New York 1997, 313-34.

9 Zum Anthropomorphismus in der Religion vgl. K. Heinrich, *Anthropomorphe. Zum Problem des Anthropomorphismus in der Religionsphilosophie*, Basel 1986. Zur Notwendigkeit von Anthropomorphisierungen vgl. die Fallstudien von E. Crist, *Images of Animals. Anthropomorphism and Animal Mind*, Philadelphia (Pa.) 1998. Zum kritischen Anthropomorphismus vgl. J.A. Fisher, »The Myth of Anthropomorphism«, *Readings in Animal Cognition*, hrsg. von M. Bekoff/D. Jamieson, Cambridge (Mass.) 1996, 3-16; F. de Waal, »Anthropomorphism and Anthropodenial. Consistency in Our Thinking About Humans and Other Animals«, *Philosophical Topics* 27 (1999) 255-80.

10 Für die Morgan-Zitate: *An Introduction to Comparative Psychology*, London 1894, 53, 55. Für das Saidel-Zitat: »Animal Minds, Human Minds«, *The Cognitive Animal*, hrsg. von M. Bekoff et al., Cambridge (Mass.) 2002, 54. Zum Prinzip der Sparsamkeit vgl. E. Sober, »Morgan's Canon«, *The Evolution of Mind*, hrsg. von C. Allen/D. Dellarosa Cummins, Oxford 1998, 224-42; ders., »The Principle of Conservatism in Cognitive Ethology«, *Naturalism, Evolution, and Mind*, hrsg. von D. Walsh, Cambridge 2001, 225-38. Zu den Rattenexperimenten vgl. A. Dickinson/B.W. Balleine, »Causal Cognition and Goal-Directed Action«, *The Evolution of Cognition*, hrsg. von C.M. Heyes/L. Huber, Cambridge (Mass.) 2000, 185-204; N. Clayton/A. Dickinson, »Rational Rats«, *Nature Neuroscience* 9 (2006) 472-4. Zu den Wachtelexperimenten vgl. C.K. Akins/T.R. Zentall, »Imitation in Japanese Quail. The Role of Reinforcement of Demonstrator Responding«, *Psychonomic Bulletin & Review* 5 (1998) 694-7; für eine philosophische Diskussion vgl. D. Papineau/C. Heyes, »Rational or Associative? Imitation in Japanese Quail«, *Rational Animals?*, hrsg. von S. Hurley/M. Nudds, Oxford 2006, 187-96.

11 Für das Tolstoi-Zitat: *Anna Karenina*, Zürich 1985, 254-5. Zur kognitiven Archäologie vgl. S. Mithen, *The Prehistory of the Mind*, London 1996. Zur Theorie der Mentalsprache vgl. J. Fodor, *Psychosemantics*, Cambridge (Mass.) 1987, 135-45. Zur Sprache ohne Denken vgl. J. L. Bermúdez, *Thinking Without Words*, Oxford 2003.

12 Zur Kritik an Analogieargumenten vgl. D. Hume, *Dialoge über die natürliche Religion*, Stuttgart 1981.

13 Für das MacIntyre-Zitat: *Die Anerkennung der Abhängigkeit. Über menschliche Tugenden*, Hamburg 2001, 23. Davidsons Überlegungen

betreffend Sprache und Denken finden sich v.a. in »Rationale Lebewesen«, *Der Geist der Tiere*, hrsg. von D. Perler/M. Wild, Frankfurt a.M. 2005, 117-31; vgl. auch »Denken und Reden«, ders., *Wahrheit und Interpretation*, Frankfurt a.M. 1986, 224-46; »Voraussetzungen für Gedanken«, ders., *Der Mythos des Subjektiven*, Stuttgart 1993, 5-15; »Die Entstehung des Denkens«, ders., *Subjektiv, intersubjektiv, objektiv*, Frankfurt a.M. 2004, 211-29. Zu Davidson allgemein vgl. K. Glüer, *Donald Davidson zur Einführung*, Hamburg 1993. Kritik an Davidsons Überlegungen zum Denken bei nichtsprachlichen Lebewesen findet sich etwa bei R. Jeffrey, »Animal Interpretation«, *Actions and Events. Perspectives on the Philosophy of Donald Davidson*, hrsg. von E. LePore/B.P. McLaughlin, Oxford/New York 1985, 481-7; C. Allen, »Mental Content«, *British Journal for the Philosophy of Science* 43 (1992), 537-53; H.-J. Glock, »Animals, Thoughts and Concepts«, *Synthese* 123 (2000) 35-64; D. Beisecker, »Some More Thoughts About Thought and Talk: Davidson and Fellows on Animal Belief«, *Philosophy* 77 (2002), 115-24.

14 Zur angeführten Auffassung der sprachanalytischen Philosophie vgl. M. Dummett, *Ursprünge der analytischen Philosophie*, Frankfurt a.M. 1988. Für das Millikan-Zitat: »Verschiedene Arten von zweckgerichtetem Verhalten«, *Der Geist der Tiere*, hrsg. von D. Perler/M. Wild, Frankfurt a.M. 2005, 212. Für das Dretske-Zitat: »Maschinen, Pflanzen und Tiere: Ursprünge des Handlungsvermögens«, *Handlungen und Handlungsgründe*, hrsg. von R. Stoecker, Paderborn 2002, 84. Zur Theorie der mentalen Repräsentation allgemein vgl. A. Bartels, *Strukturale Repräsentationen*, Paderborn 2005. Das Kompassbeispiel stammt aus F. Dretske, »If You Can't Make One, You Don't Know How It Works«, ders., *Perception, Knowledge, and Belief*, Cambridge 2000, 211 ff. Das Beispiel der Magnetosome stammt aus ders., *Explaining Behavior. Reasons in a World of Causes*, Cambridge (Mass.) 1988, 63 u. 68. Dretskes Informationstheorie findet sich in *Knowledge and the Flow of Information*, Oxford 1981, Kap. 1-3; Dretskes Bestimmung der mentalen Repräsentation als Informationsfunktion findet sich in *Explaining Behavior*, op. cit. Kap. 3-4; vgl. auch *Die Naturalisierung des Geistes*, Paderborn 1998, Kap 1. Zur zentralen Rolle des Lernens vgl. *Explaining Behavior*, op. cit. 95-108; ders., »Putting Information to Work«, ders., *Perception, Knowledge, and Belief*, op. cit., 195-207. Das Beispiel des Schmetterlinge fressenden Vogels findet sich in F. Dretske, »Maschi-

nen, Pflanzen und Tiere: Ursprünge des Handlungsvermögens«, op. cit. Das Froschbeispiel wurde in kritischer Absicht eingeführt durch J. Fodor, »A Theory of Content«, ders., *A Theory of Content and Other Essays*, Cambridge (Mass.) 1990, 71 ff. Zur Theorie der Biofunktionen vgl. K. Neander, »Warum Geschichte zählt. Vier Theorien über Funktionen«, *Formen der Erklärung in der Biologie*, hrsg. von G. Schlosser et al., Berlin 2002, 91-120. Zur Teleosemantik vgl. R.G. Millikan, *Language, Thought and Other Biological Categories*, Cambridge (Mass.) 1984; dies., *Die Vielfalt der Bedeutung. Zeichen, Ziele und ihre Verwandtschaft*, Frankfurt a.M. 2008; D. Papineau, *Reality and Representation*, Oxford 1987; K. Neander, »Teleological Theories of Mental Content«, *The Stanford Encyclopedia of Philosophy* (Summer 2004 Edition), ed. E.N. Zalta, URL http://plato.stanford.edu/archives/sum2004/entries/content-teleological/; *Teleosemantics. New Philosophical Essays*, hrsg. von G. Macdonald/D. Papineau, Oxford 2006. Vgl. auch den kritischen Überblick von W. Detel, »Teleosemantik. Ein neuer Blick auf den Geist?«, *Deutsche Zeitschrift für Philosophie* 49 (2001) 465-91; ders., »Haben Frösche und Sumpfmenschen Gedanken? Einige Probleme der Teleosemantik«, ebd., 601-26. Zur Kritik an den Biofunktionen vgl. P. McLaughlin, *What Functions Explain. Functional Explanation and Self-Reproducing Systems*, Cambridge 2001; P.S. Davies, *Norms of Nature. Naturalism and the Nature of Functions*, Cambridge (Mass.): MIT Press 2001. Der Gedanke der Objektivität als intrasubjektive Triangulation findet sich bei J. Proust, »Das intentionale Tier«, *Der Geist der Tiere*, op. cit., 223-43. Für eine Theorie der Tierbegriffe vgl. H.-J. Glock, »Begriffliche Probleme und das Problem des Begrifflichen«, *Der Geist der Tiere*, op. cit., 153-90; C. Allen, »Tierbegriffe neu betrachtet«, ebd., 191-200, vgl. auch A. Bartels/A. Newen, »Animal Minds and the Possession of Concepts«, *Philosophical Psychology* 20 (2007) 283-308. Zu Trieben, Bedürfnissen und Wünschen vgl. D. Papineau, »Die Evolution des Zweck-Mittel-Denkens«, *Der Geist der Tiere*, op. cit., 244-95; F. Dretske, *Explaining Behavior*, op. cit., Kap. 5. Zu entkoppelten Repräsentationen vgl. K. Sterelny, *Thought in a Hostile World. The Evolution of Human Cognition*, Oxford 2003, 30 ff. Zu den Hähern vgl. N.S. Clayton/A. Dickinson, »Episodic-like Memory During Cache Recovery by Scrub Jays«, *Nature* 395 (1998) 272-8; J.M. Dally et al., »Cache Protection Strategies by Western Scrub-Jays: Implications for Social Cognition«,

Animal Behaviour 70 (2005) 1251-63; J.M. Dally et al., »Food-Caching Western Scrub-Jays Keep Track of Who Was Watching When«, *Science* 312 (2006) 1662-5. Zu tierlichem Wissen vgl. H. Kornblith, *Knowledge and its Place in Nature*, Clarendon 2004.

15 Zum Zitat von Clayton et al.: »Declarative and Episodic-like Memory in Animals: Personal Musings of a Scrub Jay«, *The Evolution of Cognition*, hrsg. von C. Heyes/L. Huber, Cambridge (Mass.) 2000, 285. Zur Fledermaus: T. Nagel, »Wie ist es, eine Fledermaus zu sein?«, ders., *Über das Leben, die Seele und den Tod*, Berlin 1984, 185-99; vgl. auch D. Radner, »Heterophänomenologie. Wie wir etwas über die Vögel und die Bienen lernen«, *Der Geist der Tiere*, hrsg. von D. Perler/M. Wild, Frankfurt a.M. 2004, 408-26. Zur Kritik an Nagel vgl. D. Dennett, »Das Bewusstsein der Tiere: Was ist wichtig und warum?«, *Der Geist der Tiere*, op. cit., 389-407. Zur vielschichtigen Problemlage des Bewusstseins vgl. C. McGinn, *Wie kommt der Geist in die Materie? Das Rätsel des Bewusstseins*, München 2003. Eine anspruchsvolle Textsammlung ist: *Bewusstsein. Beiträge aus der Gegenwartsphilosophie*, hrsg. von T. Metzinger, Paderborn 1996. Zu M. Tyes PANIC-Theorie: M. Tye, »Das Problem primitiver Bewusstseinformen: Haben Bienen Empfindungen?«, *Bewusstsein und Repräsentation*, hrsg. von F. Esken/D. Heckmann, Paderborn 1998, 91-122; ders., *Ten Problems of Consciousness*, Cambridge (Mass.) 1995; vgl. F. Dretske, *Die Naturalisierung des Geistes*, Paderborn 1998, Kap. 3-4. Zum Analogieargument für Schmerzen vgl. W.S. Robinson, »Some Nonhuman Animals Can Have Pains in a Morally Relevant Sense«, *Biology and Philosophy* 12 (1996) 51-71. Vgl. auch T. Galert, *Vom Schmerz der Tiere*, Paderborn 2005. Schmerzskeptiker sind P. Carruthers, »Brute Experience«, *Journal of Philosophy* 86 (1989) 258-69; P. Harrison, »Do Animals Feel Pain?«, *Philosophy* 66 (1991) 25-40.

16 Zur Kritik am SO-Modell vgl. J. Dewey, *Die Suche nach Gewissheit. Eine Untersuchung des Verhältnisses von Erkenntnis und Handeln*, Frankfurt a.M. 1996; M. Heidegger, »Das Zeitalter des Weltbildes«, ders., *Holzwege*, Frankfurt a.M. 1977, 75-114. Zum Externalismus vgl. M. Rowlands, *Externalism. Putting Mind and World Back Together Again*, Chesham 2003; *The Externalist Challenge*, hrsg. von R. Schantz, Berlin/New York 2004. Zur Maschinenanalogie in der neuzeitlichen Wissenschaft vgl. S. Shapin, *Die wissenschaftliche Revolution*, Frankfurt a.M. 1998. Zum Organismusbegriff vgl. T. Cheung, *Die Organisation des Lebendigen. Die*

Entstehung des biologischen Organismusbegriffs bei Cuvier, Leibniz und Kant, Frankfurt a.M. 2000. Für eine strikte Unterscheidung zwischen Lebewesen und Organismus plädiert M. Schark, *Lebewesen versus Dinge. Eine metaphysische Studie*, Berlin/New York 2005.

17 Für die Heidegger-Zitate: *Die Technik und die Kehre*, Stuttgart 1962, 42; *Grundprobleme der Phänomenologie*, Frankfurt a.M. 1975, 240-1, 248. Zu Heideggers Begriff der Welt vgl. *Grundprobleme der Phänomenologie*, op. cit., *Sein und Zeit*, Tübingen 1993, 63-88; Für Heidegger-Interpretationen vgl. H.L. Dreyfus, *Being-in-the-World. A Commentary on Heidegger's Being and Time, Division I*, Cambridge (Mass.) 1991. Zur Kritik an Heideggers These der sprachlichen Konstitution der Welt vgl. C. Lafonte, *Sprache und Welterschließung. Zur linguistischen Wende der Hermeneutik Heideggers*, Frankfurt a.M. 1994.

18 Für das Heidegger-Zitat: »Was heißt denken?«, ders., *Vorträge und Aufsätze*, Stuttgart 1954, 129-30. Für das Heyes-Zitat: »Theory of Mind in Nonhuman Primates«, *Behavioral and Brain Sciences* 21 (1998) 102. Zum Kulturbegriff vgl. K.N. Laland/W. Hoppitt, »Do Animals Have Culture?« *Evolutionary Anthropology* 12 (2003) 150-9. Zum Kulturbegriff in der Ethologie allgemein vgl. C. van Schaik, »Culture in Primates and Other Animals«, *Oxford Handbook of Evolutionary Psychology*, hrsg. von R.I.M. Dunbar/L. Barrett, Oxford 2007, 103-14. Zu den Japanmakaken vgl. S. Kawamura, »The Process of Sub-culture Propagation Among Japanese Macaques«, *Primates* 2 (1959), 43-60, und M. Kawai, »Newly-acquired Pre-cultural Behaviour of the Natural Troop of Japanese monkeys on Koshima Islet«, *Primates* 6 (1965), 1-30. Zu Tiertraditionen vgl. E. Avital/E. Jablonka, *Animal Traditions. Behavioural Inheritance in Evolution*, Cambridge 2000. Zum sozialen Wissen bei Meerkatzen und Pavianen vgl. D.L. Cheney/R.M. Seyfarth, *Wie Affen die Welt sehen*, München 1994; dies., *Baboon Metaphysics. The Evolution of a Social Mind*, Chicago 2007. Zum sozialen Wissen bei Menschenaffen vgl. J. Call, »Social Knowledge in Primates«, *Oxford Handbook of Evolutionary Psychology*, op. cit., 71-82. Zum sozialen Lernen vgl. *Social Learning in Animals. The Roots of Culture*, hrsg. von C. Heyes/B.G. Galeff, San Diego 1996. Zur Hypothese der sozialen Intelligenz vgl. *Machiavellian Intelligence. Social Expertise and the Evolution of Intellect in Monkeys, Apes, and Humans*, hrsg. von R.W. Byrne/A. Whiten, Oxford 1988. Der Vergleich von N. Humphrey stammt aus »The Social

Function of Intellect«, ebd., 19. Für eine Zusammenstellung der Schimpansen-Werkzeuge vgl. A. Whiten et al. »Cultures in Chimpanzees«, *Nature* 399 (1999), 682-5. Zur Frage, ob Affen nachäffen vgl. A. Whiten et al. »How do Apes Ape?«, *Learning & Behavior* 32 (2004), 36-52. Zu Imitation und Emulation vgl. M. Tomasello et al., »Cultural Learning«, *Behavioral and Brain Sciences* 16 (1993), 495–552, C. Heyes, »Causes and Consequences of Imitation«, *Trends in Cognitive Sciences* 5 (2001), 253–61. Zu Imitation und Theorie des Geistes vgl. A. Whiten/J.D. Brown, »Imitation and the Reading of Other Minds: Perspectives From the Study of Autism, Normal Children and Non-human Primates«, *Intersubjective Communication and Emotion in Early Ontogeny*, hrsg. von S. Braten, Cambridge 1999, 260-80. Zu Imitation und Metarepräsentation vgl. A.N. Meltzoff/M.K. Moore, »Infant Intersubjectivity: Broadening the Dialogue to Include Imitation, Identity and Intention«, ebd., 47–62. Zu Tomasellos Theorie der kulturellen Evolution vgl. M. Tomasello, *Die kulturelle Entwicklung des menschlichen Denkens. Zur Evolution der Kognition*, Frankfurt a.M. 2002. Der Initialaufsatz zum Gedankenlesen ist D. Premack/G. Woodruff, »Does the Chimpanzee Have a Theory of Mind?«, *Behavioral and Brain Sciences* 1 (1978), 515-24; vgl. C. Heyes, »Theory of Mind in Nonhuman Primates«, *Behavioral and Brain Sciences* 21 (1998), 101-14. Zum »false-belief-task« vgl. J. Perner, *Understanding the Representational Mind*, Cambridge (Mass.) 1991. Eine differenzierte Übersicht über Gedankenlesen geben S. Stich/S. Nichols, »Folk Psychology«, *The Blackwell Guide to Philosophy of Mind*, hrsg. von T.A. Warfield/S. Stich, Oxford 2003, 235-55. Für eine differentialistische These zum Gedankenlesen vgl. J. Proust, »Can Nonhuman Primates Read Minds?«, *Philosophical Topics* 27 (1999), 203-33. Dem ganzen Ansatz gegenüber skeptisch ist K. Sterelny, »Primatenwelten«, *Der Geist der Tiere*, hrsg. von D. Perler/M. Wild, Frankfurt a.M. 2005, 357-86. Zur Imitation bei Menschenaffen vgl. A. Whiten, »Imitation of the Sequential Structure of Actions by Chimpanzees (Pan troglodytes)«, *Journal of Comparative Psychology* 112 (1998) 270–281; M. Nielsen et al., »Imitation Recognition in a Captive Chimpanzee (Pan troglodytes), *Animal Cognition* 8 (2005) 331-6. Zum Nachweis des Gedankenlesens bei Menschenaffen vgl. B. Hare et al., »Chimpanzees Know What Conspecifics Do and Do not See«, *Animal Behaviour* 59 (2000) 771-85; M. Tomasello et al., »Chimpanzees Understand Psychological States: The Question Is Which Ones and to What Extent«, *Trends in Cognitive Sciences* 7 (2003) 153-6.

19 Zu den Heidegger-Zitaten: M. Heidegger, *Sein und Zeit*, Tübingen 1993, 360-1; ders., *Grundbegriffe der Metaphysik. Welt – Endlichkeit – Einsamkeit*, Frankfurt a.M. 1983, 393. Zur Kritik am Schloss-Schlüssel-Modell vgl. R.C. Lewontin, »Gene, Organism, and Environment«, *Evolution from Molecules to Men*, hrsg. von D.S. Bendall, Cambridge 1983, 273-85. Zur Nischenkonstruktion vgl. F.J. Odling-Smee/K.N. Laland/M.W. Feldman et al., *Niche Construction. The Neglected Process in Evolution*, Princeton 2003. Die These der kumulativen Nischenkonstruktion findet sich bei K. Sterelny, *Thought in a Hostile World. The Evolution of Human Cognition*, Oxford 2003. Eine alternative Theorie zur Evolution menschlicher Kognition gibt S. Mithen, *The Prehistory of the Mind*, London 1996. Zur Spekulation über die Oldowan-Industrie vgl. I. Davidson/W.C. McGrew, »Stone Tools and the Uniqueness of Human Culture«, *Journal of the Royal Anthropological Institute* 11 (2005) 793-817. Zu Werkzeug und Syntax vgl. P. Greenfield, »Language, Tools and Brain. The Ontogeny and Phylogeny of Hierarchically Organized Sequential Behavior«, *Behavioral and Brain Sciences* 14 (1991) 531-95. Zum Mitweltexternalismus vgl. M. Rowlands, *The Body in Mind*, New York 1999; *The Extended Mind – The Very Idea*, hrsg. von R. Menary, Aldershot 2006; Zu Dennetts Denkwerkzeugen vgl. »Making Tools for Thinking«, *Metarepresentations: A Multidisciplinary Perspective*, hrsg. von D. Sperber, New York 2000, 17-30.

20 Zu den Heidegger-Zitaten: *Die Grundbegriffe der Metaphysik. Welt – Endlichkeit – Einsamkeit*, Frankfurt a.M. 1983, 291-2, 450, 456, 531, 450, 308 (Derrida zitiert die Passage über den Haushund in *L'animal que donc je suis*, Paris 2006, 215-6); *Sein und Zeit*, Tübingen 1993, 22; *Die Grundbegriffe der Metaphysik*, op. cit., 265; *Unterwegs zur Sprache*, Pfullingen 1982, 215; *Vorträge und Aufsätze*, Tübingen 1954, 190; *Sein und Zeit*, op. cit., 250, 262. Dass nur der Mensch eine Hand hat, findet sich in M. Heidegger, *Parmenides*, Frankfurt a.M. 1982, 118 f. Zu den Derrida-Zitaten: E. Roudinesco/J. Derrida, *Woraus wird Morgen gemacht sein? Ein Dialog*, Stuttgart 2006, 111; *L'animal que donc je suis*, op. cit., 70, 219; Zum »animot« vgl. *L'animal que donc je suis*, op. cit., 54 ff. Zu Derridas Kritik an Heideggers Sein-zum-Tode vgl. *Aporien*, München 1998, 90-130. Derrida hat verschiedentlich erläutert, was Dekonstruk-

tion sein soll, vgl. *Positionen*, Graz/Wien 1986, 83-184; *Randgänge der Philosophie*, Frankfurt a.M. etc. 1988, 350 f.; *Gesetzeskraft*, Frankfurt a.M. 1991; »Et cetera ...«, *Jacques Derrida*, hrsg. von M.-L. Mallet/G. Michaud, Paris 2004, 21-34. Derridas Entwicklung von Logozentrismus, Schrift und Spur lassen sich verfolgen in J. Derrida, *Grammatologie*, Frankfurt a.M. 1974, Kap. 1-2. Derridas tierbezügliche Auseinandersetzungen mit Heidegger finden sich in J. Derrida, »Geschlecht II: Heideggers Hand«, *Geschlecht*, Wien 1988, 45-100; *Vom Geist. Heidegger und die Frage*, Frankfurt a.M. 1988; *L'animal que donc je suis*, Paris 2006; vgl. dazu F. Dastur, »Für eine ›privative‹ Zoologie oder Wie nicht sprechen vom Tier«, *Einsätze des Denkens. Zur Philosophie von Jacques Derrida*, hrsg. von H.-D. Gondek/B. Waldenfels, Frankfurt a.M. 1997, 153-82; B. Lawlor, *This is Not Sufficient: An Essay on Animality and Human Nature in Derrida*, New York 2007. Zu Derrida als Transzendentalphilosoph vgl. R. Gasché, *The Tain of the Mirror: Derrida and the Philosophy of Reflection*, Cambridge (Mass.) 1986.

Ausgewählte Literatur

Philosophie des Geistes (Intentionalität und Bewusstsein)

Crane, T., *Intentionalität als Merkmal des Geistigen. Sechs Essays zur Philosophie des Geistes*, Frankfurt a.M.: S. Fischer 2007.

Ravenscroft, I., *Philosophie des Geistes. Eine Einführung*, Stuttgart: Reclam 2008.

Schröder, J., *Einführung in die Philosophie des Geistes*, Frankfurt a.M.: Suhrkamp 2004.

Tierphilosophie

Allen, C./Bekoff, M., *Species of Mind. The Philosophy and Biology of Cognitive Ethology*, Cambridge (Mass.): MIT Press 1997.

Andrews, K., *The Animal Mind. An Introduction to the Philosophy of Animal Cognition*, London: Routledge 2015.

Andrews, K./Beck, J. (Hg.), *The Routledge Handbook of Philosophy of Animal Minds*, London/New York: Routledge 2018.

Cavell S./Diamond, C. et al., *Philosophy and Animal Life*, New York: Columbia University Press 2008.

Hurley, S./Nudds, M. (Hg.), *Rational Animals*, New York/Oxford: Oxford University Press 2005.

Köchy, K./Wunsch, M./ Böhnert, M. (Hg.), *Philosophie der Tierforschung* (3 Bde.), Freiburg/München: Verlag Karl Alber 2016 ff.

Lurz, R.W. (Hg.), *The Philosophy of Animal Minds*, Cambridge: Cambridge University Press 2009.

Perler, D./Wild, M. (Hg.), *Der Geist der Tiere*, Frankfurt a.M.: Suhrkamp 2005.

Geschichte Tierphilosophie

Ferry, L./Germé, C. (Hg.), *Des animaux et des hommes. Anthologie des textes remarquables écrits sur le sujet, du xve siècle à nos jours*, Paris: Librairie Générale Française 1994.

Schütt, H.-P. (Hg.), *Die Vernunft der Tiere*, Frankfurt a.M.: Keip 1990.

Sorabji, R., *Animal Minds and Human Morals. The Origins of the Western Debate*, Ithaca (N.Y.): Cornell University Press 1993.

Steiner, G., *Anthropocentrism and Its Discontents. The Moral Status of Animals in the History of Western Philosophy*, Pittsburgh: Pittsburgh University Press 2005.

Wild, M., *Die anthropologische Differenz. Der Geist der Tiere in der frühen Neuzeit bei Montaigne, Descartes und Hume*, Berlin/New York: de Gruyter 2006.

Tierkognition

Balcombe, J., *Was Fische wissen. Wie sie lieben, spielen, planen – unsere Verwandten unter Wasser*, Hamburg: mare Verlag 2018.

Cheney, D.L./Seyfarth, R.M., *Wie Affen die Welt sehen. Das Denken einer anderen Art*, München/Wien: Hanser 1994.

Fischer, J., *Affengesellschaft*, Berlin: Suhrkamp 2012.

Hauser, M.D., *Wilde Intelligenz. Was Tiere wirklich denken*, München: C.H. Beck 2001.

Pepperberg, I.M., *The Alex Studies. Cognitive and Communicative Abilities of Grey Parrots*, Cambridge: Harvard University Press 1999.

Shettleworth, S.J., *Cognition, Evolution, and Behavior*, New York/Oxford: Oxford University Press 1998.

Tiere, kulturwissenschaftlich

Baker, S., *Picturing the Beast. Animals, Identity, and Representation*, Urbana: University of Illinois Press 2001.

Borgards, R. (Hg.), *Tiere. Kulturwissenschaftliches Handbuch*, Stuttgart: J.B. Metzler 2016.

Borgards, R./Köhring, E./Kling, A. (Hg.), *Texte zur Tiertheorie*, Stuttgart: Reclam 2015.

Bühler, B./Rieger, R., *Vom Übertier. Ein Bestiarium des Wissens*, Frankfurt a.M.: Suhrkamp 2006.

Fudge, E., *Perceiving Animals. Humans and Beasts in Early Modern English Culture*, London: Macmillan 2000.

Perkins, D., *Romanticism and Animal Rights*, Cambridge: Cambridge University Press 2003.

Radick, G. *The Simian Tongue. The Long Debate about Animal Language*, Chicago: University of Chicago Press 2007.

Serpell, J., *In the Company of Animals. A Study of the Human-Animal Relationship*, Cambridge: Cambridge University Press 1986.

Tierethik

Ach, J.S./Borchers, D. (Hg.), *Handbuch Tierethik. Grundlagen – Kontexte – Perspektiven*, Stuttgart: J.B. Metzler 2018.

Donaldson, S./Kymlicka, W., *Zoopolis. Eine politische Theorie der Tierrechte*, Berlin: Suhrkamp 2013.

Grimm, H./Wild, M., *Tierethik zur Einführung*, Hamburg: Junius 2016.

Kasperbauer, T.J., *Subhuman. The Moral Psychology of Human Attitudes to Animals*, New York: Oxford University Press 2018.

Schmitz, F. (Hg.), *Tierethik. Grundlagentexte*, Berlin: Suhrkamp 2015.

Singer, P., *Animal Liberation. Die Befreiung der Tiere*, Reinbek bei Hamburg: Rowohlt 1996.

Wolf, U., *Das Tier in der Moral*, Frankfurt a.M.: Klostermann 1990.

Darwinismus und Evolutionstheorie

Dupré, J., *Darwins Vermächtnis. Die Bedeutung der Evolutionstheorie für die Gegenwart des Menschen*, Frankfurt a.M.: Suhrkamp 2005.

Jablonka, E./Lamb, M.J., *Evolution in Four Dimensions. Genetic, Epigenetic, Behavioral, and Symbolic Variation in the History of Life*, Cambridge (Mass.): MIT Press 2006.

Mayr, E., *Und Darwin hat doch recht. Charles Darwin, seine Lehre und die moderne Evolutionsbiologie*, München: Piper 1994.

Kognitive Ethologie

Bekoff, M./Jamieson, D. (Hg.), *Readings in Animal Psychology*, Cambridge (Mass.): MIT Press 1996.

Bekoff, M. et al. (Hg.), *The Cognitive Animal. Empirical and Theoretical Perspectives on Animal Cognition*, Cambridge (Mass.): MIT Press 2002.

Anthropomorphismus

Daston, L./Mitman, G. (Hg.), *Thinking With Animals. New Perspectives on Anthropomorphism*, New York: Columbia University Press 2005.

Mitchell, R.W. et al. (Hg.), *Anthropomorphism, Anecdotes and Animals*, New York: State Universitiy of New York Press 1997.

Differentialismus

Davidson, D., »Rationale Lebewesen«, in: *Der Geist der Tiere*, hrsg. von D. Perler/M. Wild, Frankfurt: Suhrkamp 2005, 117-31 (auch als: »Vernünftige Tiere«, in: ders., *Subjektiv, intersubjektiv, objektiv*, Frankfurt a.M.: Suhrkamp 2004, 167-85).

McDowell, J., *Geist und Welt*, Frankfurt a.M.: Suhrkamp 2001.

Assimilationismus (Teleosemantik)

Bermúdez, J.L., *Thinking Without Words*, Oxford: Oxford University Press 2003.

Dretske, F., *Explainig Behavior. Reasons in a World of Causes*, Cambridge (Mass.): MIT Press 1988.

Dretske, F., »Maschinen, Pflanzen und Tiere: Ursprünge des Handlungsvermögens«, *Handlungen und Handlungsgründe*, hrsg. von R. Stoecker, Paderborn: mentis 2002, 76-85.

MacIntyre, A., *Die Anerkennung der Abhängigkeit. Über menschliche Tugenden*, Hamburg: Rotbuch-Verlag 2001.

Millikan, R.G., *Die Vielfalt der Bedeutung. Zeichen, Ziele und ihre Verwandtschaft*, Frankfurt a.M.: Suhrkamp 2008.

Bewusstsein

Godfrey-Smith, P., *Other Minds: The Octopus and the Deep Origins of Consciusness*, New York: Farrar, Straus and Giroux 2016.
Nagel, T., »Wie ist es, eine Fledermaus zu sein?«, in: ders.: *Über das Leben, die Seele und den Tod*, Königstein: Anton Hain 1984, 185-99.
Tye, M., *Tense Bees and Shell-shocked Crabs. Are Animals Conscious?* New York, Oxford University Press 2017.

Gedankenlesen

Carruthers, P., *Metakognition versus Mindreading bei Tieren*, Wien/Berlin: Turia + Kant 2017.
Lurz, R.W., *Mindreading Animals. The Debate over What Animals Know about Other Minds*, Cambridge, Mass. MIT Press 2011.

Externalismus

Rowlands, M., *Externalism. Putting Mind and World Back Together Again*, Chesham: Acumen 2003.
Schantz, R. (Hg.), *The Externalist Challenge*, Berlin/New York: de Gruyter 2004.

Tierkultur

Avital, E./Jablonka, E., *Animal Traditions. Behavioural Inheritance in Evolution*, Cambridge: Cambridge University Press 2000.
De Waal, F., *Der Affe und der Sushimeister. Das kulturelle Leben der Tiere*, München: Carl Hanser 2002.

Kognitive Evolution (des Menschen)

Byrne, R.W./Whiten, A. (Hg.), *Machiavellian Intelligence. Social Expertise and the Evolution of Intellect in Monkeys, Apes, and Humans*, Oxford: Clarendon Press 1988.
Mithen, S., *The Prehistory of the Mind*, London: Thames & Hudson 1996.
Sterelny, K., *The Evolved Apprentice. How Evolution Made Humans Unique*, Cambridge, Mass.: The MIT Press 2012.
Tomasello, M., *Die kulturelle Entwicklung des menschlichen Denkens. Zur Evolution der Kognition*, Frankfurt a.M.: Suhrkamp 2002.

Markus Wild studierte Philosophie und Germanistik in Basel. Von 2004 bis 2012 war er wissenschaftlicher Assistent am Lehrstuhl für Theoretische Philosophie an der Humboldt-Universität zu Berlin. Seit 2013 ist er Professor für Theoretische Philosophie an der Universität Basel. Zu seinen Veröffentlichungen zählen u.a. *Der Geist der Tiere. Philosophische Texte zu einer aktuellen Diskussion* (Hg. mit D. Perler, Frankfurt a.M. 2005), *Die anthropologische Differenz. Der Geist der Tiere in der frühen Neuzeit bei Montaigne, Descartes und Hume* (Berlin/New York 2006); *Fischkognition und Fischbewusstsein. Eine philosophische Perspektive* (Bern 2012); *Animal Minds and Animal Ethics. Connecting Two Separated Fields* (Hg. mit K. Petrus, Berlin 2013); *Tierethik zur Einführung* (mit H. Grimm, Hamburg 2016); *Philosophie der Neuzeit. Von Descartes bis Kant* (mit J. Haag, München 2019).